Angela Karasch

Erfolgreich recherchieren – Kunstgeschichte

De Gruyter Studium

Erfolgreich recherchieren

Herausgegeben von
Klaus Gantert

Angela Karasch

Erfolgreich recherchieren – Kunstgeschichte

DE GRUYTER
SAUR

ISBN 978-3-11-027120-1
e-ISBN 978-3-11-027128-7
ISSN 2194-3443

Library of Congress Cataloging-in-Publication Data
A CIP catalog record for this book has been applied for at the Library of Congress.

Bibliografische Information der Deutschen Nationalbibliothek
Die Deutsche Nationalbibliothek verzeichnet diese Publikation in der Deutschen Nationalbibliografie; detaillierte bibliografische Daten sind im Internet über http://dnb.dnb.de abrufbar.

Satz: Medien Profis GmbH, Leipzig
Druck und Bindung: Hubert & Co. GmbH & Co. KG, Göttingen
♾ Gedruckt auf säurefreiem Papier
Printed in Germany

www.degruyter.com

Vorwort

Diejenigen, welche sich, ohne den Fleiß, oder besser zu sagen, ohne die Wissenschaft, in die Praxin verlieben, sind wie die Schiffsleute, welche ohne Compas und Ruder auf das Meer zu schiffen gehen, und also niemals eine Gewißheit haben, wo sie sich hinwenden. Die Practik soll allezeit auf den Grund einer guten Theorie gebauet seyn, ... ohne dieselbe kann weder in der Malerey noch in allen anderen Professionen etwas rechtes ausgerichtet werden.

Leonardo da Vinci: Praktisches Werk von der Mahlerey. Aus dem Ital. übers. von Johann Georg Böhm, Nürnberg 1786, S. 178.

Vielleicht haben Sie bereits erste praktische Erfahrungen gesammelt bei der Suche nach Literatur und Fachinformationen, möchten nun aber dem Rat Leonardos folgen und Ihre bisherige Praxis durch eine gute theoretische Grundlage verbessern? Oder bevorzugen Sie es, zuerst mit Fleiß Kompetenz zu gewinnen, um dann systematisch und effektiv in die Praxis der Kunstliteratursuche einzusteigen? In jedem Fall möchte Ihnen dieses Buch – um Leonardos Bild aufzugreifen – Kompass im Meer der Informationen sein, also Orientierung bieten und Grundlagen vermitteln, selbstständig und kompetent geeignete Recherchewege einzuschlagen und Suchinstrumente wie Suchergebnisse mit größerer Gewissheit zu bewerten.

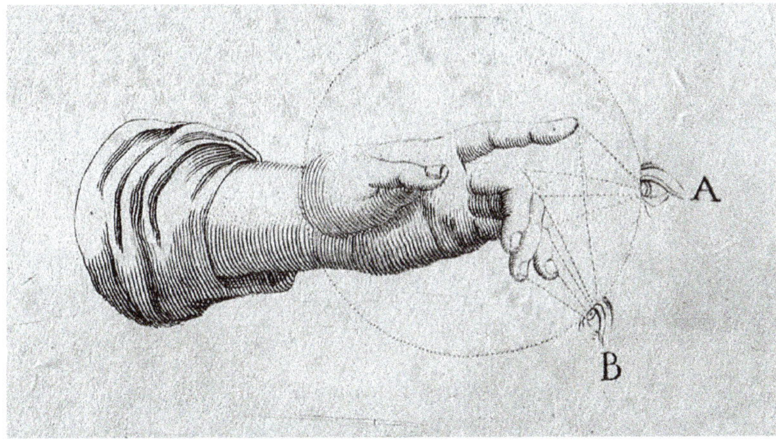

Abb. 1: Illustration zu Leonardo da Vinci: Trattato della pittura, Napoli 1733, S. 72, Ausschnitt (Exemplar UB Freiburg Rara F 1907,li)

Dazu bietet der Band eine strukturierte Auswahl an Informationsressourcen zur Kunstgeschichte: Ein erster Teil stellt Ihnen die Basics für einen guten und schnell erfolgreichen Start in die Kunstliteratur- und Bildsuche vor: grundlegende Kataloge und Datenbanken, ausgewählte Fachbibliographien und Abbildungssammlungen. Der nachfolgende Teil – Advanced – erweitert den Überblick um spezialisierte Datenbanken und Nachschlagewerke, um Fachportale im Internet und digitale Bibliotheken. Der Schwerpunkt liegt somit erkennbar auf elektronischen Ressourcen zur Kunstliteratursuche; gedruckte Nachschlagewerke rücken erst dann ins Blickfeld, wenn die für ein Teilgebiet zentralen Hilfsmittel nur in Print-Ausgaben vorliegen. Immer aber handelt es sich um eine Auswahl und nicht um eine vollständige Liste von Suchinstrumenten, jedoch um eine Auswahl, mit der Sie Orientierung gewinnen können. Im dritten Teil des Buches finden Sie Recherche- und Arbeitsprozesse systematisiert vorgestellt, erweitert um Tipps zu Recherchestrategien und Hinweisen auf die Standards guten wissenschaftlichen Arbeitens. Register bieten abschließend einen Überblick über die vorgestellten Fachressourcen und laden nochmals zur gezielten Beschäftigung mit ihnen ein.

Herzlich danke ich Klaus Gantert für Ratschläge und geduldige Begleitung dieses Buchprojekts und für die Aufnahme des Bandes in die Reihe *Erfolgreich recherchieren*, ebenso Christina Lembrecht und Nina Valenzuela für die sehr gute Betreuung der Veröffentlichung im Verlag De Gruyter.

Freiburg i. Br., im August 2012
Angela Karasch

Inhaltsverzeichnis

Basics

1 Internetsuchmaschinen

Aus dem Alltag sind Ihnen Internetsuchmaschinen als schnelle Informationsbeschaffer vertraut. Ihre einfache Bedienung und die Menge der über sie erreichbaren Daten sind verlockende Aspekte, sie auch für die fachwissenschaftliche Literatur- und Bildsuche zu nutzen. Doch um hierfür Möglichkeiten wie Grenzen besser einschätzen zu können, lohnt es, sich zuerst ihre Verfahrensweisen zu verdeutlichen.

- *Suchmaschinen arbeiten auf der Basis von Datenkategorisierung und maschineller Indexierung.* Webseiten und Daten werden von Crawlern aus dem Internet eingesammelt, an einen Indexer weitergeleitet und mit Schlüsselbegriffen und Stichworten verbunden. Ihre Suchanfrage wird dann über den Index zu passenden Dokumenten geführt. *Das Suchergebnis ist also abhängig von der Qualität der Indexierung.*
- *Einfachste Suchmöglichkeiten und hohe Trefferquoten* haben zum Erfolg von Internetsuchmaschinen beigetragen. Attraktiv ist die Möglichkeit zur freien Formulierung der Suchanfrage; Kenntnisse einer Recherchesprache werden nicht vorausgesetzt.
- *Trefferlisten werden als Ranking angeboten.* Dem Ranking kommt besondere Bedeutung zu, da bei hoher Treffermenge eine Spitzenplatzierung wesentlich zur Wahrnehmung eines Dokuments beiträgt. Basis für das Ranking ist die (meist formale) Nähe des Suchbegriffs zur Indexierung des Dokuments. Aktualität und häufiger Aufruf eines Dokuments spielen ebenfalls eine Rolle für die Platzierung. Selbst individuelles Suchverhalten kann berücksichtigt werden. Im Einzelnen machen die Suchmaschinen ihre Kriterien für das Ranking aber nicht transparent.
- *Form und Qualität der Dokumente sind heterogen,* da keine Qualitätskontrolle der erfassten Dokumente stattfindet. Die Prüfung, ob die angezeigten Inhalte vertrauenswürdig sind und ob sie wissenschaftliche Standards einhalten, bleibt Ihnen überlassen.
- *Nicht alles, was es zu einem Thema gibt, wird über Suchmaschinen nachgewiesen.* Aktuelle Forschungsdaten und wissenschaftliche Literatur aus passwortgeschützten Datenbanken und Internetportalen werden überwiegend nicht indiziert; sie sind damit über Internetsuchmaschinen nicht aufzufinden. Diesen von den Suchmaschinen nicht erfassten Bereich nennt man *Deep Web* oder *In-*

visible Web. Ein wichtiger Aspekt also, spezialisierte Suchinstrumente zum Auffinden wissenschaftlicher Dokumente kennen und nutzen zu lernen.

Die zurzeit bekanntesten indexbasierten Internetsuchmaschinen sind *Google, Yahoo!* und *Bing.com.* Mit Abstand am meisten genutzt wird jedoch die seit 1998 von Google angebotene Suchmaschine.

1.1 Literatursuche mit Google

Einfache Google-Suche

Suchen Sie beispielsweise Informationen und Literatur zum Thema „Max Liebermann und die französischen Impressionisten", liefert Ihnen Google bei Eingabe von „Liebermann französisch Impressionisten" in den einfachen Suchschlitz derzeit über 630.000 Treffer; präzisieren Sie die Eingabe durch Vornamen und Abfolge zu „Max Liebermann französisch Impressionisten", bleiben noch immer über 100.000 Treffer, vom Lexikonartikel über Museums-, Sammler- und Liebhaberseiten bis hin zu Hinweisen auf Ausstellungen und Katalogtitel. Verschiedene Strategien zur Ergebnisoptimierung bieten sich an:

Ergebnisoptimierung

Schneeballsystem

- Enthält die Spitzengruppe der Trefferliste bereits geeignete Dokumente, könnten Sie sich auf diese konzentrieren, die dort genannten Veröffentlichungen auswerten und so weitere thematisch relevante Dokumente auffinden. Diese Vorgehensweise in der Literaturrecherche wird als *Schneeballsystem* bezeichnet.

Erweiterte Google-Suche

- *Präzisieren Sie Ihre Suchbegriffe* durch ihre Einschränkung auf bestimmte Suchfelder und Suchkategorien. Starten Sie dafür die *Erweiterte Google-Suche.* Auch die hier angebotene *Phrasensuche* (Suche mit zusammenhängenden Wortfolgen) reduziert die Trefferzahl erheblich.

Spezialisierte Suchmaschinen

- Eine *Einschränkung auf bestimmte Dokumentarten,* wie Bücher, Abbildungen usw., denen Ihr vorrangiges Interesse gilt, ist ebenfalls wirkungsvoll. Google bietet hierzu spezialisierte Suchmaschinen an, u. a. *Google-Books (Google Bücher)* und *Google Scholar.* Für wissenschaftliche Arbeiten nutzen Sie diese am besten direkt.

Suche mit Google Bücher

Die *Google Buchsuche* bietet die formale Begrenzung einer Internetsuche auf Buchveröffentlichungen (gedruckte Bücher, E-Books). Suchergebnisse werden in *Google Bücher* angereichert mit Zusatzinformationen zum Inhalt, oft mit einem ausschnitthaften Blick auf Seiten oder Textpassagen, die die Suchbegriffe enthalten, auf Gliederung und Inhaltsangaben, und sie werden ergänzt um eine Auflistung von häufig vorkommenden Begriffen und Wortgruppen in der jeweiligen Publikation. Empfehlenswert ist die Nutzung der Erweiterten Suchfunktion: Sie ermöglicht Präzisierungen nach Medientypen, nach sprachlichen Aspekten, nach Erscheinungsjahren. Die Trefferanzeige lässt sich nach Relevanz, Publikationszeitraum und Datum ordnen. Für den Export der bibliographischen Daten in Literaturverwaltungssysteme stehen eigene Funktionalitäten bereit (vgl. auch 2.1, 14).

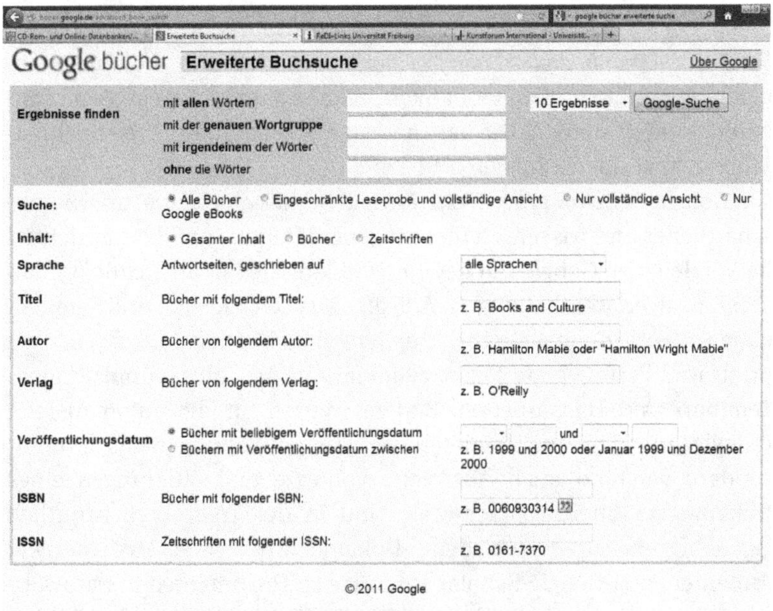

Abb. 2: Google Bücher: Erweiterte Buchsuche (21. 8. 2012)

Die von Google Bücher angezeigten Buchveröffentlichungen entstammen Partnerprogrammen mit Autoren, Verlegern und Bibliotheken; besondere inhaltliche Schwerpunkte lassen sich aber nicht erkennen. Durch einen Link zu Bibliothekskatalogen und zu Buchhändlerverzeichnissen besteht die Möglichkeit, für die Bücher einen Bibliotheksstandort oder ein Buchhandelsangebot zu finden. Gemeinfreie elektronische Bücher können direkt als pdf-Datei heruntergeladen werden.

1.2 Wissenschaftliche Suchmaschinen

Wissenschaftliche Suchmaschinen konzentrieren ihre Suche auf Websites von Wissenschaftseinrichtungen und von wissenschaftsorientierten Anbietern, um auf deren Servern abgelegte Dokumente und Informationen abzugreifen. Ihr Dokumentennachweis ist daher geprägt vom Auswahlprofil des jeweiligen Datenanbieters. Gegenüber den allgemeinen Internetsuchmaschinen haben die wissenschaftlichen Suchmaschinen aber den Vorteil, dass die Suchergebnisse in jedem Fall homogener sind. Trotzdem: *Auch wissenschaftliche Suchmaschinen berücksichtigen in erster Linie frei zugängliche Literatur*. Dokumente in passwortgeschützten Datenbanken können meist nur eingeschränkt berücksichtigt werden. Die bekanntesten wissenschaftlichen Suchmaschinen sind *Google Scholar* und *BASE*.

Google Scholar

Vielfalt erfasster Textdokumente

Google Scholar erfasst ein formal breites Spektrum an wissenschaftlicher und wissenschaftsbezogener Literatur und berücksichtigt im Vergleich zu Google Bücher eine größere Vielfalt an Textdokumenten: Einzelveröffentlichungen, Aufsätze aus Zeitschriften und Sammelbänden, Forschungsberichte, Quellen- und Datensammlungen, Preprints und Vortragsunterlagen, akademische Abschlusspublikationen, Seminar- und Hausarbeiten. Zudem werden für die automatisierte Indexierung nicht nur Titeldaten von Veröffentlichungen ausgewertet, sondern verstärkt auch Abstracts, Volltexte und Zitierungen eines Dokuments. Zitierungsnachweise sind in der Trefferliste kenntlich gemacht, ebenso verschiedene Dokumentarten und Medientypen. Außerdem gibt Google Scholar Hinweise zu Dokumenten in passwortgeschützten Volltextsammlungen. Die Trefferliste bietet neben bibliographischen Angaben auch Zugang zu Volltexten. Volltextangebote sind dabei nicht beschränkt auf Open-Access-Dokumente, denn Google Scholar gehört zu den Suchmaschinen, die auch geschützte Datenbereiche erfassen, soweit mit deren Anbietern Vereinbarungen getroffen wurden, um diese Dokumente zu indizieren.

Tipp

Nutzen Sie das Angebot bei Google Scholar, persönliche Sucheinstellungen zu definieren. Für die Anzeige eines Bibliotheksstandorts zu Druckausgaben eines Dokuments geben Sie sinnvoller Weise die Bibliothek an, die Sie als berechtigtes Mitglied nutzen. Dann haben Sie die Möglichkeit, auch auf passwortgeschützte elektronische Volltexte, die von „Ihrer" Bibliothek lizenziert wurden, direkt zuzugreifen.

BASE

Nachweis von Open-Access-Dokumenten

BASE (Bielefeld Academic Search Engine) ist eine der größten wissenschaftlichen Suchmaschinen speziell für Open-Access-Dokumente im Internet, also für elektronische Volltextpublikationen, die kostenfrei einsehbar sind. Betreiber der Suchmaschine ist die Universitätsbibliothek Bielefeld. Die Spezialisierung auf Open-Access-Dokumente führt allerdings dazu, dass diese Suchmaschine zurzeit für kunstgeschichtliche Literatur noch wenig ergiebig ist. Bereits existierende Open-Access-Dokumente zur Kunstgeschichte recherchieren Sie zudem bequemer und zielgerichteter über Fachkataloge (vgl. 2.3 und 6.3).

2 Bibliothekskataloge

Vor allem mit spezialisierten Internetsuchmaschinen lässt sich also wissenschaftliche Literatur bereits ein Stück weit ermitteln. Doch die eigentlichen Spezialisten für Suche und Nachweis wissenschaftlicher Publikationen sind Bibliothekskataloge und bibliographische Datenbanken (vgl. 3). In ihrer Nutzung Kompetenz und Routine zu erwerben, sollte also ein wichtiges Ziel sein, um Anforderungen für Studium und wissenschaftliche Arbeit angemessen zu begegnen.

OPAC

Große Bibliotheken verzeichnen ihre Bestände heute durchweg in online und kostenfrei zugänglichen Katalogen; die Bezeichnung dieser Kataloge als *OPAC* (*Online Public Access Catalogue*) bringt das zum Ausdruck. Die Einzeldaten werden umfänglich erfasst, kategorisiert und normiert, so dass sich zur Ermittlung wissenschaftlicher Literatur differenzierte formale und thematische Suchmöglichkeiten ergeben. Alle Titelnachweise verbinden sich zudem mit Standort- und Verfügbarkeitsinformationen.

Was enthält ein OPAC?

Im *Standard-OPAC* einer Bibliothek lässt sich vorrangig die vorhandene *selbstständig erschienene Literatur* recherchieren, also Bücher, Datensammlungen, Zeitschriften als Ganzes. Dabei spielt keine Rolle, ob die Publikationen als physische Medien erworben oder als Online-Ressourcen lizenziert wurden. Aufsätze aus Zeitschriften oder Beiträge aus Herausgeberschriften (Sammelbänden) werden dagegen meist nicht einzeln im OPAC verzeichnet. Der systematische Nachweis dieser unselbstständig erschienenen Literatur ist das Kerngeschäft der Bibliographien (vgl. 3). Die Bibliotheken erwerben oder lizenzieren diese meist in Form von bibliographischen Datenbanken, weisen sie dann als Ganzes in ihren Katalogen nach und informieren über diesen Umweg auch über die Aufsatzliteratur. Bibliothekskataloge und Bibliographien sind somit sich ergänzende und auf Aufgabenteilung beruhende Such- und Nachweisinstrumente für Literatur. – Doch es gilt auch hier: keine Regel ohne Ausnahme! Sicherlich haben Sie auch schon Aufsatzliteratur direkt im OPAC gefunden. Das kann verschiedene Gründe haben: Wenn ein Zeitschriftenaufsatz als selbstständige Einheit in der

Bibliothek vorhanden ist, etwa als Sonderdruck oder Einzeldatei, wird er auch direkt im Katalog verzeichnet; der separate Nachweis ist also folgerichtig.

OPAC plus

Erweiterte Datenbestände

Auch neuere Informationstechnologie erlaubt zunehmend, Grenzziehungen zwischen unterschiedlichen Suchinstrumenten zu überwinden oder unmerklich zu machen. So werden für die Literatursuche Kataloge und sehr umfangreiche bibliographische Datenpools (meist kommerzieller Wissenschaftsdienstleister) in eine *gemeinsame Suchoberfläche* integriert. Bibliotheken weisen auf diese ihren OPACs zugeschalteten externen Datenbestände meist ausdrücklich hin. Sie tun dies einerseits, um den zusätzlichen Suchservice hervorzuheben, andererseits, um auf das eigene Profil der zugespielten Daten hinzuweisen. Denn mitnichten wird über diese Datenzukäufe Aufsatzliteratur für alle Wissenschaftsbereiche gleichermaßen intensiv zugänglich, noch können alle Suchfunktionalitäten wirklich vereinheitlicht werden. Auf kombinierte Suchanfragen erhält man eher nur Antworten nach dem Prinzip des kleinsten gemeinsamen Nenners. Somit bleibt es für gezielte Recherchen weiterhin sinnvoll, die grundsätzlichen Unterschiede von Katalogen und bibliographischen Datenbanken und ihre jeweiligen Inhalts- und Verzeichnungsschwerpunkte zu kennen.

Spezialkataloge

Der OPAC ist zwar das zentrale Nachweisinstrument für selbstständige Literatur in einer Bibliothek, aber auch hierfür nicht in jedem Fall das einzige. Sondersammlungen und Sonderbestände, wie Handschriften, Nachlassdokumente, Autographen, werden bevorzugt in *Spezialkatalogen* mit angepassten Suchfunktionalitäten nachgewiesen. Bibliotheken bieten daher auf ihren Internetseiten Überblicke zu den entsprechenden Verzeichnissen an, meist in Rubriken wie „Suchinstrumente von A–Z“, „Spezielle Suchanfragen“ usw. Bei Bibliotheken mit umfangreichen historischen Buchbeständen ist auch nicht auszuschließen, dass diese Bücher noch nicht vollständig im OPAC erfasst und daher zusätzlich ältere Kataloge vor Ort zu benutzen sind.

Tipp

Einen guten Einblick in das Angebot an Katalogen und Datenbanken einer Bibliothek vermitteln Bibliothekseinführungen und Schulungen vor Ort. Für die Arbeit mit Spezialbeständen sind zudem folgende überregionale Online-Verzeichnisse interessant: für Handschriften *manuscripta mediaevalia*, für Nachlässe und Autographen *Kalliope* und für Drucke bis 1500 der *Inkunabelkatalog INKA*.

2.1 Literatursuche im OPAC – Schritt für Schritt

2.1.1 Sucheinstiege

Der Einstieg zur Literatursuche im OPAC ähnelt dem der Internetsuchmaschinen: Mit einem einzigen Eingabefeld gleich auf ihrer Homepage fordern viele Bibliothek direkt zur Literatursuche auf. Neben dieser Möglichkeit zur *Schnellsuche* oder *Einfachen Suche* gibt es die zur *Erweiterten Suche* und oftmals ein Angebot zur *Expertensuche.*

Einfache Suche

Für die *Einfache Suche* können ein oder mehrere Suchbegriffe in freier Abfolge in den Suchschlitz eingegeben werden. Die Abfrage wird dann automatisch in zentralen Datenkategorien des Katalogs durchgeführt, bei manchen Katalogen sogar in allen. Das kann zu hohen Treffermengen führen, doch kann im nächsten Schritt eine Eingrenzung der Ergebnisliste erfolgen. OPACs bieten dafür Zusatzfunktionen an, wie die formale Eingrenzung nach Publikationsdatum oder Medientyp.

Erweiterte Suche

Für die *Erweiterte Suche* gibt es eine nach einzelnen Suchkategorien ausdifferenzierte Eingabemaske, was sehr gezielte Katalogabfragen ermöglicht. Die wichtigsten über die erweiterte Suchfunktion direkt

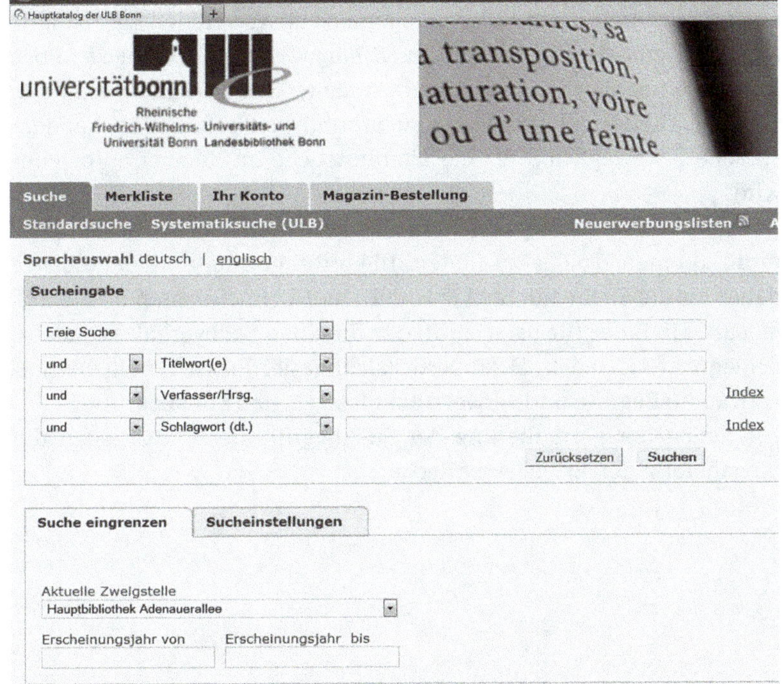

Abb. 3: ULB Bonn: OPAC-Suchoberfläche Erweiterte Suche (29. 1. 2012)

abfragbaren Datenkategorien sind: Autor / Person, Titel / Titelstichwort, Schlagwort. Viele OPACs stellen noch weitere Suchkategorien wie Exakter Titel, Ort, Verlag, Publikationsjahr, ISBN / ISSN und Bibliotheks-Standnummer in diesem Suchmodus zur Verfügung. Die Kategorien werden oft in einem *Pull-down-Menü* (Aufklapp-Menü) vor den Suchfeldern angeboten; sie können somit frei eingestellt und miteinander kombiniert werden.

Expertensuche

Die *Expertensuche* erlaubt eine noch größere Präzisierung: Die Suchanfrage kann hier besonders differenziert und individuell gestaltet werden, da Suchfeldbezeichnungen, Abrufzeichen und Suchkommandos auf Grundlage der Recherchesyntax aktiv zu formulieren sind. Hierfür empfiehlt es sich, den Hilfe-Text zur Expertensuche aufzurufen. Er bietet eine Übersicht der im jeweiligen OPAC verwendeten Feldbezeichnungen, der Abrufzeichen und der einzelnen Suchkommandos.

2.1.2 Suchbegriffe

Stichwort

Schlagwort

Zum Erfolg einer Literatursuche im OPAC trägt auch die Wahl und Formulierung der Suchbegriffe bei. Man unterscheidet zwischen Stichwörtern und Schlagwörtern. *Stichwörter* sind Begriffe, die direkt im Titel eines Buchs und / oder in den vom Katalog ausgewerteten Zusatzinformationen zum Buch vorkommen. *Schlagwörter* sind demgegenüber normierte Begriffe, mit denen ein bestimmter Sachverhalt unabhängig von der Titelformulierung des Buchs und von seiner Publikationssprache festgelegt und für die Literatursuche im Katalog aufbereitet wird.

Schlagwortsuche

Durch Schlagwörter erweitern sich die Möglichkeiten, gezielt Literatur zu einem Thema zu finden. Die erweiterte Katalogsuche bietet daher für die Suche mit Schlagwörtern meist ein *eigenständiges Suchfeld* an. Ein *Index* (Register) hilft, das für einen Sachverhalt normierte Schlagwort zu finden. Dazu berücksichtigt der Index Synonyme und verwandte Begriffe und verweist zum festgelegten Suchbegriff.

Neben der Formulierung der Suchbegriffe beeinflusst auch die Eingabeform den Erfolg einer Recherche.

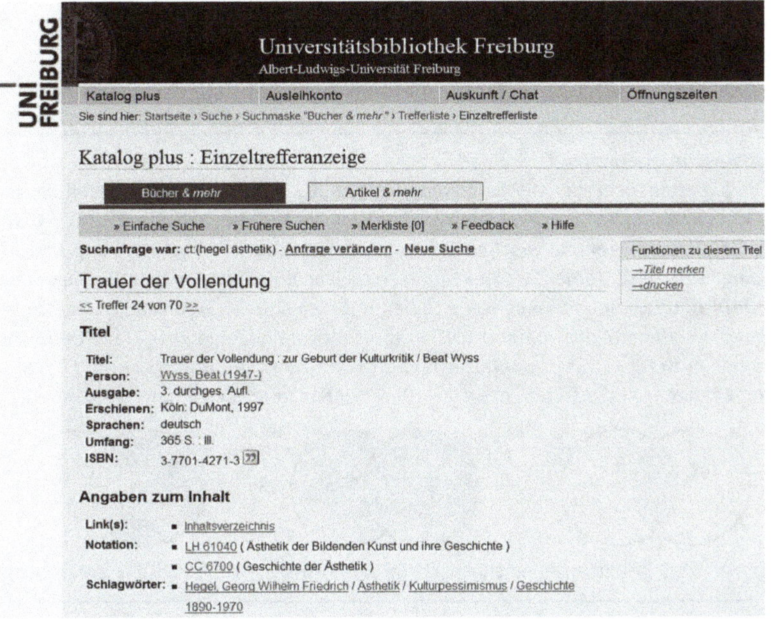

Abb. 4: OPAC Freiburg: Ergebnisanzeige (Ausschnitt). – Titelstichwörter sind hier: Trauer, Vollendung, Geburt, Kulturkritik. Schlagwörter sind: Hegel, Ästhetik (normiert für Kunstphilosophie), Kulturpessimismus, Geschichte 1890–1970. Erst die Schlagwörter verdeutlichen den Inhalt gegenüber der metaphorischen Titelfassung. Der Suchanfrage „Hegel Kunstphilosophie" wird der Titel über die Schlagwörter zugeordnet. (17. 11. 2012)

Tipp

Trunkierung (engl. Truncation = Verkürzung)

Bei der Suche mit Stichwörtern ist Trunkierung ein empfehlenswertes Verfahren, um Auswirkungen von Deklinations- und Flexionsformen auf das Suchergebnis zu vermeiden und um unterschiedliche Wortzusammensetzungen mit einer Suchanfrage zu erfassen. Und so geht es:

Bei der Trunkierung wird jede beliebige Buchstabenfolge nach dem Trunkierungszeichen (Rechts- oder Endtrunkierung) oder vor ihm (Linkstrunkierung) in die Suche einbezogen. Als Trunkierungszeichen werden meist die Zeichen *, ? oder # verwendet. So findet man mit der Eingabe „bild*" Titel mit den Begriffen *Bild*theorie, *Bild*interpretation, *Bild*archiv usw., aber auch mit *Bild*er, *Bild*errahmen und *Bild*ung. Mit „*bild" erhält man dagegen Titel mit den Begriffen Archiv*bild*, Genre*bild*, aber auch mit Ab*bild*, Sinn*bild*, Vor*bild* usw. Nicht alle OPACs bieten Linkstrunkierung; Rechtstrunkierung gehört dagegen zum Standard.

Ebenso kann es bei einer Suchanfrage mit mehreren Suchbegriffen von Vorteil sein, genau zu definieren, in welcher Beziehung die einzelnen Begriffe zu einander stehen, um eine Suchanfrage entsprechend zu filtern. Wenn Sie beispielsweise Literatur nur zu den Zeichnungen Dürers und nicht auch zu seinem sonstigen Werk suchen, lohnt eine Präzisierung, um unnötig hohe Treffermengen auszuschließen.

Tipp

Boolesche Operatoren
Die Expertensuche der OPACs bietet zur Verdeutlichung von Begriffsbeziehungen die Verwendung der Booleschen Operatoren an: AND, OR, AND NOT bzw. UND, ODER, NICHT. Je nachdem, mit welchen Operatoren die Suchbegriffe „Dürer“ und „Zeichnung“ verknüpft werden, werden unterschiedliche Ergebnisse erzielt. Der Operator „UND“ führt zur Schnittmenge (alle Treffer, in denen sowohl „Dürer“ als auch „Zeichnung“ vorkommt), der Operator „ODER“ führt zur Vereinigungsmenge (alle Treffer, in denen entweder „Dürer“ oder „Zeichnung“ vorkommt), der Operator „NICHT“ führt zur Restmenge (alle Treffer, in denen „Dürer“, nicht aber „Zeichnung“ vorkommt).

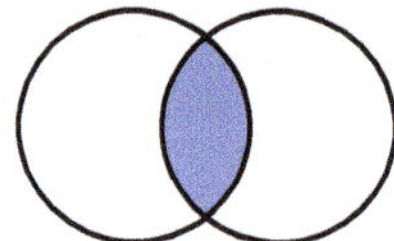
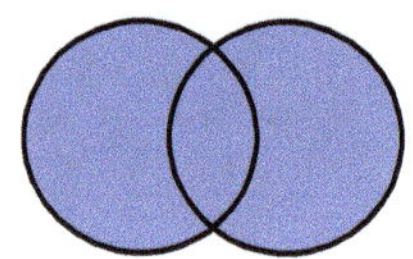
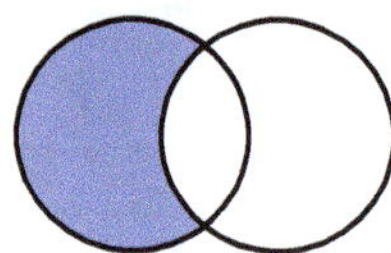

Dürer UND Zeichnung – Dürer ODER Zeichnung – Dürer NICHT Zeichnung

2.1.3 Literatursuche anhand von Systematiken

Für die thematische Literatursuche werden Publikationen und Dokumente nicht nur über eine verbale Inhaltserschließung besser zugänglich, also über Schlagwörter, Stichwörter und Textinformationen. Von Nutzen ist auch eine systematische inhaltliche Erschließung, die viele Bibliotheken zusätzlich für die Recherche wissenschaftlicher Literatur anbieten und in Form von Notationen den Titeldaten beifügen.

Suche über Klassifikationen oder Systematiken

Der *systematischen Inhaltserschließung* von Dokumenten liegen Klassifikationen oder Fachsystematiken zugrunde, die die einzelnen Wissenschaftsfächer in ihren fachlichen Untergliederungen und Strukturierungen mittels Notationen (Zahlenkürzel oder Buchstaben) erfassen und einander zuordnen. Jede Notation entspricht so einer definierten Position innerhalb der Systematik. Die inhaltliche Erschließung einer Publikation erfolgt in diesem Verfahren durch Zuordnung zu einer Position innerhalb der Fachsystematik über die Vergabe einer entsprechenden Notation (vgl. Abb. 4). *Literatur vergleichbaren Inhalts erhält immer die gleiche Notation einer Systematik* und kann so zusammenhängend gefunden werden. Bibliotheken nutzen dieses Ordnungsprinzip auch ganz konkret für die Aufstellung von Büchern und Medien, so dass man thematisch verwandte Literatur nebeneinander im Regal findet. Im OPAC wird dieses Prinzip zusätzlich zu einem Instrument für die thematische Literatursuche ohne die Bindung an einen realen

Raum: Über die Suchanfrage mit einer Notation erhält man die dieser Systemstelle zugeordnete Literatur als Trefferliste.

Regensburger Verbundklassifikation RVK

Eine der bekanntesten Systematiken an deutschen wissenschaftlichen Bibliotheken ist die *Regensburger Verbundklassifikation (RVK)*. Sie wurde an der Universitätsbibliothek Regensburg entwickelt zur fachlich-thematischen Aufstellung frei zugänglicher Buchbestände und orientiert sich dabei am klassischen Fächerkanon der deutschen Universitäten. Inzwischen hat sich die RVK auch zu einem aufstellungsunabhängigen Instrument der Literaturerschließung entwickelt und steht online zur Verfügung. Wie Sie die RVK-Systematik ortsunabhängig zur Literatursuche nutzen können, zeigt der „Bibscout" des Südwestdeutschen Bibliotheksverbunds (vgl. 2.2.1). Weitere verbreitete Systematiken sind die *Basisklassifikation (BK)* und *Dewey Decimal Classification (DDC)*.

2.1.4 Suchergebnisse

Trefferliste

Suchergebnisse werden im OPAC *in Kurztitellisten* angezeigt. Das Ranking der Treffer ist immer klar definiert; meist erscheinen die Titel geordnet nach ihrem Erscheinungsjahr mit der jüngsten Veröffentlichung

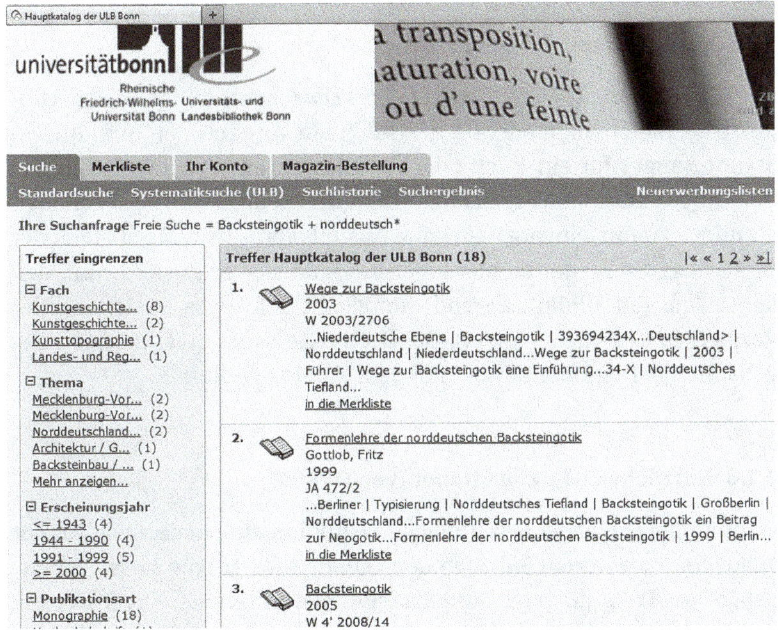

Abb. 5: ULB Bonn: OPAC mit Drill-down-Funktion: Treffer eingrenzen (28. 1. 2012)

in Spitzenposition. Manche OPACs bieten darüber hinaus weitere Ordnungskriterien zur Auswahl an: nach Erscheinungsjahr auf- oder absteigend, nach dem Autorenalphabet usw. Neuere OPACs mit *Drill-down-Funktion* (Verfeinerung) oder Facettentechnologie schlüsseln außerdem die Trefferlisten nach weiteren Aspekten auf und zeigen das in einer Randleiste an: je nach OPAC nach Themenbereichen oder Schlagwörtern, Erscheinungszeiträumen, Publikationsarten, Sprachen, Standorten, Autoren. Diese Auswahlangebote wiederum sind direkt aufrufbar. Eine schnelle Eingrenzung großer Treffermengen wird so möglich.

Drill-down-Funktion

Einzeltrefferanzeige

Der volle Informationswert der Suchergebnisse ist immer erst über die *Einzeltrefferanzeige* zu erreichen. Nur sie bietet die vollständigen bibliographischen Daten zu einem Titel sowie Hinweise zu Nutzungsmodalitäten und Verfügbarkeit des Dokuments. Der Einzeltrefferanzeige sind auch die zum Inhalt des Dokuments vergebenen Schlagwörter und / oder Notationen zu entnehmen. Darüber hinaus reichern Bibliotheken mit OPACs der jüngsten Generation diese Grunddaten oft mit weiteren Informationen zum Inhalt einer Publikation an, indem sie Inhaltsverzeichnisse, Klappentexte, Coverbilder, Abstracts, Links zu Rezensionen usw. an den Datensatz anhängen. Dieses *Catalog Enrichment* soll die Bewertung einer Publikation hinsichtlich ihrer Relevanz für die eigene Fragestellung erleichtern.

Kataloganreicherung

2.1.5 Verfügbarkeit der Dokumente

Standnummer und URL

Der Hinweis auf die *Verfügbarkeit eines Dokuments* in der Einzeltrefferanzeige bietet oft mehr als die schlichte Angabe der Bibliotheks-Standnummer für ein Buch oder die URL für eine Online-Ressource. Bei Print-Medien sind oft Zusatzinformationen abrufbar: zum genauen Standort, zu Ausleihvorgaben, zum Ausleihstatus usw. Meist bietet der OPAC über die Standnummer einen automatisierten Zugang zum Ausleihsystem der Bibliothek und ermöglicht sofortiges Bestellen oder Vormerken des Titels (vgl. 13). Bei Online-Ressourcen ist dagegen das vollständige Dokument direkt mit dem Katalog verlinkt.

2.1.6 Nützliche Zusatzfunktionen von OPACs

Wenn Ihnen die bisher beschriebenen Funktionalitäten der OPACs nicht ausreichen, so werfen Sie doch noch einen Blick auf die Ausstattungsliste von OPACs jüngerer Modellserien! Darunter sind Angebote, die sich an Web 2.0-Technologien orientieren, also die kollektive Intelligenz zur Erweiterung von OPAC-Funktionalitäten nutzen. Dafür werden beispielweise die von den OPAC-Nutzern erzeugten Strukturen, ihr Verhalten und ihre Erfahrungen depersonalisiert ausgewertet. Oder es wird Partizipation in einzelnen Katalogbereichen angeboten. Hier eine kleine Auswahl unterschiedlicher, aber in jedem Fall nützlicher Zusatzausstattungen:

Empfehlungsdienste

Automatisierte Empfehlungsdienste (*Recommender-Dienste*) in Bibliothekskatalogen, wie beispielsweise der „BibTip", werten das Such- und Bestellverhalten anderer Katalognutzer aus, um auf weitere Titel aufmerksam zu machen. Das Motto „Andere fanden auch interessant" beschreibt dies treffend und reicht so das Verhalten bisheriger Nutzer als depersonalisierte Empfehlung an neue Nutzer weiter.

Social Tagging

Einzelne OPACs setzen auf die Bereitschaft ihrer Nutzer, das eigene Wissen auch anderen zur Verfügung zu stellen, und bieten dafür in ausgewählten Katalogbereichen Partizipation an. So wird die inhaltliche Erschließung von Dokumenten erweitert um *Social Tagging*, also um eine (zusätzliche) freie Form der Verschlagwortung durch die Nutzer selbst. Diese Schlagwörter werden häufig in einer „Tag Cloud" visualisiert.

Alert-Dienste

Alert-Dienste (engl. Benachrichtigung, Alarmierung) ermöglichen es angemeldeten Benutzern einer Bibliothek, ihre individuellen Suchprofile in OPACs zu hinterlegen. Sie werden dann automatisch benachrichtigt, sobald es zu diesen Fragestellungen neue Treffer im Katalog gibt. Die Benachrichtigung erfolgt per E-Mail oder über RSS-Feed.

Mobile OPACs

OPACs werden inzwischen auch für mobile Anwendungen optimiert, so beispielsweise für ihre Nutzung auf Smartphones. Ziel ist dabei, selbst auf kleiner Fläche alle Funktionalitäten möglichst gut darzustellen und anzubieten. Damit wird Literatursuche möglich an jedem Ort und in jeder Lebenslage!

Tipp

Bestimmte Funktionalitäten eines OPACs stellen Bibliotheken oft nur den Mitgliedern der eigenen Einrichtung zur Verfügung. Dazu gehören beispielsweise das Anlegen von Merklisten während der Recherche im OPAC, die Speicherung der Recherchen, ebenso das direkte Bestellen und Vormerken von Dokumenten. Es ist daher von Vorteil, wenn Sie sich vor einer Recherche im Katalog „Ihrer" Bibliothek zuerst über die Benutzerkennung mit ihrem persönlichen Passwort anmelden und sich nicht nur auf den gemeinfreien Recherchemodus (sog. Zugang als Gast) beschränken.

2.2 Weitere Katalogformen

2.2.1 Verbundkataloge

Viele wissenschaftliche Bibliotheken erstellen ihren OPAC nicht als isoliertes Produkt. Sie katalogisieren vielmehr zusammen mit anderen Bibliotheken ihre Bestände in einem gemeinsamen Katalog, dem *Verbundkatalog*. Aus diesem wird dann für die eigene Einrichtung oder für alle Einrichtungen an einem Ort ein entsprechender Datenauszug erstellt. Da Bibliotheken gleichen Typs zu einem großen Teil gleiche Literatur erwerben, erlaubt dieses Arbeiten im Verbund, die aufwändige Katalogarbeit arbeitsteilig vorzunehmen. Dies gilt sowohl für die Erfassung der Titeldaten als auch für die inhaltliche Erschließung der Dokumente. Nur lokale Spezifika, wie Standnummern und weitere Hinweise zur Verfügbarkeit, werden vor Ort ergänzt.

Katalogverbünde

Die wichtigsten Bibliotheksverbünde, Bibliothekszentren und ihre Online-Kataloge im deutschsprachigen Raum sind:

- *Bibliotheksverbund Bayern* (BVB): Er umschließt die bayerischen Universitäts- und Hochschulbibliotheken, weitere staatliche und institutionelle Bibliotheken des Landes sowie die Bayerische Staatsbibliothek in München. Der Verbundkatalog des BVB präsentiert sich für die Nutzer unter *Gateway Bayern*.
- *Gemeinsamer Bibliotheksverbund* (GBV): Zum GBV gehören die großen wissenschaftlichen Bibliotheken der Länder Bremen, Hamburg, Mecklenburg-Vorpommern, Niedersachsen, Sachsen-Anhalt, Schleswig-Holstein, Thüringen und die Bibliotheken der Stiftung Preußischer Kulturbesitz.
- *Hochschulbibliothekszentrum Nordrhein-Westfalen* (hbz): Der Verbundkatalog des hbz ist der gemeinsame Katalog aller nordrhein-westfälischen Hochschulbibliotheken und weiterer Einrichtungen des Landes sowie von Bibliotheken aus Teilen des Landes Rheinland-Pfalz.
- *Hessisches Bibliotheksinformationszentrum* (HeBIS): Der HeBIS-Verbundkatalog weist die Bestände von Bibliotheken des Landes Hessen und von Teilen des Landes Rheinland-Pfalz nach.
- *Kooperativer Bibliotheksverbund Berlin-Brandenburg* (KOBV): Er bildet die gemeinsame Plattform für alle Universitäts- und Hochschulbibliotheken, alle öffentlichen Bibliotheken und für zahlreiche Forschungs-, Spezial- und Behördenbibliotheken in Berlin und Brandenburg.
- *Südwestdeutscher Bibliotheksverbund* (SWB): Der Online-Katalog des SWB weist die Medienbestände von Universitäts- und Hoch-

schulbibliotheken, von Landes-, Regional- und Spezialbibliotheken und von weiteren öffentlichen Einrichtungen der Länder Baden-Württemberg und Sachsen und aus dem Saarland nach.

- *Österreichische Bibliothekenverbund und Service GmbH* (OBVSG): In ihrem Verbundkatalog sind die Bestände universitärer, wissenschaftlicher und administrativer Bibliotheken Österreichs erfasst.
- *Informationsverbund Deutschschweiz* (IDS): Der IDS beruht auf dem Zusammenschluss der Katalogverbünde Basel, Bern, Luzern, St. Gallen und Zürich und erschließt damit die Bestände der meisten wissenschaftlichen Bibliotheken der Deutschschweiz.

Für die Literatursuche kann es von Vorteil sein, statt im lokalen OPAC direkt in einem Verbundkatalog zu suchen, da die bereitgestellten Daten erheblich umfangreicher und vielfältiger sind. Die regionale Organisation der Verbundkataloge ist zugleich praktisch für die Suche nach benachbarten Standorten, wenn ein Dokument vor Ort nicht vorhanden ist (Zum Service von Fernleihe und Dokumentlieferung vgl. 13).

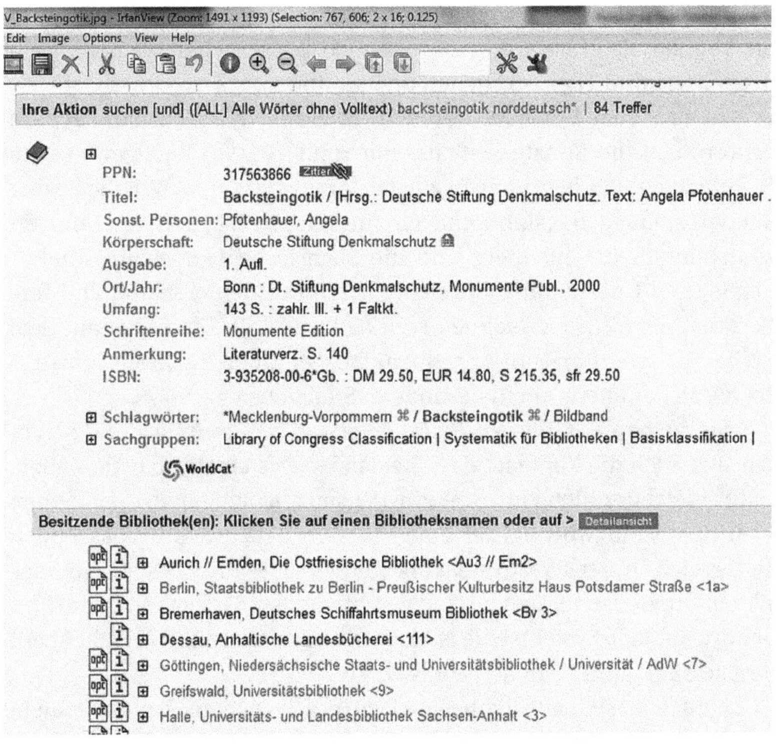

Abb. 6: GBV-Katalog: Titelanzeige und Besitznachweise (25. 1. 2012)

WorldCat

Der größte Verbundkatalog weltweit ist der WorldCat. Seine Anfänge hatte er als Verbundkatalog für die Mitglieder des Online Computer Library Center (OCLC), eines in Ohio / USA gegründeten und inzwischen weltweit agierenden Dienstleisters für Bibliotheken. Dank internationaler Kooperationen erfasst er heute rund 260 Millionen Medien mit mehr als 1,8 Milliarden Besitznachweisen weltweit. Allein aus diesem Grund führt bei den Internetsuchmaschinen Google Bücher und Google Scholar der Link zum WorldCat am schnellsten zu einem Standortnachweis für die angezeigten Dokumente. Da auch große deutsche Bibliotheksverbünde, wie der Bibliotheksverbund Bayern (BVB), inzwischen Partner im WorldCat sind, gilt dies auch für den Nachweis von Medien in deutschen Bibliotheken.

Fachsystematische Literatursuche in einem Verbundkatalog

BibScout

Wie Sie mit Gewinn eine fachsystematische Literatursuche in einem Verbundkatalog betreiben können, zeigt Ihnen der *BibScout des Südwestdeutschen Bibliotheksverbunds*. Der BibScout ist das Internet-Verzeichnis der Medienbestände im SWB, und ordnet diese systematisch nach der Regensburger Verbundklassifikation (RVK) (vgl. 2.1.3). Sie können also Literatur geordnet nach Wissenschaftsfächern, Teildisziplinen und Themen suchen und auffinden.

BibScout Kunstgeschichte

Zu den vom BibScout des SWB erfassten Wissenschaftsfächern gehört auch die Kunstgeschichte mit rund 250.000 nachgewiesenen Dokumenten. Das beruht nicht zuletzt darauf, dass zum SWB die beiden Sondersammelgebietsbibliotheken für Kunstgeschichte, die Universitätsbibliothek Heidelberg und die Sächsische Landesbibliothek – Staats- und Universitätsbibliothek (SLUB) Dresden, gehören und ihre Bestände im SWB verzeichnen (vgl. 2.2.1 und 6.2). Damit kommt dem SWB – über das BibScout-Angebot hinaus – für den Nachweis kunstgeschichtlicher Literatur ein besonderer Stellenwert zu.

BibScout Sucheinstiege

Sie suchen z. B. Literatur zum Thema *Dürer-Zeichnung* und möchten sich auch die Kontexte des Themas fachsystematisch erschließen. Dafür bietet der BibScout zwei Einstiegsmöglichkeiten an: Sie können über das Schlagwortregister einen für Ihre Fragestellung passenden Teilbereich in der RVK-Systematik finden. Oder Sie blättern sich das Wissenschaftsfach Kunstgeschichte anhand der Systematik Schritt für Schritt auf. Jede Systemstelle ist dabei mit einer Notation versehen, mit der Sie dann gezielt suchen können.

Systematik Kunstgeschichte

Lässt man sich im Suchbeispiel von der Systematik Kunstgeschichte führen, so stößt man bereits auf der oberen Gliederungsebene des Fachs auf den Teilbereich „Künstler-Monographien“. Der Weg geht von dort weiter zur nächsten Gliederungsebene, der alphabetischen Künst-

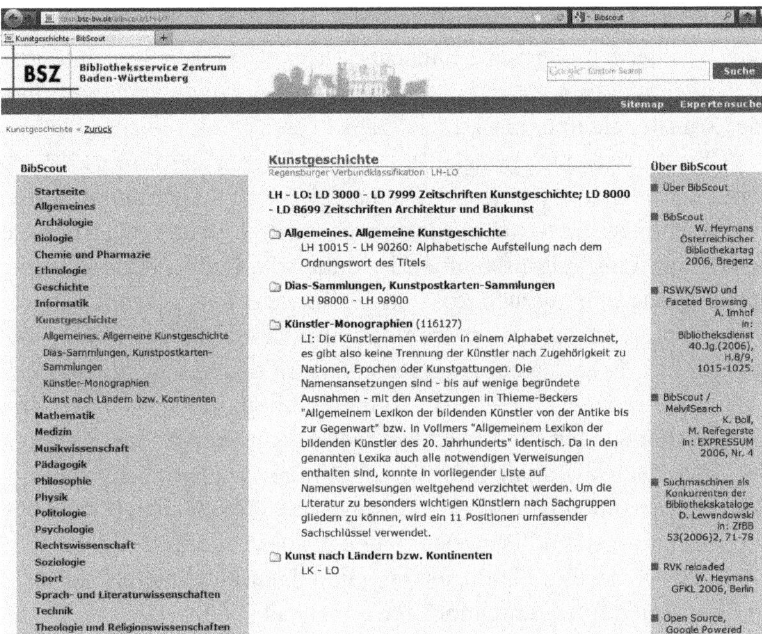

Abb. 7: SWB-BibScout: Einstieg in die Systematik Kunstgeschichte (28. 1. 2012)

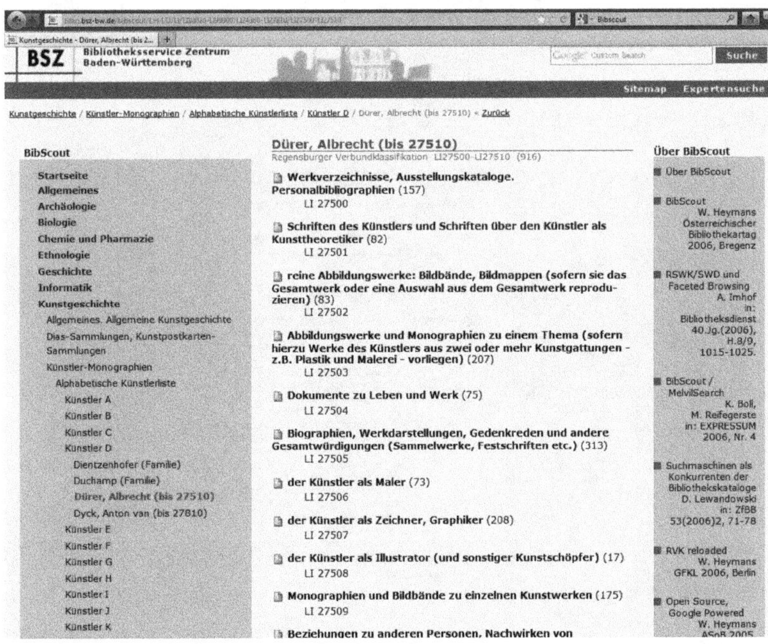

Abb. 8: SWB-BibScout: Feinsystematik zu Dürer (28. 1. 2012)

lerliste. Die dort unter „Dürer“ erfassten Publikationen werden nochmals in einer feineren systematischen Ordnung präsentiert, darunter auch die Systemstellen „der Künstler als Zeichner und Graphiker“ und „der Künstler als Illustrator“.

BibScout Ergebnisanzeige

Über die entsprechenden RVK-Feinnotationen LI27507 und LI27508 konnten direkt zum Recherche-Thema 225 Treffer aufgerufen und alle allgemeineren Dürer-Titel ausgeblendet werden. Gerade bei Themen mit hohem Literaturaufkommen ist daher die (fein-)systematisierte Erschließung sehr nützlich. Zusätzliche Hinweise auf passende Schlagworterschließungen in anderen Verbundkatalogen erlauben eine unkomplizierte Fortsetzung der Recherche in anderen Katalogen. Die Einzeltrefferanzeige bietet vollständige bibliographische Daten, Inhaltserschließungen über RVK, weitere Systematiken und Schlagwörter, Links zu Zusatzinhaltsinformationen wie Inhaltsverzeichnisse und Rezensionen, außerdem direkte Zugänge zu Bezugsquellen (Bibliotheken, Buchhandel) und Hinweise zu den Bezugsmodalitäten.

Sie möchten Ihre Überlegungen – und damit Ihre Literatursuche – zu Dürer-Zeichnungen nun noch um den Aspekt „Renaissancekunst in Venedig“ erweitern? Dann können Sie weiterhin auf die Unterstützung des BibScouts (und der RVK) setzen: Wählen Sie dazu einfach den

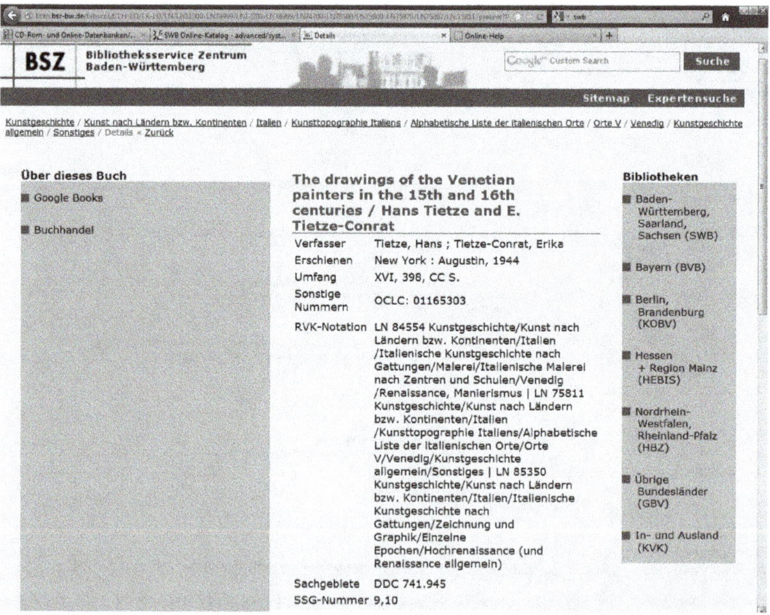

Abb. 9: SWB-BibScout: Einzeltrefferanzeige mit verbalisierten RVK-Notationen (30. 8. 2012)

Systematikteil „Kunst nach Ländern bzw. Kontinenten" an. Über die Länderübersicht und die Auswahl „Italien" erreichen Sie eine differenzierte Gliederung zur Kunstgeschichte Italiens, über die Rubrik „Kunsttopographie Italiens" schließlich ein Ortsalphabet. Bei Orten mit hohem „Kunstliteraturaufkommen" können Sie erneut auf die Hilfe einer Feinsystematik vertrauen: So reicht im Fall Venedigs die weitere Gliederung vom Nachweis von Quellenwerken, Ortschroniken und Ortsbibliographien über Bildbände, Gesamt- und Epochendarstellungen zur örtlichen Kunstgeschichte bis hin zu Veröffentlichungen zu einzelnen Gattungen, Themen und Aufgaben der Kunst. In der Einzeltrefferanzeige im SWB-Katalog können Sie diese Suchsystematik übrigens leicht nachvollziehen, da dann die einzelnen RVK-Notationen nochmals verbalisiert angezeigt werden.

2.2.2 Virtuelle Kataloge

Meta-Kataloge

Nicht nur Verbundkataloge ermöglichen es, mit einer einzigen Suchanfrage in mehreren Bibliotheksbeständen zugleich zu recherchieren. Auch *Virtuelle Kataloge* oder *Meta-Kataloge* bieten dies. Doch während Einzelkataloge und Verbundkataloge bei der Literatursuche ausschließlich auf den jeweils eigenen Datenbestand zurückgreifen, führt die Suchanfrage über einen Virtuellen Katalog nicht zu einem eigenständigen Datenpool. Die Anfrage wird „nur" weitergeleitet an Kataloge, Verbundkataloge und Datenbanken mit jeweils separaten Datenbeständen. Virtuelle Kataloge bzw. Meta-Kataloge ermöglichen also, eine einzige Suchanfrage an mehrere Einzelkataloge und Katalogverbünde gleichzeitig abzuschicken. Da die über den Meta-Katalog abgefragten Kataloge ihre Daten nicht immer gleichartig aufbereiten, können Suchergebnisse nur auf dem jeweils gemeinsamen Nenner basieren. Die schnelle und bequeme Suchanfrage und ihre insgesamt hohe Erfolgsquote muss daher unter Umständen mit dem Verlust an Einzeldaten und Datenqualität „bezahlt" werden. Die Ergebnisse aus Suchanfragen über Meta-Kataloge werden immer in Form separater Trefferlisten der jeweils abgefragten Kataloge angezeigt.

KVK

Der wichtigste Meta-Katalog des deutschsprachigen Raums ist der *Karlsruher Virtuelle Katalog (KVK)*. Er erfasst alle Verbundkataloge des deutschsprachigen Raums, zahlreiche ausländische Verbundkataloge, die Kataloge in- und ausländischer Nationalbibliotheken, Spezialkataloge, Buchhandelsverzeichnisse und ausgewählte Repositorien für E-Publikationen.

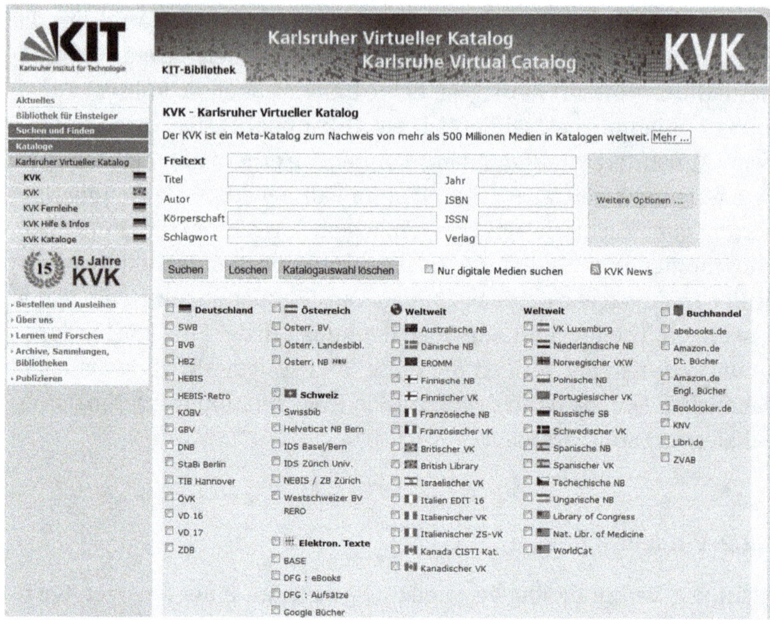

Abb. 10: Karlsruher Virtueller Katalog (KVK): Suchoberfläche (17. 11. 2012)

Tipp

Wählen Sie für eine Recherche im KVK und in anderen Meta-Katalogen die Einzelkataloge individuell aus. Eine an die Fragestellung angepasste Katalogauswahl beschleunigt die Suche und erhöht die Qualität der Suchergebnisse.

2.3 Fachkataloge

Neben Katalogen und Katalogverbünden wissenschaftlicher Bibliotheken mit fächerübergreifendem Bestandsprofil gibt es Kataloge von Fachbibliotheken. Sie erfassen umfangreiche und spezialisierte Bestände einer einzelnen Wissenschaftsdisziplin. Darüber hinaus bieten Fachkataloge noch weitere Vorteile: Manche verzeichnen zusätzlich Aufsatzliteratur oder besondere Publikationsformen des Fachs. Auch passen sie die Katalogfunktionalitäten den Besonderheiten eines Fachs an. Streng genommen könnten zu den Fachkatalogen bereits Kataloge von Institutsbibliotheken an Universitäten zählen, doch werden diese Kataloge oft nicht eigenständig angeboten, sondern nur zusammen mit anderen Bibliotheksbeständen in einem gemeinsamen OPAC; sie bieten dann gerade nicht die besonderen Vorteile eines Fachkatalogs. Daher sollen an dieser Stelle nur eigenständige OPACs großer und überregional bedeutender Fachbibliotheken und Katalogverbünde eines Fachs in den Fokus rücken, außerdem fachspezifische Meta-Kataloge.

Fachkataloge Kunstgeschichte

Für die Kunstgeschichte sind an dieser Stelle die OPACs und Verbundkataloge der Kunstbibliotheken großer Museen zu nennen, ebenso die führender außeruniversitärer kunstgeschichtlicher Forschungseinrichtungen, wie beispielsweise die der kunsthistorischen Institute der Max-Planck-Gesellschaft. Mit artlibrairies.net steht für die Kunstgeschichte sogar ein Meta-Katalog zur Verfügung.

2.3.1 Kubikat

Verbundkatalog kubikat

Kubikat ist der gemeinsame Bibliothekskatalog der deutschen universitätsunabhängigen kunsthistorischen Forschungsinstitute, und zwar des Kunsthistorischen Instituts Florenz (Max-Planck-Institut), des Zentralinstituts für Kunstgeschichte München (einziges außeruniversitäres Forschungsinstitut der Kunstgeschichte in Deutschland), des Deutschen Forums für Kunstgeschichte Paris (Institut der Stiftung DGIA, Deutsche geisteswissenschaftliche Institute im Ausland) und der Bibliotheca Hertziana Rom (Max-Planck-Institut). Kubikat ist Ko-

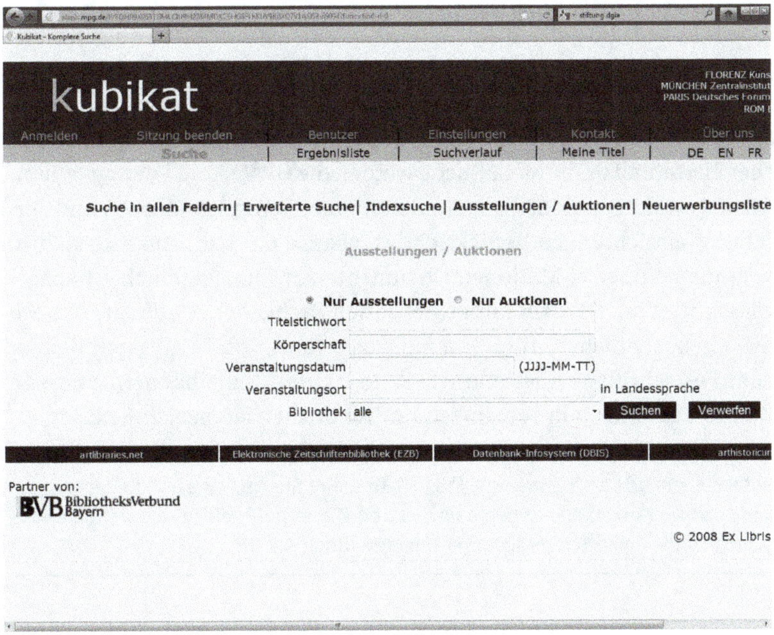

Abb. 11: Kubikat: Suchoberfläche Ausstellungen / Auktionen (29. 1. 2012)

operationspartner des Bayerischen Bibliotheksverbundes (BVB); und über diesen werden die Bestände auch im Karlsruher Virtuellen Katalog (KVK) miterreicht. Literatursuchen im Kubikat können sowohl gemeinsam über die Bestände aller Kubikat-Verbundpartner durchgeführt werden als auch separat für Einzelbestände. Eine Einschränkung auf einen Einzelbestand kann nicht nur für die Nutzung vor Ort sinnvoll sein, sondern auch für themenspezifische Recherchen, die den Sammlungs- und Forschungsschwerpunkten der Einzelinstitution nahe kommt. Die einzelnen Sammelschwerpunkte werden in einer Übersichtsseite von artlibrairies.net (s. u.) zum kubikat aufgeführt.

Wie viele Fachkataloge verzeichnet der Kubikat nicht nur selbstständige erschienene Literatur, sondern weist in Auswahl auch Aufsätze aus Zeitschriften und Sammelbänden nach. Außerdem werden für die Recherche neben den üblichen Suchoberflächen (Einfache Suche, Erweiterte Suche und Indexsuche zu Schlagwörtern, Schlagwortketten, Notationen) auch sehr fachspezifische Einstiege und Suchfelder angeboten, somit Besonderheiten des Fachs gezielt berücksichtigt. Hierzu gehört eine eigene Suchoberfläche für Ausstellungen und Auktionen, in der differenziert über die Felder Titelstichwort, Körperschaft, genaues Veranstaltungsdatum und Veranstaltungsort nach entsprechenden Publikationen gesucht werden kann. Das macht diesen fachlichen Verbundkatalog auch standortunabhängig für die Recherche interessant.

2.3.2 artlibrairies.net

Meta-Katalog artlibrairies.net

artlibrairies.net ist ein Meta-Katalog speziell zur Suche kunstgeschichtlicher Literatur. Für die Meta-Suche werden die OPACs und Katalogverbünde ausgewählter europäischer und nordamerikanischer Museen und Forschungseinrichtungen berücksichtigt, ebenso der kubikat. Bereits 2010 konnten so über 12 Millionen Dokumente zur Kunstgeschichte nachgewiesen werden. Da artlibrairies.net gezielt Fachkataloge abfragt, ist auch hier ein beachtlicher Anteil von Aufsatzliteratur, von Tagungspublikationen, Festschriften, Ausstellungskatalogen und Kunstbüchern und von Online-Ressourcen in den einzelnen Trefferlisten kennzeichnend.

Tipp

Nutzen Sie in *artlibrairies.net* die Möglichkeit, Ihre Suchanfrage auf digitale Ausgaben einzuschränken. Sie finden damit gezielt aktuelle E-Publikationen, Online-Ressourcen und Titel retrodigitalisierter Kunstliteratur (vgl. 10).

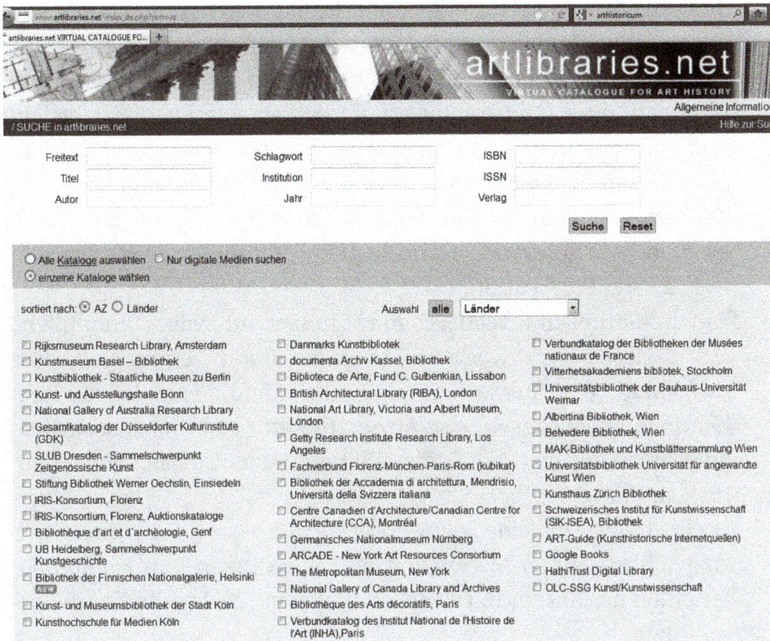

Abb. 12: Artlibraries.net: Katalogübersicht (31. 3. 2012)

2.4 Allgemeine Kataloge und Fachkataloge – eine Zusammenfassung

Abschließend wollen wir grundlegende *Eigenschaften von Katalogen* nochmals zusammenfassen und verdeutlichen:

Kataloge

- Kataloge von Bibliotheken mit fächerübergreifenden Beständen konzentrieren sich üblicherweise auf den Nachweis selbstständig erschienener Publikationen.
- Kataloge beschränken dabei ihre Nachweise in der Regel auf die gekauften oder lizenzierten Bestände ihrer Institution und auf freie Online-Ressourcen, die ebenfalls direkt verfügbar sind. Sie kombinieren somit unmittelbar die bibliographischen Informationen mit einem Standortnachweis und mit weiteren Hinweisen zur direkten Verfügbarkeit dieser Publikationen.
- Die verbreitetste Form eines Bibliothekskatalogs ist heute der OPAC.

Fachkataloge

Als besondere *Eigenschaften von Fachkatalogen* treten hinzu:

- Fachbibliotheken konzentrieren sich auf eine bestimmte Wissenschaftsdisziplin oder einen festgelegten Fachbereich. Ihre Bestände repräsentieren daher das entsprechende Fach wesentlich differenzierter und spezialisierter. Damit werden die OPACs von Fachbibliotheken zu konzentrierten Nachweisinstrumenten für Publikationen einer Disziplin bis hin zu deren Spezialliteratur.

- Dennoch: Auch Fachkataloge beschränken sich bei der Verzeichnung auf erworbene oder lizenzierte Publikationen ihrer Einrichtung. Deren Auswahl und Erwerbungsprofil prägen das Spektrum der verzeichneten Fachliteratur. Dafür geht auch hier die bibliographische Information Hand in Hand mit einem Standortnachweis für die Publikation.
- Fachbibliotheken investieren meist in eine intensivere inhaltliche Erschließung der erworbenen Literatur. Daraus ergibt sich, dass Fachkataloge in Auswahl auch unselbstständig erschienene Publikationen nachweisen, also Aufsatzliteratur aus Fachzeitschriften oder Einzelbeiträge aus Sammelbänden, die im Besitz der Bibliothek sind.
- *Fachkataloge sind eine Spezialform von Katalogen.* Sie können sich zugleich einzelnen Merkmalen und Funktionen von Fachbibliographien annähern, mit denen sich das nachfolgende Kapitel beschäftigt.

3 Bibliographien

Bibliographien erfassen im Gegensatz zu Katalogen Literatur bestandsunabhängig. Für Bibliographien ist somit keine konkrete Sammlung die Bezugsgröße. Auch stehen nicht Informationen zur Verfügbarkeit eines einzelnen Dokuments im Zentrum. Bibliographien kennzeichnet vielmehr das Bestreben, in einem vorgegebenen formalen oder thematischen Rahmen möglichst umfassend die entsprechende Literaturproduktion nachzuweisen.

Bibliographien: Typologie

Nach ihrer inhaltlichen Ausrichtung unterscheidet man zwischen *Allgemeinbibliographien* (fächerübergreifende Zusammenstellungen) und *Fachbibliographien* (Literaturverzeichnisse zu einem Wissenschaftsfach oder einer Teildisziplin). Auch sind Differenzierungen nach nationalen bzw. regionalen Aspekten (*Nationalbibliographien*; *Regionalbibliographien*) oder eine Verzeichnung nach Epochen (*Epochenbibliographien*) häufig. Diese Differenzierungen können sich sowohl mit der Ausrichtung als Allgemeinbibliographie als auch mit der als Fachbibliographie kombinieren. Zwei Beispiele dazu aus der Kunstgeschichte: Die *Bibliographie zur Schweizer Kunst / Bibliographie zur Denkmalpflege* ist eine national orientierte Fachbibliographie; *ARTbib-*

liographies Modern ist eine länderübergreifende fachspezifische Epochenbibliographie.

Bibliographien entstehen in ganz unterschiedlichen Kontexten und Verantwortlichkeiten. Nationalbibliographien werden als die offiziellen Verzeichnisse der Literaturproduktion eines Landes meist von der Nationalbibliothek des Landes oder von einer großen Bibliothek mit nationalen Aufgaben verantwortet (vgl. 8.1.1). Landes- und Regionalbibliographien entstehen entsprechend an den Landes- und Regionalbibliotheken (vgl. 8.1.2). Bei Fachbibliographien ist das Spektrum größer: Sie können zum Aufgabenbereich einer Fachinstitution, einer Wissenschaftseinrichtung oder Stiftung gehören, ebenso aber auch zum Programm eines spezialisierten Wissenschaftsverlags oder Datenbankanbieters. Thematisch stärker begrenzte oder auch zeitlich eingegrenzte Bibliographien werden auch im Kontext von Forschungsprojekten erarbeitet oder sind sogar das Werk einzelner Wissenschaftler oder Bibliographen. Hierzu ein Beispiel:

Papenbrock, Martin: „Entartete Kunst". Exilkunst - Widerstandskunst in westdeutschen Ausstellungen nach 1945, eine kommentierte Bibliographie, Weimar 1996.

Bibliographische Datenbanken

Bibliographien können sowohl in gedruckter als auch in elektronischer Form vorliegen. Sind die bibliographischen Daten elektronisch gespeichert, strukturiert und kategorisiert, somit für Suchanfragen aufbereitet, so spricht man von einer *bibliographischen Datenbank;* sie wird in der Regel als Online-Ressource bereitgestellt. Das trifft inzwischen für die meisten Allgemeinbibliographien ebenso zu wie für die wichtigsten und umfassendsten Fachbibliographien.

Auch einige formale Aspekte sind wichtig, um den Wert einer Bibliographie für die eigene Fragestellung und ihre Aktualität besser einschätzen zu können:

Berichtszeitraum

- Aus welchem Publikationszeitraum weist die Bibliographie Veröffentlichungen nach? Oder anders formuliert: Wie sieht der *Berichtszeitraum der Bibliographie* aus?

Erscheinungsweise

- Wie ist die *Erscheinungsweise der Bibliographie*? Handelt es sich um eine einmalige oder nicht mehr aktualisierte Datenzusammenstellung, also um eine *abgeschlossene bibliographische Zusammenstellung*? Oder handelt es sich um eine Bibliographie, die noch regelmäßig in definierten Abständen aktualisiert wird, also um eine *laufende Bibliographie*?

Schenken Sie also den Hinweisen auf Berichtszeitraum und Erscheinungsweise von Bibliographien Aufmerksamkeit und optimieren Sie so die Auswahl!

3.1 Das Datenbank-Infosystem

Bibliographische Datenbanken finden

Doch vielleicht stellt sich für Sie am Anfang Ihrer Recherche eine viel grundsätzlichere Frage: Welche bibliographischen Datenbanken gibt es überhaupt? Und: Welche gibt es speziell für das eigene Studienfach oder für ein bestimmtes Fachgebiet? Hier hilft Ihnen *DBIS*, das *Datenbank-Infosystem.*

DBIS ist ein von der Universitätsbibliothek Regensburg entwickelter kooperativer Service zum Nachweis und zur Nutzung wissenschaftlicher Datenbanken in über 250 Bibliotheken vor allem im deutschsprachigen Raum. Erfasst werden Datenbanken, die gezielt Suchfunktionalitäten zur Erschließung ihrer Daten anbieten. Daher finden Literaturlisten in Form von statischen PDF- oder HTML-Dokumenten ohne Suchfunktionalität, Linklisten, elektronische Zeitschriften oder E-Books keine Berücksichtigung. Für einzelne dieser Gruppen gibt es eigene Nachweisinstrumente (vgl. 1.2, 2, 7.1.2)

DBIS: Fächerübersicht

In DBIS können die Datenbanken als alphabetische Liste oder in einer *Fächerübersicht* aufgerufen werden. In der Erweiterten Suche kann darüber hinaus mit Stich- und Schlagwörtern nach geeigneten

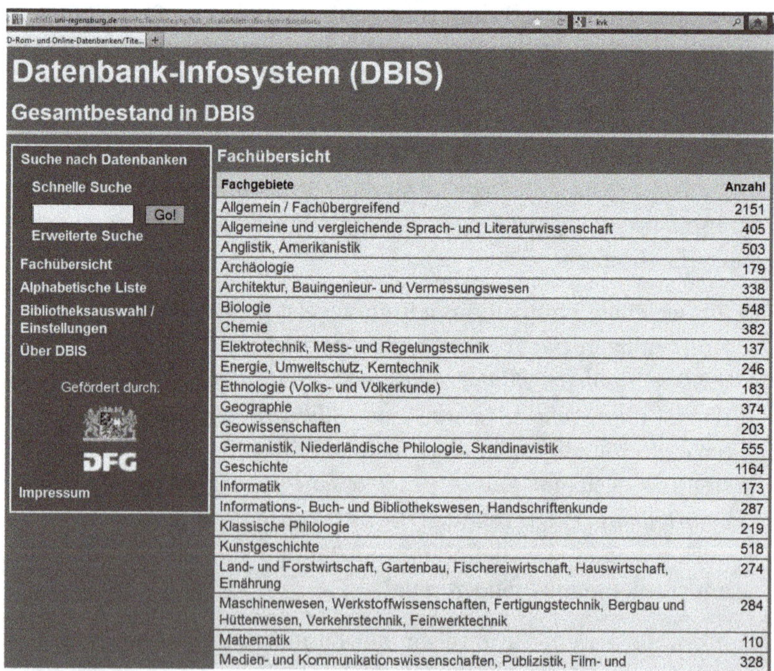

Fachgebiete	Anzahl
Allgemein / Fachübergreifend	2151
Allgemeine und vergleichende Sprach- und Literaturwissenschaft	405
Anglistik, Amerikanistik	503
Archäologie	179
Architektur, Bauingenieur- und Vermessungswesen	338
Biologie	548
Chemie	382
Elektrotechnik, Mess- und Regelungstechnik	137
Energie, Umweltschutz, Kerntechnik	246
Ethnologie (Volks- und Völkerkunde)	183
Geographie	374
Geowissenschaften	203
Germanistik, Niederländische Philologie, Skandinavistik	555
Geschichte	1164
Informatik	173
Informations-, Buch- und Bibliothekswesen, Handschriftenkunde	287
Klassische Philologie	219
Kunstgeschichte	518
Land- und Forstwirtschaft, Gartenbau, Fischereiwirtschaft, Hauswirtschaft, Ernährung	274
Maschinenwesen, Werkstoffwissenschaften, Fertigungstechnik, Bergbau und Hüttenwesen, Verkehrstechnik, Feinwerktechnik	284
Mathematik	110
Medien- und Kommunikationswissenschaften, Publizistik, Film- und	328

Abb. 13: Datenbank-Infosystem (DBIS): Fächerübersicht (17. 6. 2012)

Datenbanken recherchiert werden. Auch eine Differenzierung nach Datenbanktypen ist möglich: nach Adress- und Firmenverzeichnissen, Allgemeinen Auskunftsmitteln, Aufsatzdatenbanken, Bilddatenbanken, Biographischen Datenbanken, Buchhandelsverzeichnissen, Fachbibliographien, Faktendatenbanken, National- und Regionalbibliographien, Portalen, Volltextdatenbanken, Wörterbüchern, Enzyklopädien, Nachschlagewerken, Zeitungs- und Zeitschriften-Bibliographien.

DBIS: Zugangsmodalitäten

Die teilnehmenden Bibliotheken bieten auf ihren eigenen Internetseiten DBIS in einer auf das eigene Angebot zugeschnittenen Sichtweise an: Mit einem *Ampelsystem* informieren sie, welche der Datenbanken im Internet frei zugänglich sind, welche von der eigenen Einrichtung lizenziert und also für berechtigte Nutzer online kostenfrei zur Verfügung stehen, welche Datenbanken nicht lizenziert wurden und welche weiteren Zugangsmöglichkeiten es gibt. Mehr als ein Drittel der inzwischen über 9.500 nachgewiesenen Datenbanken sind jedoch frei im Internet zugänglich.

Um die für Ihr Fachgebiet einschlägigen Datenbanken herauszufinden, wählen Sie am besten in der DBIS-Fächerübersicht das Fach *Kunstgeschichte* an. So erhalten Sie eine Zusammenstellung aller in DBIS erfassten kunstgeschichtlichen Datenbanken. Eine Aufschlüsselung der Trefferliste nach Datenbanktypen erlaubt dann die Eingrenzung auf *Fachbibliographien.*

3.2 Fachbibliographien

Fachbibliographien beschränken sich auf die Verzeichnung der Literatur eines Fachgebiets, einer Wissenschaftsdisziplin oder Teildisziplin. Viele Fachbibliographien legen ihren Schwerpunkt auf die Erfassung unselbstständig erschienener Werke, also auf den Nachweis von Aufsatzliteratur in Fachzeitschriften, von Beiträgen in Sammelbänden, Festschriften, Kongressberichten oder von Rezensionen zu einzelnen Fachpublikationen. Sie werten dafür einen Kanon von Fachzeitschriften aus und erschließen deren Inhalte.

Fachbibliographien auswählen

Damit werden Fachbibliographien für eine umfassendere thematische Literatursuche zum wichtigsten Suchinstrument. Um besser einzuschätzen, welche Bibliographie für eine Themenstellung die richtige ist, sollten Sie folgenden Aspekten Aufmerksamkeit schenken:

– *Welches inhaltliche Profil besitzt die Fachbibliographie?* Werden alle großen Teilgebiete des Fachs berücksichtigt, beispielsweise alle Gattungen der bildenden Kunst? Oder liegt eine Spezialisierung vor? Passt diese zu meiner Fragestellung?

- *Welche Literatur wird erfasst?* Selbstständige und unselbstständige Literatur? Aus welchen Fachzeitschriften werden Aufsätze nachgewiesen? Werden Veröffentlichungen zu Ausstellungen und Auktionen erfasst?
- Und nicht zu vergessen: *Wie sind Berichtszeitraum und Erscheinungsweise* der einzelnen Fachbibliographien?

Mit diesen Kriterien können Sie aus der über DBIS ermittelten Liste der Fachbibliographien zur Kunstgeschichte geeignete Datenbanken auswählen. Die DBIS-Einzelbeschreibungen der Datenbanken bieten Hinweise auf Inhalt, Schwerpunkte, auf die angebotene Datenstruktur, auf Berichtszeitraum, Verfügbarkeit der Datenbank und verschiedene Zugangsformen.

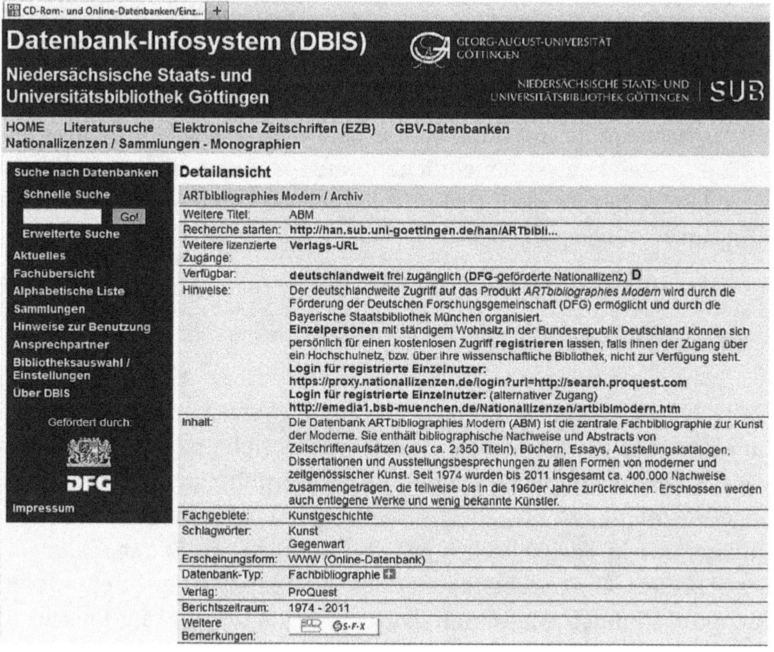

Abb. 14: DBIS (Ansicht SUB Göttingen): Detailansicht zu ARTbibliographies Modern / Archiv (11. 2. 2012)

Zwei der wichtigsten fachbibliographischen Datenbanken zur Kunstgeschichte wollen wir uns genauer ansehen: *Bibliography of the History of Art (BHA)* mit *RILA* und *Art Bibliographies / Modern.*

3.2.1 Bibliography of the History of Art

BHA

Die *Bibliography of the History of Art (BHA)* gilt als die Standardbibliographie zur europäischen Kunstgeschichte. Sie verzeichnet Literatur zur europäischen Kunst von der Spätantike bis zur Gegenwart, zur amerikanischen Kunst von den europäischen Entdeckungen bis zur Gegenwart sowie christliche Kunst aus allen Teilen der Welt. Dokumentiert ist neben Architektur und Bildender Kunst (Skulptur, Malerei, Graphik) auch Kunsthandwerk, Industriedesign sowie Volkskunst. Berücksichtigt werden unterschiedliche Publikationsformen: Aufsätze aus über 1.200 Zeitschriften, Konferenzbeiträge, selbstständig erschienene Veröffentlichungen, darunter Dissertationen, Ausstellungskataloge und Verzeichnisse des Kunsthandels. Die Einträge sind mit Abstracts versehen und über verschiedene Indizes (englische und französische Schlagwörter) erschlossen. BHA erschien als eigenständige Bibliographie von 1990 bis 2007.

RILA

Das ältere *Répertoire international de la litterature de l'art / International Repertory of the Literature of Art (RILA)* erschien von 1975 bis 1989. Es enthält Literaturhinweise zu Architektur, Plastik, Malerei, Zeichnung, Druckgraphik, Photographie, Kunsthandwerk und Kunstgewerbe Europas und Amerikas in allen Sprachen. Ausgewertet wur-

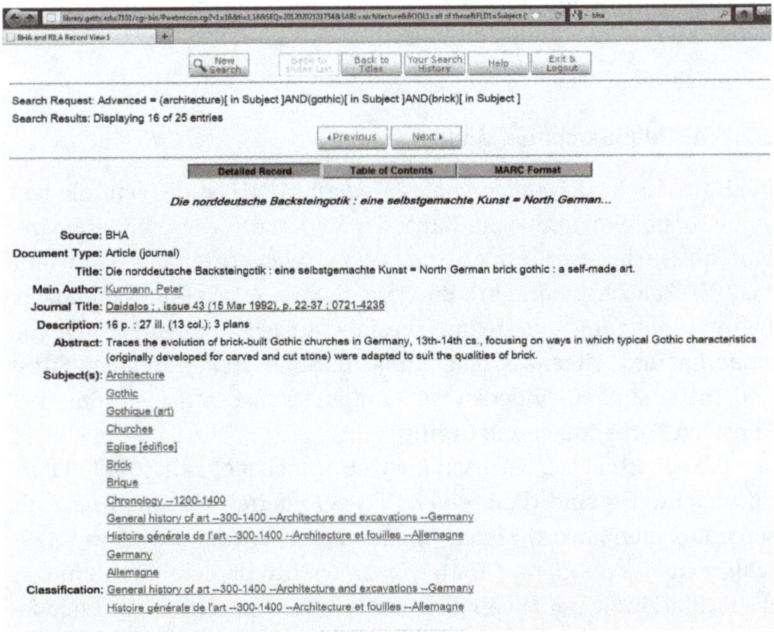

Abb. 15: BHA und RILA: Ergebnisanzeige (2. 2. 2012)

den alle gedruckten Medien (Bücher, Zeitschriften, Ausstellungskataloge etc.) außer Zeitungen und Auktionskatalogen.

BHA mit RILA

Heute bilden BHA (mit den Daten bis 2007) und RILA eine gemeinsame Datenbank mit dem gemeinsamen Berichtszeitraum 1975 bis 2007. Diese Datenbank ist inzwischen abgeschlossen und wird seit 2010 als frei zugängliche Internet-Ressource über das Getty Research Institute angeboten (vgl. 6.3.3).

Tipp

Recherchesprache

BHA und RILA erschließen ihre Daten nur mit englischen und französischen Schlagwörtern. Sucht man dennoch mit deutschen Begriffen, erhält man ausschließlich deutschsprachige Ergebnisse, die über die deutschen Titelstichwörter in die Trefferliste gelangen, nicht aber sprachunabhängig alle zu einem Thema vorhandenen Literaturnachweise. Beachten Sie also stets die Recherchesprache von Datenbanken!

IBA

Seit 2008 erscheint zu BHA mit RILA – allerdings in kleinerem Umfang mit einer Auswertung von nur 500 Zeitschriften – eine Fortführung als *International Bibliography of Art (IBA).*

BHA mit RILA ist vom inhaltlichen Angebot her noch immer die Standardbibliographie der Kunstgeschichte. Aber als abgeschlossene Datenbank macht sich der zunehmende Mangel an Aktualität der Informationen inzwischen bemerkbar. Als unentgeltliche Datenbank bietet sie zudem nur eingeschränkte Funktionalitäten an hinsichtlich Datenexport und Standortfindung.

3.2.2 ARTbibliographies Modern

ABM

Die Datenbank *ARTbibliographies Modern (ABM)* ist die zentrale laufende Fachbibliographie zur Kunst der Moderne. Sie enthält bibliographische Nachweise und Abstracts von Zeitschriftenaufsätzen (aus ca. 2.350 Zeitschriftentiteln), Büchern, Essays, Ausstellungskatalogen, Dissertationen und Ausstellungsbesprechungen zu allen Formen von moderner und zeitgenössischer Kunst, darunter zu Performance-Kunst und Installationen, Videokunst, Computerkunst und elektronischer Kunst, zu Körperkunst und Graffiti.

ABM / Archiv

Die von 1974 bis 2011 zusammengetragenen mehr als 400.000 Literaturnachweise sind dank einer DFG-geförderten Nationallizenz als separate Datenbank *ARTbibliographies Modern (ABM) / Archiv* (= *ARTbibliographies Modern (ABM) for DFG*) für berechtigte Benutzer deutschlandweit frei zugänglich. Einzelheiten zu den Zugangsmodalitäten finden Sie im Datenbank-Infosystem DBIS.

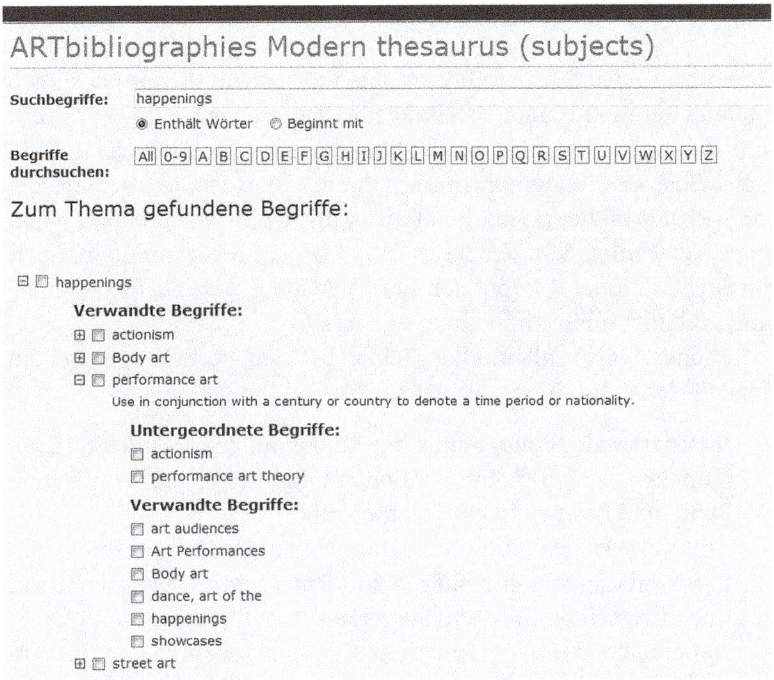

ARTbibliographies Modern thesaurus (subjects)

Suchbegriffe: happenings

◉ Enthält Wörter ○ Beginnt mit

Begriffe durchsuchen: All 0-9 A B C D E F G H I J K L M N O P Q R S T U V W X Y Z

Zum Thema gefundene Begriffe:

⊟ ☐ happenings

Verwandte Begriffe:

⊞ ☐ actionism

⊞ ☐ Body art

⊟ ☐ performance art

Use in conjunction with a century or country to denote a time period or nationality.

Untergeordnete Begriffe:

☐ actionism

☐ performance art theory

Verwandte Begriffe:

☐ art audiences

☐ Art Performances

☐ Body art

☐ dance, art of the

☐ happenings

☐ showcases

⊞ ☐ street art

Abb. 16: ABM / Archiv: Thesaurus (14. 2. 2012)

Empfehlenswert in ABM und ABM / Archiv sind vor allem die Erweiterte Suche, die Auswahl der Suchbegriffe mithilfe eines gut strukturierten Thesaurus und Präzisierungen der Suchanfrage mithilfe der Booleschen Operatoren. Die Drill-down-Funktion der Datenbank hilft bei der Sichtung der Treffer, Abstracts und Indexierungsdetails unterstützen die Trefferbewertung. Den Zugang zum Dokument kann ein *Linkresolver* erleichtern, mit dem eine automatisierte Bestandsabfrage im heimischen Bibliotheks-OPAC gestartet wird, um eine Verfügbarkeit des Dokuments vor Ort zu ermitteln. Auch die Datenexportfunktionen aus ABM sind ansprechend vielseitig: Zusendung per E-Mail, Ausdruck, Datenexport in Dateiformate und in Literaturverarbeitungssysteme nach Wahl (vgl. 14). Außerdem gibt es für die Kopierfunktion verschiedene Zitierformate (vgl. 15.2), was selbst eine „händische“ Verarbeitung bequemer gestaltet.

Tipp

Wenn Sie längerfristig an einem Thema arbeiten und sich laufend über Neuerscheinungen informieren möchten, empfehlen sich die Alert-Dienste (vgl. 2.1.6) von *ABM / Archiv*.

3.3 Bibliographie der Bibliographien

Weitere Bibliographien suchen

Sie suchen nach Spezialbibliographien zu einem Thema oder nach älteren Literaturzusammenstellungen? Da diese Verzeichnisse oft nur in Druckausgaben vorliegen, hilft Ihnen hier die direkte Suche in DBIS nicht. Doch da Bibliographien nach ihrem Ersterscheinen auch wiederum selbst in bibliographischen Datenbanken und Fachbibliographien angezeigt werden, können Sie sie über diesen Umweg ermitteln. Auch die Suche in Katalogverbünden und OPACs mit zusätzlichem Schlagwort „Bibliographie" bringt hier Ergebnisse.

Suchen Sie vor allem ältere Bibliographien, so helfen zusätzlich folgende (ebenfalls ältere) Verzeichnisse und Darstellungen:

- Internationale Bibliographie der Bibliographien 1959–1988 (IBB), München. – Teil 3. Information, Bibliotheken, Museen; Kunst; Land- und Forstwirtschaft; Mathematik.
- Allischewski, Helmut: Bibliographienkunde. Ein Lehrbuch mit Beschreibungen von mehr als 300 Druckschriftenverzeichnissen und allgemeinen Nachschlagewerken, 2. Aufl., Wiesbaden 1986.
- Handbuch der bibliographischen Nachschlagewerke / Totok-Weitzel [Wilhelm Totok; Rolf Weitzel], 6., erw., völlig neu bearb. Aufl., hrsg. von Hans-Jürgen Kernchen, 2 Bde, Frankfurt a. M. 1984–1985.
- Wilk, Barbara: Wie finde ich kunstwissenschaftliche Literatur / Barbara Wilk-Mincu; unter Mitarb. von Frank Heidtmann, 3., auf den neuesten Stand gebrachte Aufl., Berlin 1992.

4 Bilddatenbanken

Im Zentrum kunstgeschichtlicher Analyse steht meist ein Artefakt oder sein Abbild, jede Argumentation ist an ihn rückgebunden. Somit tritt zum Wort ganz wesentlich das Bild, die visuelle Rückkoppelung. Das heißt konkret, für eine Hausarbeit oder Abschlussarbeit in der Kunstgeschichte ist es mit der Literatursuche und der Auswertung von Sekundärliteratur und Textdokumenten meist nicht getan. Es bedarf der Abbildungen, um Ausführungen und Interpretationen zu einem Kunstwerk zu erläutern oder um eine These zu belegen. Kurzum: Zur Literatursuche tritt die Bildsuche hinzu.

Bildmaterial: Standards

Es reicht dafür nicht, irgendwo irgendwelche Abbildungen zu übernehmen. Denn auch die Qualität des Bildmaterials muss den Standards einer wissenschaftlichen Arbeit entsprechen, damit Anforderungen genügen, die über den rein technischen Aspekt hinausgehen. Gutes Bildmaterial sollte daher mit folgenden Angaben aufwarten können:

- *Objektdaten*: Künstler, Werktitel, Standort, Maße, Werkstoff, Datierung, Quelle.
- *Bilddaten*: Bildquelle, Urheber (Photograph), Datierung, Aufnahmeperspektive, Angaben zu Detailaufnahmen.
- *Technische Daten*: Aufnahmetechnik, Bildauflösung, Farbabgleich.
- *Rechtliche Hinweise*: Verwertungsrechte (Werkrecht, Bildrecht).

Diese kleine Liste für einen Qualitätscheck macht deutlich, dass wir bei einer *Google-Bildsuche* meist nicht glücklich werden. Hier wird das Bildmaterial zu wenig strukturiert, die Bildinformationen, insbesondere die Objektdaten, sind in vielen Fällen unvollständig, nicht selten sogar falsch. Vorsicht ist also geboten. Sicherer ist es, auf kunsthistorische Abbildungssammlungen und Bilddatenbanken zurückzugreifen. Bilddatenbanken haben gegenüber anderen Formen von Abbildungssammlungen den Vorteil besserer Verfügbarkeit am Arbeitsplatz. Und beim Auffinden dieser Bilderpools hilft wiederum DBIS.

4.1 Bildsuche – drei Datenbanken zum Starten

Basis-Bilddatenbanken

Mit dem *Bildindex der Kunst und Architektur*, dem *Porträtindex* und mit *Prometheus* haben Sie drei grundlegende Bilddatenbanken zur Verfügung, die umfangreich Bildmaterial sowohl zur Architekturgeschichte als auch zu Werken der bildenden Kunst anbieten.

4.1.1 Bildindex der Kunst und Architektur

Der *Bildindex der Kunst und Architektur* ist ein Angebot des *Deutschen Dokumentationszentrums für Kunstgeschichte – Bildarchiv Foto Marburg*, einer national wie international tätigen Einrichtung an der Universität Marburg mit dem Auftrag zur Sammlung, Erschließung und Vermittlung von Photographien zur europäischen Kunst und Architektur sowie zur Erforschung der Geschichte und Überlieferung von visuellem Kulturgut. Der Bildindex organisiert sich als Verbunddatenbank von über 80 Museen, Denkmalämtern, Universitäts- und Forschungsinstituten, Bildarchiven und Bibliotheken vor allem in Deutschland, die ihre Bildsammlungen und Abbildungssammlungen der kunstgeschichtlichen Forschung zur Verfügung stellen.

Bildindex: Bestände

Viele dieser Sammlungen sind reine Photosammlungen mit einer bis in die Anfänge des 20. Jahrhunderts zurückreichenden Tradition. Seit 1977 wurden diese Photodokumente als *Marburger Index – Inventar der Kunst in Deutschland* auf Mikrofiche veröffentlicht und nach und nach um Abteilungen zu anderen Ländern Europas und des Mittelmeerraums erweitert. Mit der Digitalisierung des vorhandenen historischen Bildmaterials seit Ende der 1990er Jahre ging schließlich die Erweiterung des Angebots um neues Bildmaterial einher und der Ausbau zu einer online und kostenfrei zugänglichen Bilddatenbank. Mit seinen rund 2 Millionen Abbildungen zur Kunst und Architektur in Europa, insbesondere zur Architekturgeschichte und Denkmalerfassung, ist der Bildindex inzwischen zu einer der wichtigsten Bilddatenbanken für die Kunstgeschichte geworden.

Diese Hinweise zur Entwicklungsgeschichte der Datenbank sollen Ihnen helfen, Besonderheiten des Bildmaterials zu verstehen und gezielt zu nutzen:

- Das Bildmaterial besteht in hohem Maße aus *Schwarzweißabbildungen*, da es sich um digitalisierte historische Photographien und Photosammlungen handelt. Das ist aus heutiger Sicht ein Nachteil vor allem bei Abbildungen zu Werken der Malerei. Für Abbildungen von Bauwerken gilt dies jedoch nicht in gleicher Weise. Hier ist der Aspekt der Farbigkeit oft nicht vorrangig.
- Das *Alter des Bildmaterials* wird dagegen gerade für die Architekturdokumentation zu einer besonderen Stärke des Bildindex: Denn mit diesem historischen Bildmaterial stehen wichtige Quellen zu älteren Bauzuständen zur Verfügung, somit zu vielen Fragen der Restaurierung und der Denkmalpflege. Nicht zuletzt dokumentiert der Bildindex zerstörte und abgegangene Bauten und Kunstwerke. Die Vielfalt der Detailaufnahmen zu einzelnen Objekten verstärkt den Wert.
- *Farbabbildungen* werden in der Datenbank inzwischen selektiv angeboten, und zwar konzentriert zu neuen Projekten und Einzelthemen. Beispielhaft ist in diesem Zusammenhang der Aufbau eines digitalen Farbdiaarchivs zur Wand- und Deckenmalerei, für das auch ältere Farbphotographien aufbereitet werden.

Bildindex: Indexsuche

Doch entscheidend für eine effektive und erfolgreiche Suche ist letztlich nicht allein der Umfang der Bilddatenbank. Wesentlicher ist, wie das Bildmaterial geordnet und für die Recherche aufbereitet wurde. Und hier kann der Bildindex wirklich punkten: Zum einen bietet er eine *Stich- und Schlagwortsuche über den Gesamtindex* als Voreinstellung für die Bildsuche an. Diese Suche kann schrittweise verfeinert

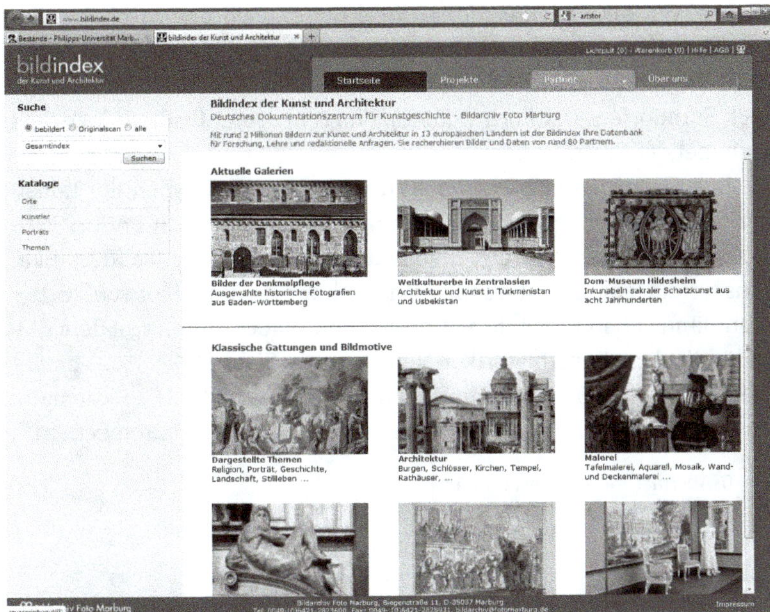

Abb. 17: Bildindex zur Kunst und Architektur: Startseite: Thematische und gattungsspezifische Bildergalerien, links: Suchmaske und Zugang zu den systematischen Katalogen (6. 2. 2012)

werden, ähnlich dem Drill-down-Verfahren der OPACs. Ein zusätzliches Pull-down-Menü ermöglicht aber auch eine sofortige gezielte *Suche in einzelnen Indices* und in Erfassungskategorien wie Künstler, Werktitel, Entstehungsort, Datierung, Gattung, Material, Thema, Objektnummer, Sammlung, Photograph.

Bildindex: Suche in Teilkatalogen

Ortskatalog Künstlerkatalog Porträtkatalog Themenkatalog

Neben dieser Indexsuche gibt es für Teilbereiche auch *systematische Sucheinstiege*. In separaten Orts-, Künstler-, Porträt- und Themenkatalogen können die jeweiligen Teilbereiche systematisch aufgeblättert werden. Besonders die Ordnung des Bildmaterials im *Ortskatalog* ist sehr feingliedrig. Die Gliederung führt hier vom Alphabet der Länder und der Ortsnamen über eine strukturierte Abfolge der Bau- und Kunstwerke bis hin zu Kunstgegenständen in Sammlungen. Bauwerke werden dabei nach Bauaufgaben geordnet, Bildmaterial zu einem einzelnen Bauwerk führt immer von der Gesamtaufnahme zum Detail, von außen nach innen, vom Baudetail zur Ausstattung usw. bis schließlich zu Quellenmaterial, Bauzeichnungen, Entwürfen usw. Die Ordnung der Bilddatenbank spiegelt hier die topographische Grundordnung der eingespeisten Abbildungssammlungen und entspricht zugleich der systematischen Ordnung der klassischen Denkmalinventare und Handbücher (vgl. 9.1). Der *Künstler-Katalog* bietet nach dem Alphabet der Künstlernamen das Bildmaterial zu einem Künstler ebenfalls feinsystematisiert, und zwar nach Werkgattungen und Aufgaben, schließlich nach Standorten. Der *Porträt-Katalog* folgt in seiner Grundanlage dem Alphabet der Porträtierten.

Bildmotivsuche

Der *Themenkatalog* erschließt die Motive und Themen der Kunstwerke anhand der sehr detaillierten Bildsystematik ICONCLASS. ICONCLASS ist ein hierarchisch aufgebautes alphanumerisches Klassifikationssystem zur Erschließung von Bildthemen und Motiven in der abendländischen Kunst. Es wurde seit den 1940er Jahren von dem niederländischen Kunsthistoriker Henri van de Waal (1910–1972) entwickelt und von 1973 bis 1985 in Buchform veröffentlicht. Die Systematik klassifiziert die Bildinhalte ausgehend von folgenden Hauptebenen:

Motivsystematik ICONCLASS

0 Abstract, Non-represental Art
1 Religion and Magic
2 Nature
3 Human Being, Man in general
4 Society, Civilization, Culture
5 Abstract Ideas and Concepts
6 History
7 Bible
8 Literature
9 Classical Mythology and Ancient History

Man kann die diesen Ebenen hierarchisch sehr differenziert zugeordneten Bildthemen aufblättern oder über ein Register die passende unter den mehr als 28.000 (!) Systemstellen finden, zu denen in den mit ICONCLASS arbeitenden Bildersammlungen Bilder abgelegt sind. Keine Systematik erschließt somit Bildmotive detaillierter als ICONCLASS. Die ICONCLASS-Systematik wird zudem ergänzt um eine vorerst nur in gedruckter Form vorliegende Bibliographie mit über 40.000 Literaturhinweisen zur Ikonographie. Inzwischen steht die ICONCLASS-Systematik online und mit einer anschaulichen Einführung zur Verfügung unter http://www.iconclass.org. Für die Recherche im *Themenkatalog des Bildindex* muss man jedoch Einzelheiten von ICONCLASS nicht unbedingt kennen, sondern kann einfach dem Ordnungssystem in der hier angebotenen Umsetzung folgen: von der Großgruppe bis hin zum Einzelaspekt.

Themengalerien

Zusätzlich bietet der Bildindex thematische und gattungsspezifische Auswahlgalerien als Eyecatcher auf der Startseite an.

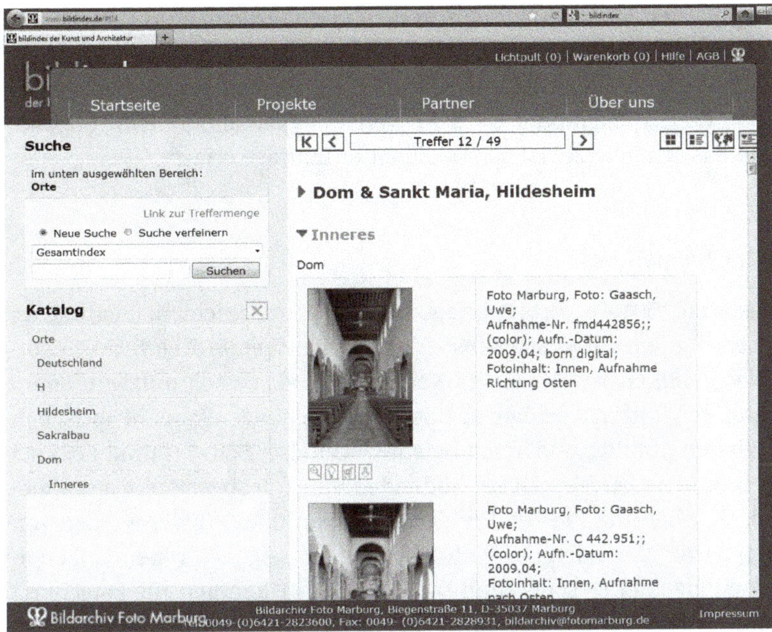

Abb. 18: Bildindex zur Kunst und Architektur: Trefferanzeige Datenblatt: Hildesheim. Dom, Inneres, nach dem Wiederaufbau. Datenblatt mit digitalen Aufnahmen von 2009 (Ausschnitt) (17. 2. 2012)

Tipp

Begnügen Sie sich im *Bildindex* bei der Ergebnisanzeige nicht mit den Trefferlisten, den sog. Bildergalerien, sondern wählen Sie ein Einzelbild aus und rufen von dort über die Ansichtswahl die „Dokumentenanzeige" auf! Das erlaubt Ihnen, das gesamte Datenblatt, also die vollständigen Bilddaten zu allen Abbildungen einzusehen und zusätzlich zum älteren Bildmaterial neuere digitale Farbaufnahmen aufzufinden. Beim Einzelbildaufruf können die genauen Bilddaten zudem direkt eingeblendet werden. Von der Einzelansicht aus lassen sich die Abbildungen aus dem *Bildindex* in ausreichender Arbeitsqualität abspeichern. Ist aus rechtlichen Gründen ein Herunterladen des Bildes nicht möglich, wird die Information angezeigt. Ausgaben in höherer Bildqualität können direkt bei Bildindex Marburg bestellt werden.

4.1.2 Digitaler Porträtindex der druckgraphischen Bildnisse der Frühen Neuzeit

Digitaler Porträtindex

Seit 2011 ist der *Digitale Porträtindex der druckgraphischen Bildnisse der Frühen Neuzeit* als gemeinsames Projekt gestartet von Bildarchiv Foto Marburg und verschiedenen Museen und Bibliotheken des deutschsprachigen Raums mit bedeutenden Porträtsammlungen. Ziel ist eine sammlungsübergreifende Online-Bereitstellung von über 200.000 druckgraphischen Portraits und ihre systematische Erschließung. In diesem Index kann man nicht nur nach den Porträtierten suchen, sondern auch nach den Künstlern der Porträts. Damit wird gerade für den Bereich der Druckgraphik ein sehr wertvolles Suchinstrument angeboten, das schon jetzt fast 50.000 Künstler-Einträge erfasst.

4.1.3 Prometheus

prometheus Schwerpunkte:

Malerei
Graphik
Plastik

Gestartet 2001 als Verbundprojekt einiger Kunstgeschichtsinstitute an Hochschulen, hat *prometheus – das verteilte digitale Bildarchiv für Forschung und Lehre e.V.* seit 2003 seine Form als gemeinnütziger Verein gefunden und sich seither zu einer leistungsfähigen kunsthistorischen digitalen Abbildungssammlung entwickelt. Der Schwerpunkt liegt bei Abbildungen zu Werken der bildenden Kunst, insbesondere aus Malerei, Graphik und Plastik. Die derzeit über 830.000 Bilder werden von den partizipierenden Einrichtungen aus hauseigenen Datenbanken in Prometheus eingespeist und so in größerem Rahmen für Forschung und Lehre zugänglich gemacht. Grundlage sind Digitalisierungen von Abbildungen aus Büchern und von direkten Objektaufnahmen.

Die Nutzung der Datenbank ist für Mitglieder wissenschaftlicher Einrichtungen, die diese Datenbank lizenziert haben, kostenfrei. Seit kurzem wird zusätzlich ein kleiner Open-access-Bereich angeboten. Dieses frei zugängliche Bildmaterial beschränkt sich für die Kunstgeschichte aber zurzeit vor allem auf die Schwerpunkte Buchmalerei, Buchillustration und auf wenige ausgewählte Sondersammlungen; weitere frei bereit gestellte Abbildungssammlungen bedienen vorrangig die Fächer Archäologie, Ethnologie und Geschichtswissenschaft. Das Bildmaterial im Open-access-Bereich entstammt vor allem aus retrodigitalen Bibliotheken, die von Sondersammelgebietsbibliotheken, wie beispielsweise der Universitätsbibliothek Heidelberg im Rahmen ihres Sondersammelgebietsauftrags für Klassische Archäologie und für Kunstgeschichte, erstellt wurden. Sie können dieses Bildmaterial daher – ebenfalls kostenfrei – auch fachspezifisch im Kontext virtueller Fachbibliotheken und retrodigitaler Sammlungsangebote erreichen (vgl. hierzu ausführlich 6.2, 6.3, 10). Das klassische Bildrepertoire für die kunstgeschichtliche Arbeit befindet sich dagegen nach wie vor überwiegend im Passwort geschützten Bereich von Prometheus.

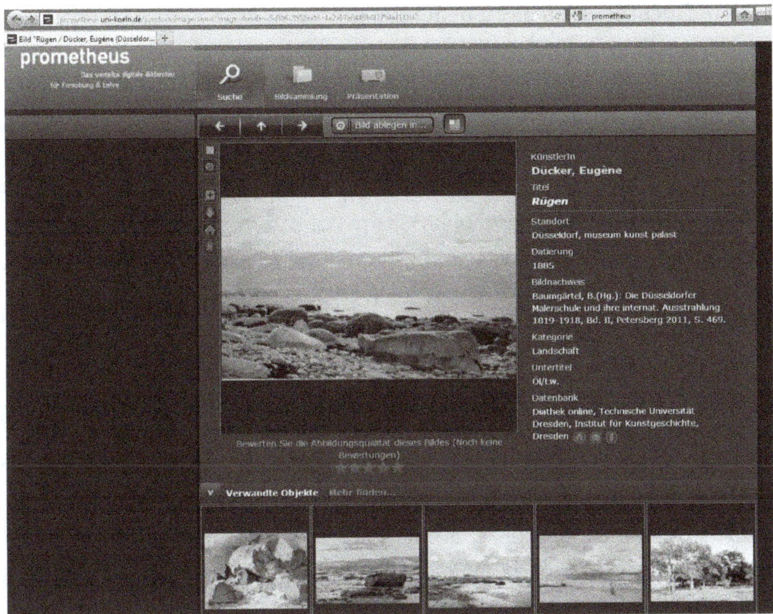

Abb. 19: Prometheus: Ergebnisanzeige mit Funktion „Verwandte Objekte" (17. 2. 2012)

Die Recherche ist in Prometheus über den gesamten Datenbestand, aber auch gezielt in Einzelbeständen sowohl im einfachen als auch im erweiterten Suchmodus möglich. Für die Erweiterte Suche steht eine fachlich differenzierte Suchmaske (mit Pull-down-Funktion) zur Verfügung; berücksichtigt sind die Kategorien Künstler, Titel, Standort, Fundort, Gattung, Material, Schlagwort, Beschreibung, Datierung, Bildnachweis u. a. Die Einzelergebnisanzeige bringt alle zur Abbildung erfassten Einzeldaten, nennt die Abbildungsvorlage und die Datenbankquelle. Zum Abspeichern ist das Bild zusätzlich in höherer Auflösung aufrufbar. Praktisch ist die Anzeigemöglichkeit „Verwandte Objekte", wertvoll die Hinweise zum Bildrecht und zur Weiterverwertung der Bilder aus Prometheus. Außerdem werden Tools zum Erstellen von Bildpräsentationen und Arbeitsmappen bereitgestellt.

Tipp

Sie haben in diesen drei Bilddatenbanken nicht gefunden, was Sie suchten? Vielleicht bietet die *Deutsche Fotothek – Bilder für die Wissenschaft* mit über 1,3 Mio. Bildern aus Kunst- und Kulturgeschichte, mit digitalisierten Photographennachlässen und Themenportalen das Passende. Die Bilddokumente der Deutschen Fotothek werden in einer eigenen Bilddatenbank erschlossen, sind aber auch über arthistoricum.net erreichbar (vgl. 6.3.1). – Weitere Angebote haben noch diese umfassenden Bilddatenbanken zur Kunstgeschichte parat: *ARTstor; The Bridgeman Art Library;* kurze Datenbankprofile finden Sie in DBIS (vgl. 3.1).

4.2 Bildrechte – Was es zu beachten gilt

Zwei Aspekte sind bei der Verwendung von Bildmaterial zu unterscheiden: die Verwertungsrechte am Kunstwerk selbst und die Verwertungsrechte am Photo, an der Abbildung des Kunstwerks. Nach deutschem Recht liegen die Verwertungsrechte am Kunstwerk („Werk“) beim Urheber (Künstler) und gehen bis 70 Jahre nach seinem Tod auf die Erben über. Danach erlischt das Urheberrecht und das Werk ist gemeinfrei. Davon zu unterscheiden sind die Verwertungsrechte an Photographien und Abbildungen eines Kunstwerks, auch wenn dieses bereits gemeinfrei ist. Hier gilt das Leistungsschutzrecht für die sog. Lichtbilder und Lichtbildwerke.

Lichtbild

Lichtbilder entstehen durch einfaches technisches Abphotographieren einer meist zweidimensionalen Vorlage, der Schutz erlischt fünfzig Jahre nach der Erstellung des Lichtbilds.

Lichtbildwerk

Als Lichtbildwerke bezeichnet man Abbildungen mit eigener Werkqualität; diese entsteht beispielsweise bei Abbildungen dreidimensionaler Vorlagen bereits durch die Wahl der Perspektive. Für Lichtbildwerke sind daher Verwertungsrechte wie bei einem Werk zu beachten; der Schutz gilt somit bis siebzig Jahre nach dem Tod des Photographen.

Verwertungsrechte

Die Beachtung der Verwertungsrechte und die direkte Einholung einer Genehmigung zur Verwertung bei den Rechteinhabern (Künstlern und Erben einerseits, Photographen und rechtehaltende Institutionen wie Museen, Archive, Bibliotheken, Verlage andererseits) wird in der Regel erst im Moment der Verwendung einer Abbildung für eine Veröffentlichung notwendig. Dies gilt auch für die nichtkommerzielle Nutzung und die Verwendung im Rahmen einer wissenschaftlichen Publikation.

Gute wissenschaftliche Bilddatenbanken informieren Sie, wo die Bildrechte jeweils liegen, und sie unterstützen Sie bei der Einholung der Rechtegenehmigung. Der Service unterscheidet sich allerdings nach Datenbank und Anbieter.

Tipp

Beachten Sie in Bilddatenbanken immer die Hinweise zu den Bildrechten. Sie finden diese aufgeführt entweder unter den Allgemeinen Geschäftsbedingungen, unter den Nutzungsbedingungen, im Hilfemenü, in Kombination mit einer Warenkorb-/Bestellfunktion oder als Rechtehinweis bei jedem Einzelbild. Allgemeine Informationen zu Bildrechten finden Sie auch auf den Internetseiten der *Verwertungsgesellschaft Bild–Kunst r. V.* unter http://www.bildkunst.de/.

---

5 Nachschlagewerke

Nachschlagewerke bieten neben Fakten und Grundlageninformationen auch Hinweise auf Standardliteratur. Sie nützen Ihnen daher nicht nur, um einen Überblick zu einem kunstgeschichtlichen Thema oder zu einzelnen Künstlern in komprimierter Form zu erhalten oder um Aspekte am „Themenrand" der eigenen Arbeit schnell klären zu können. Nachschlagewerke sind auch ein Tipp für Eilige auf der Suche nach Referenzliteratur.

5.1 Enzyklopädische Nachschlagewerke

Wikipedia und mehr

Für Viele ist das der Moment, sich *Wikipedia* zuzuwenden. Kostenfrei, sofort verfügbar, beachtlich umfassend, mit Beiträgen in inzwischen über 270 Sprachen scheint dieses 2001 begonnene und seit 2003 von der Wikimedia Foundation, einer amerikanischen Non-profit-Organisation, getragene Unternehmen oft sogar das Nachschlagewerk der ersten Wahl zu sein. Einfache Suchmodalitäten, gleichartig strukturierte Artikel mit Literaturhinweisen und Links zu Bildmaterial, ein zusätzliches Angebot von Themenportalen und eine vorrangige Platzierung von Wikipedia-Artikeln in den Trefferlisten der Google-Suche machen das Angebot attraktiv.

Das Wikipedia-Prinzip

Die gebotene Themenvielfalt und Aktualität verdankt sich vor allem dem der Online-Enzyklopädie zugrunde liegenden „Mitmachprinzip" bei der Erstellung der einzelnen Beiträge. Dies Prinzip gerät allerdings zum Nachteil, wenn Wikipedia-Artikel auch für wissenschaftliche Arbeiten genutzt werden sollen. Denn meist ist nicht unmittelbar ersichtlich, aus welchen Quellen, Veröffentlichungen und Forschungen anderer sich ein Beitrag speist. Es fehlt die bislang zu den Grundprinzipien wissenschaftlichen Diskurses zählende personale (und nicht anonymisierte) Verantwortlichkeit für einen Beitrag und zugleich die notwendige Transparenz hinsichtlich Eigen- und Fremdleistung (siehe hierzu 15.2). Die Klassifikation von Artikeln als exzellent, lesenswert oder informativ ist zwar ein Versuch, die Qualität einzelner Artikel kenntlich zu machen, das Grundproblem behebt sie nicht. Für die wissenschaftliche Arbeit ist es daher immer anzuraten, Informationen aus Wikipedia mit Angaben aus klassischen Enzyklopädien wie *Brockhaus Enzyklopädie Online* und *Encyclopaedia Britannica Online* (für Einzelbeschreibungen siehe DBIS) und aus Standardnachschlagewerken der Fachwissenschaften abzugleichen.

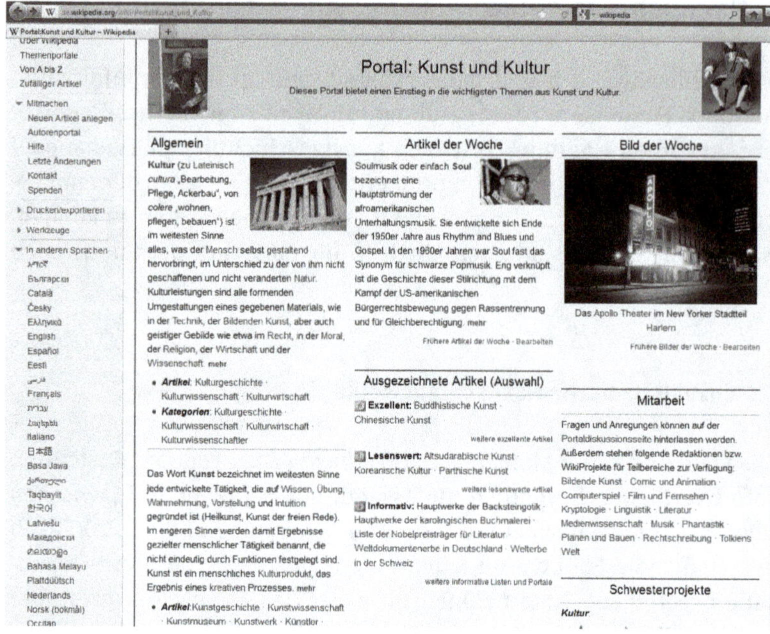

Abb. 20: Wikipedia-Portal: Kunst und Kultur (19. 2. 2012)

5.2 Fachnachschlagewerke

Gesicherte Informationen zu Sachbegriffen, Themen und Personen bieten nach wie vor die Standardnachschlagewerke Ihres Fachs. Mit *Oxford Art Online* und *Allgemeines Künstlerlexikon Online* stehen zwei Datenbankplattformen zur Verfügung, die umfassend lexikalische Informationen zu Künstlern und Kunstthemen und zugleich einen verlässlichen wie transparenten Zugang zu den Standards der jeweiligen Forschung anbieten. Hinweise auf weitere biographische Lexika und auf einige Klassiker unter den Nachschlagewerken zur Kunst ergänzen den Überblick.

5.2.1 Oxford Art Online

Oxford Art Online: Plattform für Nachschlagewerke zur Kunst

Oxford Art Online stellt zurzeit die Standardlexika der Kunstgeschichte *Grove Art Online*, *The Concise Oxford Dictionary of Art Terms*, *Encyclopedia of Aesthetics*, *The Oxford Companion to Western Art* und in Kürze auch *Benezit – Dictionary of Artists* auf einer Plattform mit gemeinsamer Suchoberfläche als auch mit jeweils separaten Suchzugängen bereit.

Grove Art Online

Im Zentrum des Angebots steht *Grove Art Online*, ein Nachschlagewerk mit Einträgen sowohl zu Künstlern als auch zu Themen der Architektur und bildenden Kunst (Malerei, Skulptur, dekorativer Kunst, Architektur, Graphik, Photographie) von ihren Anfängen bis zur Gegenwart, und zwar weltweit, wenn auch mit einem deutlichen Schwerpunkt auf der europäischen und nordamerikanischen Kunstgeschichte. *Grove Art Online* basiert auf den Volltexten der 34-bändigen Druckausgabe des *Dictionary of Art* von 1996 mit seinen mehr als 45.000 Artikeln und 500.000 Literaturzitaten. Themen und Anzahl der Beiträge erhöhen sich seitdem für die Datenbank-Ausgabe kontinuierlich. Die sehr umfänglichen Artikel sind ausgezeichnet strukturiert und werden jeweils durch eine ausführliche Bibliographie abgeschlossen. Gerade der bibliographische Teil erlaubt mit seiner Feingliederung nach allgemeinen und überblicksartigen Darstellungen, Quellenhinweisen, Werkverzeichnissen, Ausstellungskatalogen und Einzelstudien einen schnellen und differenzierten Zugang zur jeweiligen Standardliteratur.

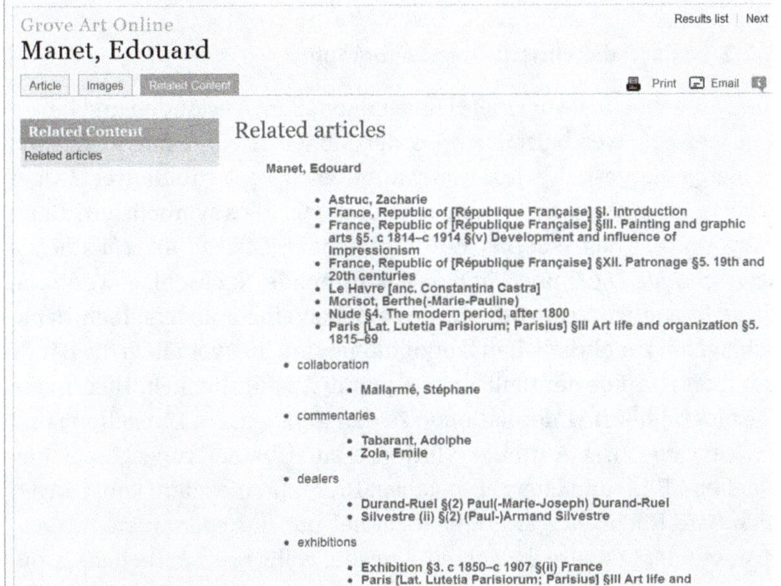

Abb. 21: Oxford Art Online: Suche Related Contents (20. 2. 2012)

Suchmodalitäten

Die Suchmodalitäten der Datenbank sind exzellent. Neben der Hauptsuche mit Kategorien- und Volltextsuche werden auch Suchregister und eigene Suchmasken für ausgewählte Teilbereiche wie Biographie, Bibliographie und Bildmaterial angeboten. Bildmaterial kann so direkt zu einem Artikel hinzugesucht werden. Dafür wird nicht nur eigenes Bildmaterial bereitgestellt, es werden auch Links zu wichtigen Museumsbeständen und automatisierte Zugänge zu großen Bilddatenbanken angeboten. Praktisch ist auch das Angebot, „verwandte Inhalte" zu einem ausgewählten Beitrag aufrufen zu können. Damit erschließt sich sofort das thematische Umfeld, führt direkt zu weiteren Artikeln und zu weiterer Literatur und macht dank der Volltextauswertung Zusammenhänge im Detail transparent.

Benezit Online

Zu den weiteren auf Oxford Art Online bereitgestellten Lexika gehört jetzt auch das *Benezit Dictionary of Artists*. Es basiert auf dem 1911 von Emmanuel Bénézit begründeten und seitdem in mehreren Auflagen und Überarbeitungen erschienenen Künstlerlexikon, insbesondere auf der 2006 publizierten englischen Ausgabe. Den besonderen Schwerpunkt bildet der Nachweis von Künstlern der Graphik und Druckgraphik. Mit diesen zusätzlichen 170.000 Künstlerbiographien weitet Oxford Art Online innerhalb des gesamten Datenangebots den Anteil biographischer Informationen spürbar aus (vgl. 5.2.5).

5.2.2 Lexikon der christlichen Ikonographie

LCI

Sind Sie schon mal vor einer Heiligendarstellung gestanden und haben sich gefragt, wer beispielsweise der Mönch ist, der mit Kelch und Schlange dargestellt wird, und warum er diese Attribute trägt? Oder wollten Sie wissen, was etwa der Granatapfel alles symbolisiert? Dann wäre und ist das 1968 bis 1976 erschienene *Lexikon der christlichen Ikonographie (LCI)* noch immer das führende Nachschlagewerk, um diese Fragen zu beantworten. Denn neben einem allgemeinen Nachschlageteil zur christlichen Ikonographie sind hier vor allem die Bände zur Ikonographie der Heiligen von großer Ausführlichkeit. Hier finden Sie biographische Informationen zu den Heiligen, zur Darstellung und Erläuterung ihrer Attribute, Hinweise zur Überlieferungsgeschichte, Quellen-, Bild- und Literaturangaben. Dieses für die ältere Kunst unverzichtbare Nachschlagewerk liegt seither nur in unveränderten Nachdrucken der Erstausgabe vor; eine zweite, völlig neu bearbeitete Auflage mit verändertem Präsentationskonzept und Berücksichtigung der neueren kunstgeschichtlichen und ikonographischen Forschung ist für den Erscheinungszeitraum ca. 2012 bis 2019 geplant, und nach jetzigem Planungstand – soweit ersichtlich – wiederum nur als Druckausgabe.

5.2.3 Reallexikon zur Deutschen Kunstgeschichte

RDK: Inhalte

Sie beschäftigen sich gerade mit dem druckgraphischen Werk Albrecht Dürers, stoßen in diesem Zusammenhang auf einen Holzschnitt von 1515 mit dem Titel „Ehrenpforte Kaiser Maximilians I." und möchten nun wissen, was Ehrenpforten sind? Da wäre das *Reallexikon zur Deutschen Kunstgeschichte (RDK)* durchaus eine passende Wahl. Denn hier können Sie sich ausführlich über Sachbegriffe in der deutschen Kunst und über deren Geschichte informieren, Quellenmaterial und (ältere) Literaturangaben zum Thema ermitteln und in der Online-Ausgabe des Lexikons auch noch Abbildungen aufrufen. Dennoch haben Sie mit diesem Volltreffer ziemlich Glück gehabt. Zwar erscheint das *RDK* bereits seit 1937, ist aber zur Zeit erst bei Band 10 und Buchstabe F angelangt; die Ehrenpforte lag also noch im passenden Alphabetsegment!

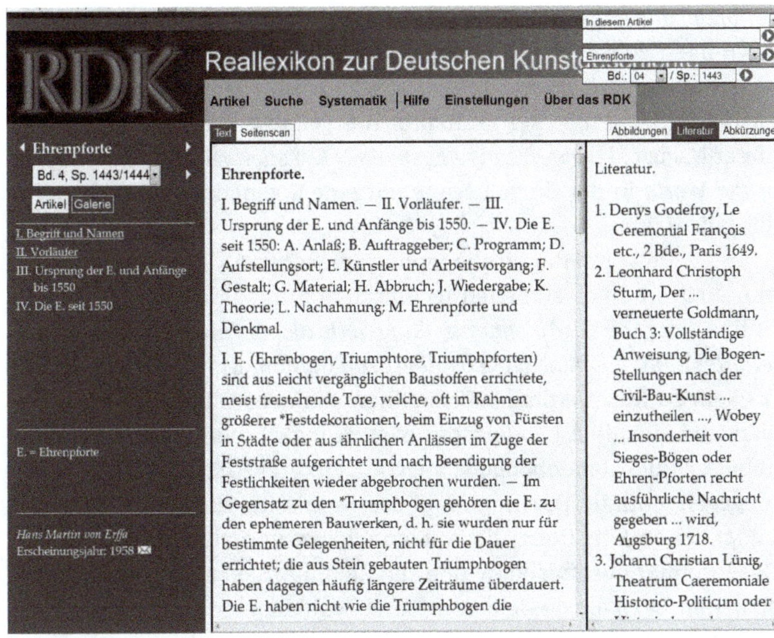

Abb. 22: RDK-Web: Artikel „Ehrenpforte" mit Bibliographie (17. 3. 2012)

RDK-Web

Die Redaktion dieses Langzeitunternehmens ist inzwischen am Zentralinstitut für Kunstgeschichte in München beheimatet; 2004 bis 2007 wurde die web-basierte Version als *RDK-Web* erarbeitet und die bisherigen Artikel in modifizierter Strukturierung als Datenbank zur Verfügung gestellt. Damit lassen sich die Artikel nicht nur in alphabetischer

Abfolge oder als Ganzes aufrufen; möglich sind jetzt auch Direktzugriffe auf einzelne Kapitel, eine Volltextrecherche über die Gesamtartikel, eine umfassende Suche nach Personen und Orten und ein Zugang über eine Systematik der Begriffe. Bibliographie (wertvoll vor allem zum Auffinden älterer Quellen zum Thema) und Bildmaterial ergänzen die Einzeleinträge. Zu Realien und ihrer Ikonographie in der deutschen Kunst ist das RDK-Web damit zu einem praktischen Nachschlagewerk geworden (vor allem für Suchbegriffe von A bis F!).

5.2.4 Allgemeines Künstlerlexikon / Internationale Künstlerdatenbank – Online

Thieme-Becker

Vollmer

AKL

Die Klassiker unter den großen Künstlerlexika waren lange Zeit der *Thieme-Becker*, also das von Ulrich Thieme und Felix Becker begründete und von 1907 bis 1950 in 37 Bänden publizierte *Allgemeine Lexikon der bildenden Künstler von der Antike bis zur Gegenwart*, und der *Vollmer*, das 6-bändige von Hans Vollmer von 1953 bis 1962 bearbeitete und herausgegebene *Allgemeine Lexikon der bildenden Künstler des XX. Jahrhunderts*. Seit 1983/1991 läuft nun die vollständige Neubearbeitung dieser Nachschlagewerke als *Allgemeines Künstlerlexikon (AKL) / Artists of the World* in der Buchausgabe mit einem geplanten Abschluss für das Jahr 2020.

AKL-Online

Seit 2009 sind die für die Buchausgabe des AKL erstellten Artikel nun auch in einer aktuellen technischen Standards entsprechenden Online-Ausgabe als *Allgemeines Künstlerlexikon / Internationale Künstlerdatenbank – Online (AKL-Online)* zugänglich. Die Buchausgabe mit Artikeln zu Künstlern aller Disziplinen von der Antike bis zur Gegenwart und aus allen Ländern der Welt ist inzwischen bei Band 77 und damit im Buchstabenbereich J angelangt (Stand 2012). Das AKL-Online hingegen enthält Daten und bibliographische Nachweise zu über 1,2 Millionen Künstlern, die laufend ergänzt und aktualisiert werden. Das Informationsangebot wurde zudem um Artikel aus neueren spezialisierten Lexika, wie dem von Rainer Vollkommer herausgegebenen *Künstlerlexikon der Antike (KLA)* oder dem *Lexikon der Künstlerinnen 1700–1900: Deutschland, Österreich, Schweiz* von Jochen Schmidt-Liebich, um Artikel im Volltext aus dem Thieme-Becker und dem Vollmer ergänzt.

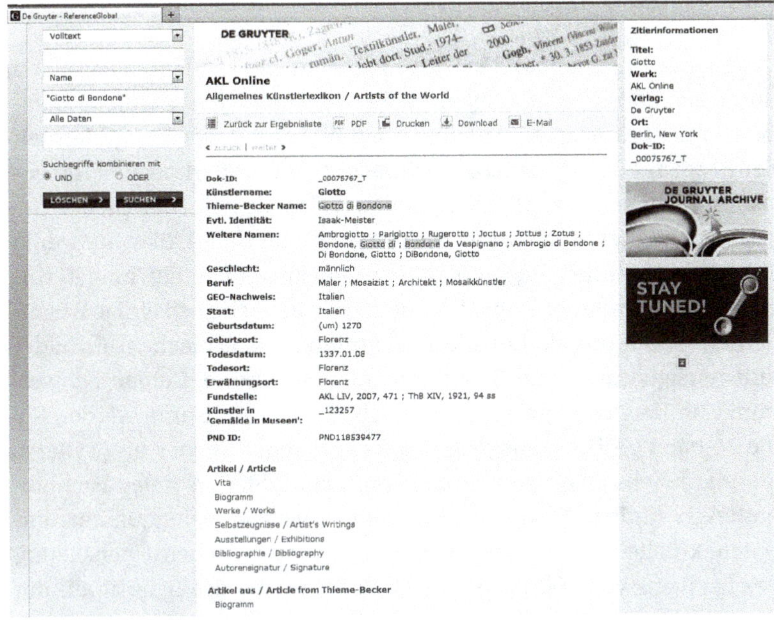

Abb. 23: AKL-Online: Ergebnisanzeige mit Strukturübersicht (20. 2. 2012)

AKL-Online: Suchmodalitäten

Ein Suchformular mit drei über Boolesche Operatoren kombinierbaren Eingabefeldern, mit Pull-down-Menüs zu Suchkriterien wie Volltext, Name, Geburtsdatum, Todesdatum, Alle Daten, Ort, Land, Beruf ermöglichen einen differenzierten Sucheinstieg zu Leben und Werk eines Künstlers. Bei der Eingabe werden Hilfsregister automatisch aufgeblättert. Die Ergebnisanzeige bietet neben schematisierten Eckdaten und Normdaten einen strukturierten Texteintrag mit den Rubriken Vita / Biogramm, Werke, Selbstzeugnisse, Ausstellungen, Bibliographie, Autorensignatur und weitere Artikel. Die bibliographischen Angaben zu den Einzeleinträgen sind von einer Ausführlichkeit und Aktualität, die sie zu einem sehr guten Ausgangspunkt für die Literatursuche zu Künstlern machen. Die sehr verkürzte Zitierweise gestaltet dann allerdings die für das Auffinden der Publikationen notwendige Recherche in den OPACs etwas aufwändig. Die Daten aus AKL-Online lassen sich bequem exportieren, downloaden oder ausdrucken; Zitierhinweise zu den Artikeln werden angeboten. Alert-Dienste erlauben Benachrichtigungen zu Aktualisierungen. Auch wenn AKL-Online noch ein *Work in progress* ist, ist die Datenbank doch schon jetzt die größte kunstwissenschaftlich erarbeitete Ressource zu Künstlerbiographien und damit das Nachschlagewerk erster Wahl.

5.2.5 Bénézit: Dictionnaire critique

Bénézit

Das 1911 von Emmanuel Bénézit begründete und seitdem in mehreren Auflagen und Überarbeitungen erschienene *Dictionnaire critique et documentaire des peintres, sculpteurs, dessinateurs et graveurs* (Zitiertitel: der *Bénézit*) erschien zuletzt nochmals 1999 und darf als das französischsprachige (aber erheblich kleinere) Gegenstück zum *Thieme-Becker* gelten. Auch wenn in der Ausgabe von 1999 viele Artikel nur wenig aktualisiert wurden und die Informationsqualität nicht immer vergleichbare Standards erreicht, so bietet der Bénézit doch einige Besonderheiten, die ihn als Künstlerlexikon interessant machen: Er bildet Künstlersignaturen und Sammlermarken ab und legt einen Schwerpunkt im Bereich Druckgraphik. Auch aus diesem Grund werden Sie die 14-bändige Druckausgabe des Bénézit noch immer als weiteres Standardnachschlagewerk zu Künstlerbiographien in vielen Fachbibliotheken finden. Es bleibt abzuwarten, welche Datenqualität und Datenaktualisierung die auf Grundlage der englischen Übersetzung des Lexikons von 2006 geplante Online-Ausgabe des Bénézit auf der Plattform von *Oxford Art Online* aufweisen wird (vgl. 5.2.1).

Künstlersignaturen
Sammlermarken

5.2.6 Spezialisierte biographische Lexika für das Fach Kunstgeschichte

Zu einzelnen Gattungen, Epochen und Themen der Kunstgeschichte hier noch eine kleine Auswahl spezialisierter biographischer Nachschlagewerke:

Bartsch

Künstler der Graphik und Druckgraphik: Unerreicht als biographisches Nachschlagewerk ist hier immer noch das von Adam von Bartsch erarbeitete und 1803 bis 1821 veröffentlichte 21-bändige Verzeichnis *Le peintre-graveur* (wörtlich: „Maler-Graphiker", zugleich eine Bezeichnung, die darauf hindeuten sollte, dass hier Künstler erfasst wurden, die original graphisch arbeiteten und nicht Reproduktionsgraphik erstellten). Die Bedeutung dieses Lexikons für die Druckgraphik zeigt sich allein darin, dass zu diesem ursprünglich abbildungslosen Lexikon – initiiert und herausgegeben von Walter L. Strauss – von 1978 bis 1999 96 Abbildungsbände und später noch Supplementbände unter dem Titel *The Illustrated Bartsch* erschienen. Inzwischen wird diese wohl bedeutendste Abbildungssammlung mit über 50.000 Aufnahmen zu den graphischen Künsten digital aufbereitet und über die Bilddatenbank ARTStor angeboten.

Illustrated Bartsch

Lexika zu Künstlern des 20. Jahrhunderts

Künstler des 20. Jahrhunderts: Das Prestel - Online Künstlerlexikon bietet Einstiegsinformationen zu Kunst und Künstlern des 20. Jahrhunderts. Technisch zwar ein Dinosaurier, aber für Informationen zu weniger bekannten Künstlern des ausgehenden 20. Jahrhunderts doch recht nützlich ist das inzwischen als DVD erschienene *Allgemeine Lexikon der Kunstschaffenden in der bildenden und gestaltenden Kunst des ausgehenden XX. Jahrhunderts*, das auf einem von Axel-Alexander Ziese 1981 bis 1982 publizierten Verzeichnis beruht.

Kunsthistoriker-Verzeichnisse

Kunsthistoriker: Wenn Sie biographische Informationen zu Kunsthistorikern und zu ihren Forschungsschwerpunkten und Veröffentlichungen suchen, bieten sich folgende Nachschlagewerke an: online verfügbar das länderübergreifende *Dictionary of Art Historians*, als Druckausgabe das ältere von Wilhelm Waetzoldt veröffentlichte Verzeichnis *Deutsche Kunsthistoriker*, der von Heinrich Dilly 1988 vorgelegte Ergänzungsband *Deutsche Kunsthistoriker: 1933–1945* und das *Biographische Handbuch deutschsprachiger Kunsthistoriker im Exil* von Ulrike Wendland aus dem Jahr 1999.

Tipp

Biographie-Portal

Wenn biographische Fachlexika nicht ausreichen, kann für Personen des deutschsprachigen Raums das *Biographie-Portal* Alternativen bieten. Das Biographie-Portal stellt eine gemeinsame Suchoberfläche zu den Registern folgender fächerübergreifender Personalbiographien bereit: *Allgemeine Deutsche Biographie (ADB), Neue Deutsche Biographie (NDB), Österreichisches Biographisches Lexikon 1815–1950 (ÖBL), Historisches Lexikon der Schweiz (HLS), Rheinland-Pfälzische Personendatenbank (RPPD), Sächsische Biografie (SäBi)*. – Direkteinstiege in die Online-Ausgaben dieser Personalbiographien bieten zusätzliche Suchfunktionalitäten. ADB und NDB bilden hierfür das gemeinsame Portal *Deutsche Biographie*. – Das *Biographie-Portal* wird kooperativ verantwortet von der Bayerischen Staatsbibliothek München, der Historischen Kommission bei der Bayerischen Akademie der Wissenschaften, der Österreichischen Akademie der Wissenschaften und von der Stiftung Historisches Lexikon der Schweiz.

5.2.7 Zwei Lexikonklassiker für Einsteiger und Liebhaber – zu guter Letzt

Lexikon der Kunst

Zu den Klassikern unter den deutschsprachigen Kunstlexika zählt das von Harald Olbrich herausgegebene *Lexikon der Kunst*, dessen 1987 bis 1994 erschienene Neubearbeitung inzwischen auch in elektronischer Form vorliegt. Es bietet Kurzinformationen zu Kunst und Künstlern aller Länder und Kunstepochen und ist ein Tipp für Einsteiger und Eilige, auch wenn nur zu wenigen Artikeln veranschaulichende Schwarzweiß-Abbildungen zur Verfügung stehen.

Kindlers Malereilexikon

Kindlers Malereilexikon erschien erstmals 1964 bis 1968 in 5 Bänden und ist – auch wenn der Name anderes nahe legt – vor allem ein Maler-Lexikon; 1971 folgte ein Ergänzungsband mit Sachbegriffen. Seit 2003 steht die 3., erweiterte Ausgabe dieses Gesamtlexikons in elektronischer Form zur Verfügung und bietet einen klassischen Kanon an Künstlerbiographien mit Werkübersichten, Hinweisen auf Standardliteratur und Farbabbildungen in einer repräsentativen Auswahl.

Digitale Bibliothek

Lexikon der Kunst und *Kindlers Malereilexikon* sind inhaltlich sich einander sinnvoll ergänzende Nachschlagewerke. Auch wenn die Artikel nicht immer den neuesten Forschungsstand spiegeln, so sind diese beiden Klassiker als elektronische Ausgabe (CD-ROM/DVD-ROM) in der Reihe „Digitale Bibliothek" der Directmedia Publishing ein einfach verfügbares Angebot.

Advanced

Nach den Basics der Literatur- und Bildsuche rücken Angebote in den Fokus, die ein Mehr bieten: ein Mehr hinsichtlich Vielfalt und Vollständigkeit oder auch Spezialisierung, ein Mehr vor allem aber an Informationstiefe und an Online-Ressourcen.

6 Bibliotheken und Forschungseinrichtungen als Informationsdienstleister – ihre Angebote für die Kunstgeschichte

Einige besonders für die Literatursuche interessante Angebote sind an Forschungsinstitutionen mit ihren Fachbibliotheken und an öffentlichen Wissenschaftseinrichtungen, in Deutschland vor allem auch an den großen wissenschaftlichen Bibliotheken, verankert. Schon deshalb lohnt es, unter ihnen die wichtigsten Dienstleister für Literatur- und Bildinformationen zur Kunstgeschichte und ihre Servicestrukturen vorzustellen, ehe wir ausgewählte Produkte eingehender ansehen.

6.1 Fachinstitutionen und Fachbibliotheken

Nachweis von Spezialliteratur zur Kunstgeschichte

Internationale Forschungseinrichtungen, große Museen und auch die deutschen universitätsunabhängigen Forschungsinstitute der Kunstgeschichte übernehmen allein durch den Nachweis ihrer spezialisierten Bibliotheksbestände in Online-Katalogen einen für die fachliche Literatursuche wertvollen Dienst. Wie Sie schon gesehen haben, lassen sich viele dieser Kataloge bequem über den Meta-Katalog *artlibrairies.net* erreichen (vgl. 2.3.2). Darüber hinaus bieten die einzelnen Einrichtungen spezialisierte Dienstleistungen an, die mit ihrem Standort oder einem Sonderauftrag zusammenhängen. Dazu kann man sich am besten auf den Internetseiten der einzelnen Einrichtungen informieren, die ebenfalls über artlibrairies.net zu finden sind. Hier einige Beispiele für besondere Schwerpunktbildungen bei den Angeboten einzelner Einrichtungen:

- Das Schweizerische Institut für Kunstwissenschaft (SIK-ISEA) in Zürich etwa stellt *Lexikon und Datenbank zur Kunst in der Schweiz und im Fürstentum Liechtenstein* bereit.
- Der Katalog des Royal Institute of British Architects in London, der *RIBA British Architectural Library Catalogue Online*, ist einer der

umfangreichsten Fachkataloge zu Architektur und Architekturgeschichte und erfasst neben gedruckter Literatur auch Architekturzeichnungen und Bildmaterial. Ergänzt wird der Katalog um eine Architekten-Datenbank, die für biographische Recherchen nützlich ist.

- Die deutschen universitätsunabhängigen kunsthistorischen Forschungsinstitute in Florenz, Rom, Paris und München erschließen ihre Spezialbestände zur Kunst in Italien bzw. zur Kunst Frankreichs, insbesondere der deutschsprachigen kunstwissenschaftlichen Forschungsliteratur zu Frankreich, und zur Kunsttheorie und Wissenschaftsgeschichte des Fachs für die Recherche im gemeinsamen *Verbundkatalog kubikat* (vgl. 2.3.1). Über das Zentralinstitut für Kunstgeschichte München fließt in kubikat außerdem Spezialliteratur zur Kunst Ost- und Südosteuropas ein. Kennt man die Spezialitäten dieser Einrichtungen, so kann eine gezielte Katalogauswahl gewinnbringend sein für die eigene Literatursuche.

Dokumentation akademischer Abschlussarbeiten

- Eine weitere, ebenfalls am Zentralinstitut für Kunstgeschichte München angesiedelte bibliographische Ressource dürften diejenigen sehr zu schätzen wissen, die sich über begonnene und abgeschlossene akademische Abschlussarbeiten im Fach Kunstgeschichte an deutschen, aber auch an ausländischen Universitäten informieren möchten, sei es, um den Forschungsstand zu einem Themenbereich zu ermitteln oder um für die eigene Abschlussarbeit die Themenwahl besser vorbereiten zu können. Es handelt sich um die Forschungsdatenbank *ARTtheses*, die entsprechende Daten seit 1985 vorhält und in der sich Themen, Autoren und akademische Betreuer der Abschlussarbeiten ebenso ermitteln lassen wie die Institutionen, an denen Masterarbeiten, Dissertationen und Habilitationsschriften und die bisherigen Diplom- oder Magisterarbeiten eingereicht wurden.

Tipp

Über *ARTtheses* erreichen Sie weitere Verzeichnisse kunsthistorischer Forschungsarbeiten: *Travaux de Recherche en Histoire de l'Art et Archéologie* (Datenbank des Institut national de l'histoire de l'art INHA, Paris); *Lizentiats- und Doktorarbeiten* (Titellisten der Vereinigung der Kunsthistorikerinnen u. Kunsthistoriker in der Schweiz, pdf-Datei); *Tesis doctorales: TESEO* (spanische Dissertationen ab 1976, fachübergreifend, z.T. mit Abstracts); *US and Canadian PhD Dissertations* (Titellisten der College Art Association).

6.2 Die Sondersammelgebiete der deutschen wissenschaftlichen Bibliotheken

Neben Fachinstitutionen und Fachbibliotheken übernehmen in Deutschland auch multidisziplinär ausgelegte wissenschaftliche Bibliotheken, wie die Universitätsbibliotheken, spezialisierte Angebote für jeweils ausgewählte Wissenschaftsfächer. Diese Besonderheit beruht auf einem zwischen den deutschen wissenschaftlichen Bibliotheken bestehenden Kooperationsmodell. Ziel ist, die international veröffentlichte Spezialliteratur für die Forschung in Deutschland zu erwerben, und zwar nach fachlichen Schwerpunkten, den sogenannten Sondersammelgebieten (SSG), aufgeteilt auf die teilnehmenden Institutionen (SSG-Bibliotheken). Forschungsliteratur aller Wissenschaftsfächer soll auf diese Weise möglichst breit nachgewiesen und zugänglich gemacht werden. Diese „verteilte nationale Forschungsbibliothek" wird organisiert und gefördert durch die Deutsche Forschungsgemeinschaft (DFG). Einen Überblick über die einzelnen Sondersammelgebiete und die jeweils zuständigen Bibliotheken bieten die Internetseiten von *Webis – Sammelschwerpunkte an deutschen Bibliotheken.*

SSG Kunstgeschichte

Für die Kunstgeschichte sind die folgenden SSG-Bibliotheken zuständig:

- *Die Universitätsbibliothek Heidelberg* mit dem *SSG 9.10* Allgemeine Kunstwissenschaft, Mittlere und Neuere Kunstgeschichte bis 1945.
- *Die Sächsische Landesbibliothek – Staats- und Universitätsbibliothek Dresden* mit dem *SSG 9.11* Zeitgenössische Kunst ab 1945.

Aus dem besonderen Auftrag der SSG-Bibliotheken heraus, Forschungsliteratur in ihrem jeweiligen Sondersammelgebiet möglichst umfassend bereit zu stellen, entstehen für die Fachliteratursuche sehr nützliche Arbeitsinstrumente:

- *Fachkataloge*, in denen die jeweiligen SSG-Erwerbungen nachgewiesen und erschlossen werden;
- *Die Online Contents Sondersammelgebietsausschnitte (OLC-SSG)*, durch die das Auffinden von Aufsatzliteratur aus Fachzeitschriften erleichtert und in Fachsegmenten gemäß den Profilen der einzelnen Sondersammelgebiete zugänglich gemacht wird (vgl. 6.2, 7.2.2);
- *Fachportale* im Internet, um die über die Bibliotheken angebotenen Fachressourcen und Fachformationen zu bündeln (vgl. 6.3).

Sicher möchten Sie wissen, wie und wo Sie die zentralen Dienste von SSG-Bibliotheken am besten erreichen und nutzen können. Für die Kunstgeschichte führt der einfachste (wenn auch nicht der einzige)

Weg über das Internetportal *arthistoricum.net*, in dem die beiden SSG-Bibliotheken zur Kunst, die UB Heidelberg und die SLUB Dresden, ihre Fachinformationen im Internet bündeln; hierzu ausführlich unter 6.3.1.

Tipp

In Teilbereichen sind auch Kataloge, Fachportale und Inhaltsdienste anderer Sondersammelgebiete (SSGs) für die Kunstliteratursuche interessant: Allgemeines zu *Ausstellungs- und Museumswesen, Museumstechnik*: siehe SSG 24 an der Bayerischen Staatsbibliothek (BSB) München; *Architektur unter bautechnischen Aspekten, Städtebau, Landesplanung, Raumordnung*: siehe SSG 20 an der Technischen Informationsbibliothek / Universitätsbibliothek (TIB) Hannover; *Phototechnik*: siehe SSG 19 an der TIB Hannover; *Klassische Archäologie*: siehe SSG 6.14 an der UB Heidelberg; *Kulturgeschichte, Mentalitätsgeschichte:* siehe SSG 8.1 an der BSB München; *Kunst und Kultur Afrikas, Asiens, Ibero-Amerikas, Ozeaniens*: siehe hierzu die jeweiligen Regionen-SSGs.

6.3 Virtuelle Fachbibliotheken und Webportale für die Kunstgeschichte

Gerade die von Wissenschaftseinrichtungen und -dienstleistern getragenen Virtuellen Fachbibliotheken und Internetportale, die sich in besonderem Maße der Fachinformation widmen, verdienen unsere Aufmerksamkeit. Diese Dienste sind längst mehr als nur fachbezogene Linksammlungen oder eine gemeinsame Plattform für Fachdatenbanken. Kennzeichnend ist inzwischen ein interessanter Mix aus fachlichen Recherche- und Arbeitsinstrumenten, besonderen Dienstleistungen auf dem Gebiet der Erschließung und Online-Bereitstellung von Fachliteratur und sonstigen Fachressourcen, fachbezogenen Kommunikations- und Publikationsangeboten, digitalen Sammlungen und Arbeitsmaterialien.

6.3.1 arthistorium.net

Virtuelle Fachbibliothek Kunst

Im deutschsprachigen Gebiet präsentiert sich *arthistoricum.net – Virtuelle Fachbibliothek Kunst* seit 2012 als zentrales Forum für Studium und Forschung auf den Gebieten Kunstwissenschaft, Kunstgeschichte und Gegenwartskunst. Das Portal wird gemeinsam von den beiden SSG-Bibliotheken zur Kunst, der SLUB Dresden und der UB Heidelberg, und von weiteren Partnern verantwortet; gefördert wurde das Projekt von der Deutschen Forschungsgemeinschaft (DFG). Die Startseite zeigt bereits die Spannbreite des Portals: neben „Suchen“ sind „Publizieren“, „Themen“, „Kunstform“ und „Blog“ die Markenzeichen des Angebots.

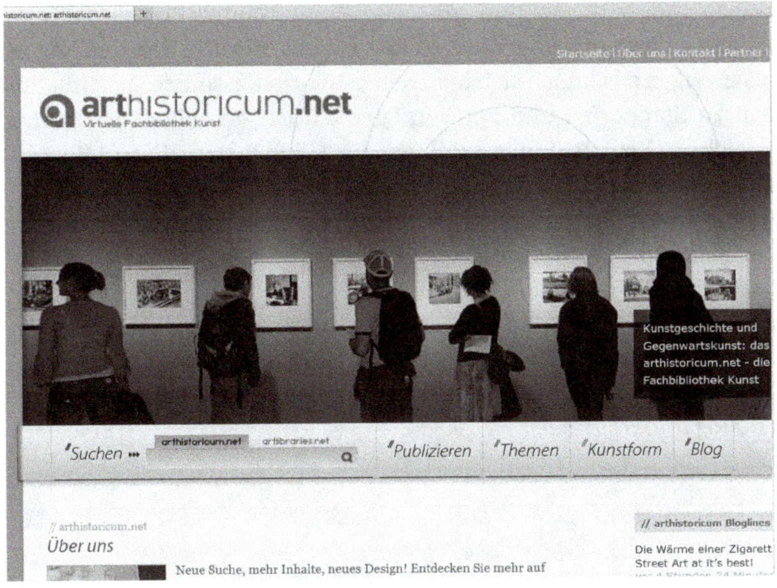

Abb. 24: arthistoricum.net: Startseite (22. 2. 2012)

arthistoricum.net Suchzugänge und Datenquellen

Natürlich interessiert in unserem Zusammenhang zuerst das „Suchen", und zwar das Angebot an Datenquellen und Suchzugängen. Zwei unterschiedliche Suchzugänge stehen zur Verfügung: die *Suche in arthistoricum.net* (voreingestellt) und die Suche in *artlibrairies.net*. Mit der *Suchfunktion von arthistoricum.net* erreichen Sie alle von den SSG-Bibliotheken und ihren Portalpartnern bereitgestellten Datenquellen. Sie können also mit Ihrer Anfrage in einem Zug die *Fachkataloge Kunst und Gegenwartskunst der beiden SSG-Bibliotheken* und *die Publikationsplattform Kunstgeschichte ART-Dok* erreichen, gleichzeitig Zeitschriftentitel und *Aufsatzliteratur aus dem Online Contents Sondersammelgebietsausschnitt (OLC-SSG) Kunst / Kunstwissenschaft* finden, aus *ART-Guide* Informationen und Zugänge zu kunsthistorischen Internetquellen und Datenbanken erhalten und aus der Bilddatenbank der Deutschen Fotothek Dresden passendes Bildmaterial abrufen. Diese voreingestellte kombinierte Suche nach Literatur (Bücher, Zeitschriftentitel, Aufsätze, online-Dokumente, Internetquellen) und zugleich nach Bildern kommt fachspezifischen Bedürfnissen entgegen.

arthistorium.net Ergebnisanzeige

In der Ergebnisanzeige wird der jeweilige Medientyp durch Symbole gekennzeichnet und kann über die Drill-down-Funktion des Katalogs gezielt ausgewählt werden. In gleicher Weise kann die Trefferliste auf einzelne Datenquellen eingeschränkt werden. Differenziertere Recherchen in ausgewählten Datenkategorien, wie Titel, Schlagwort,

Erscheinungsjahr usw. und ihre Modifizierung mittels Boolescher Operatoren sind zudem über die Erweiterte Suche möglich. Von den Ergebnisanzeigen aus lassen sich über den „Link zur Ressource“ Informationen zu Standorten und zur Verfügbarkeit der gefundenen Literatur erreichen. Weitere Links eröffnen die Möglichkeit, diese Literatur direkt via Fernleihe oder gegebenenfalls via den Schnelllieferdienst *subito* zu bestellen (vgl. 13). Suchanfragen in arthistoricum.net können auch als RSS-Feed abonniert werden. Ebenso die SSG-Neuerwerbungslisten für eine laufende Information zu Neuerscheinungen internationaler Forschungsliteratur. Ist die Literatursuche in arthistoricum.net zu einem Thema nicht ausreichend ergiebig, so bietet die Suchmaske ein bequemes Verfahren, die Anfrage direkt weiterzuleiten an den Meta-Katalog *artlibrairies.net* (vgl. 2.3.2).

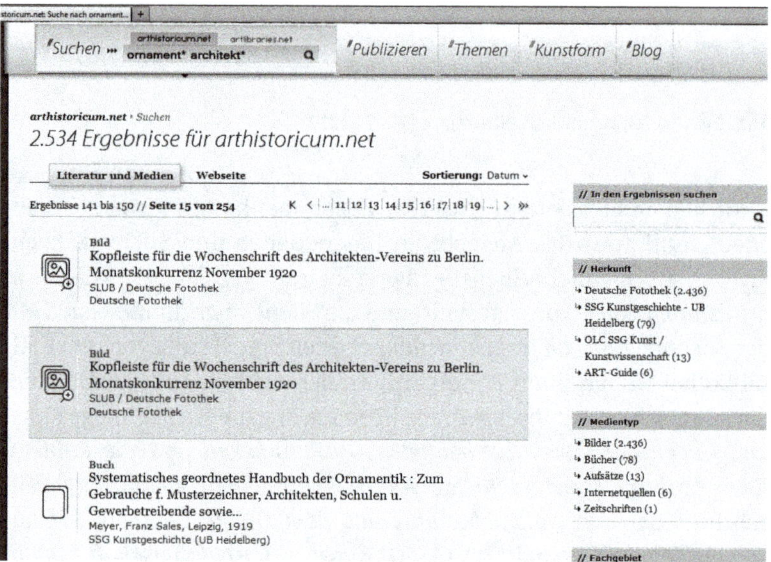

Abb. 25: arthistoricum.net: „Suchen“: Trefferanzeige (22. 2. 2012)

Auch die weiteren Portalrubriken von arthistoricum.net haben für die Literatur- und Bildsuche einige Spezialitäten parat: „Kunstform“ führt Sie zu Rezensionen, „Publizieren“ nochmals direkt zur Plattform *ART-Dok* mit Online-Veröffentlichungen zur Gegenwartskunst und zur Kunstgeschichte (Open-access-Dokumente), *FONTES* zu Online-Editionen kunsthistorischer Quellen und Dokumente der Zeit 1350 bis 1750, und *Art-Guide* zu weiteren kunstgeschichtlichen Internetangeboten. „Themen“ schließlich bündelt ausgewählte Einzelthemenportale, the-

Art-Dok

FONTES

Art-Guide

Themen

matische Bildersammlungen und retrodigitalisierte ältere Kunstliteratur (vgl. 10.2). Nicht zuletzt aber verführen *arthistoricum Bloglines* vielleicht auch Sie, direkt in den kunsthistorischen Dialog einzutreten...

Tipp

Schauen Sie einfach mal über den Tellerrand und nutzen Sie Virtuelle Fachbibliotheken aus benachbarten Fächern: *Propylaeum – Virtuelle Bibliothek Altertumswissenschaften* (mit Angeboten zur klassischen Archäologie und Byzantinistik); *historicum.net* – Geschichtswissenschaften im Internet; die *Virtuelle Fachbibliothek medien-buehne-film.de.*

6.3.2 AGORHA

Suchportal zur Kunstgeschichte Frankreichs

AGORHA – Accès global et organisé aux ressources en histoire de l'art ist das nationale französische Suchportal zu den Inventaren, Quellen und Datenbanken der französischen kunstgeschichtlichen Forschung zu allgemeinen Themen und der Forschung zur französischen Kunst. Fachkataloge und Bibliographien erschließen die kunstwissenschaftlichen Publikationen; digitale Dokumente und Sammlungen können gezielt über den Einstieg *ouvrages numérisés / bibliothèque numérique* recherchiert werden. Hinter AGORHA steht das *Institut national d'histoire de l'art INHA*, in dem in Frankreich wichtige Aktivitäten der kunstgeschichtlichen Forschung und Dokumentation zusammenlaufen. Aus ihnen speisen sich die bibliographischen Datenbanken, die Inventarisierungsdatenbanken zu Denkmälern und kulturellem Erbe Frankreichs (*bases patrimoniales*) und die digitalen Sammlungen. Auch die bereits abgeschlossene kunstgeschichtliche Bibliographie, das *Répertoire d'art et d'archéologie (RAA)* ist mit den Jahrgängen 1910–1972 hier online zugänglich (vgl. auch 8.2.1). Über die Startseite von INHA sind zudem das Archiv mit audiovisuellen Medien zur Kunst der Gegenwart, unter *ressources documentaires* weitere Themenportale und unter *Publications* Online-Veröffentlichungen zu finden (vgl. auch 10.1.2); zurzeit erfolgt eine Neustrukturierung der Recherchetools. Wenn Sie also zur Kunst in Frankreich arbeiten, wären AGORHA und INHA gute Anlaufstellen für die Literatur- und Bildsuche.

RAA

6.3.3 The Getty Research Institute: Search Tools and Databases

The Getty
Kataloge
Datenbanken
Spezialverzeichnisse
Thesauri

Auf eine lange Tradition der Bereitstellung von kunstgeschichtlicher Fachinformation kann sich das *Getty* berufen. Heute bildet das *Getty Research Institute* – neben Museum, Conservation Institute und Foundation – eines der vier Hauptprogramme des J. Paul Getty Trust. Es widmet sich mit internationaler Resonanz der Förderung kunsthistorischer Forschung vor allem durch die Erstellung, Finanzierung und Bereitstellung von Katalogen, Bibliographien, Datenbanken, Sammlungsinventaren, und Thesauri zur Kunstgeschichte. Ein eigenes Suchportal *Search Tools and Databases* gibt einen Überblick und den direkten Zugang zu den einzelnen Produkten, darunter zu der teilweise vom Getty erstellten und jetzt dort gehosteten Bibliographie BHA mit RILA (vgl. 3.2.1).

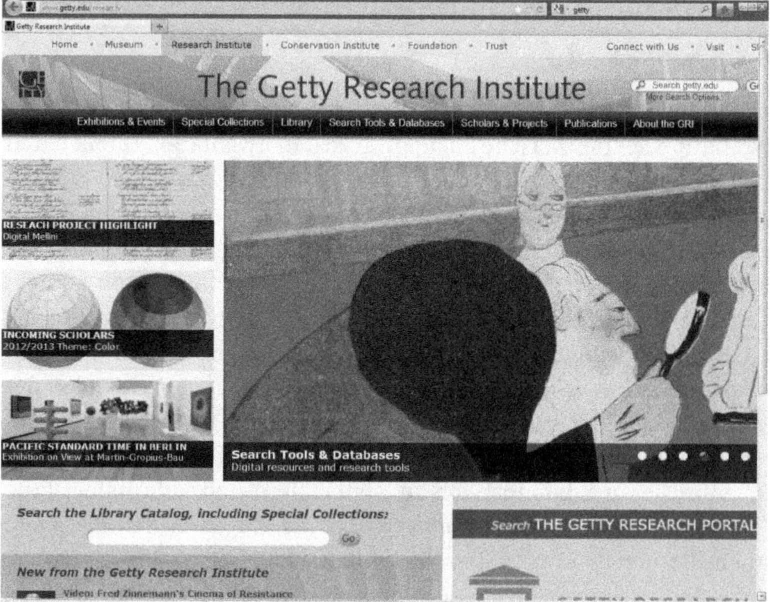

Abb. 26: The Getty Research Institute: Startseite (7. 6. 2012)

Wertvoll für Ihre Recherchen sind auch weitere von Getty erstellte Datensammlungen und Spezialverzeichnisse mit kostenfreiem Zugang. Dazu gehören die Getty-Bibliothekskataloge als Fachkataloge mit besonderen Schwerpunkten auf den Gebieten Photographiegeschichte und Kunsthandel, dann die *Getty Provenance Index Databases*, also die für die Provenienzforschung besonders in Malerei und Graphik hilfreichen Verzeichnisse wie Auktionskataloge, Kunsthandelskataloge (vgl. 6.3.3), Inventare und ältere Bestandsverzeichnisse, deren Erschließung nun eine gezielte Suche nach Künstlern und Werken, aber auch nach Besitzern, Händlern, Auktionen und Auktionsorten ermöglicht. Interessant sind schließlich kleinere bibliographische Zusammenstellungen zu Einzelthemen (*Research Guides and Bibliographies*) und die *Getty Vocabularies*, ein Angebot terminologischer Nachschlagewerke. Zu diesen zählt der *Art & Architecture Thesaurus*, mit dessen Hilfe sich ganze Begriffsfelder (in englischer Sprache) erschließen und für die Schlagwortsuche nutzen lassen (vgl. 2.1.2, 11, 12). Nicht entgehen lassen sollten Sie sich das reiche Angebot an digitalen Sammlungen (Bildmaterial und kunstgeschichtliche Quellen).

Getty Research Portal

Das jüngste und geradezu überwältigende Angebot des Getty Research Institute ist das *Getty Research Portal*, über das – in Kooperation mit anderen Fachinstitutionen, darunter auch mit der Universitätsbibliothek Heidelberg als SSG-Kunst-Bibliothek, – digitalisierte ältere Kunstliteratur und Quellen zur Kunstgeschichte in Volltexten für die Forschung online bereitgestellt werden (vgl. 10.2).

Die deutschen SSG-Bibliotheken mit arthistoricum.net, das INHA mit AGORHA und das Getty Research Institute mit dem Getty Research Portal bieten für die kunstgeschichtliche Literatur- und Informationssuche in vielerlei Hinsicht sich ergänzende Datenquellen und Suchinstrumente an und stehen in unserer Übersicht exemplarisch für exzellente wissenschaftsbasierte Internetportale zur Kunstgeschichte mit einem Schwerpunkt in der Bereitstellung fachlicher Informationen und Rechercheinstrumente.

7 Zeitschriften – ein Kapitel für sich

Gerade Fachzeitschriften und interdisziplinäre Wissenschaftszeitschriften sind wichtige Foren für die Präsentation und Diskussion von Forschungsergebnissen, da sie in überschaubar regelmäßigen Abständen erscheinen und somit Aktualität gewährleisten. Ihr Ziel, die aktuelle Forschung in einem Fach anhand von Zeitschriftenaufsätzen systematisch zu verfolgen und dafür Zugang zu einzelnen Aufsätzen zu finden, erreichen Sie leichter, wenn Sie einige speziell auf Zeitschriften und Zeitschriftenliteratur zugeschnittene Informationsressourcen kennen:

- *Zeitschriftenverzeichnisse* helfen Ihnen zu ermitteln, welche wissenschaftlichen Zeitschriften es in einem Fach oder zu einem fachlichen Teilgebiet gibt oder gab. Sie informieren somit über Zeitschriften*titel*.
- *Zeitschriftschriften**inhalts**verzeichnisse* führen die in Zeitschriften enthaltenen Aufsätze auf. Sie erfahren so, welche Beiträge in einer Zeitschrift enthalten sind.

- *Online Zeitschriftenarchive* und *Aufsatzdatenbanken* schließlich bieten Zeitschriften und Zeitschriftenaufsätze im elektronischen Volltext. Sie erhalten somit direkten Zugang zu den Aufsätzen.

7.1 Zeitschriftenverzeichnisse

7.1.1 Zeitschriftendatenbank

ZDB:

Titelnachweise Zeitschriften Zeitungen Periodika

Mit über 1,5 Millionen Einträgen ist die von der Deutschen Nationalbibliothek (DNB) und der Staatsbibliothek zu Berlin – Preußischer Kulturbesitz getragene *Zeitschriftendatenbank (ZDB)* eines der umfangreichsten Nachweisinstrumente zu Zeitschriften, Zeitungen und anderen periodischen Veröffentlichungen. Erfasst werden Periodika aus allen Ländern, in allen Sprachen, ohne zeitliche Einschränkung, in gedruckter, elektronischer oder anderer Form.

ZDB-OPAC

Die Titel der Zeitschriften können in einem eigenen ZDB-OPAC recherchiert werden. Unter den angebotenen Suchkategorien ist diejenige zu Körperschaften praktisch, da Zeitschriften oftmals von Fachgesellschaften und wissenschaftlichen Institutionen herausgegeben werden. Hilfreich für einen Überblick über die Zeitschriften einzelner Wissenschaftsdisziplinen sind *fachspezifische Titellisten*. Man kann dafür die Zeitschriftentitel nach dem Profil der Sondersammelgebiete (vgl. 6.2) abrufen oder – im Fall von Online-Zeitschriften – nach Sachbegriffen anhand der international verbreiteten, fächerübergreifenden Dewey Dezimalklassifikation DDC. Die Titellisten können exportiert werden. Im ZDB-OPAC können alle Kerndaten zu den einzelnen Zeitschriften eingesehen werden: Titel der Zeitschrift (mit Angaben zu früheren / späteren Titelfassungen und Links zu diesen Datensätzen), Erscheinungsort und Verlag, Erscheinungsverlauf (mit Band- und Jahrgangszählung), die Internationale Standardnummer der Zeitschrift ISSN, Hinweise auf weitere Ausgaben (Print, retrodigital, online-Ausgabe) und auf die fachliche Zuordnung nach DDC-Sachgruppen oder SSGs.

Zeitschriftentitel Kunstgeschichte

Verknüpft werden diese *Titeldaten mit mehr als 10,3 Mio. Besitznachweisen in deutschen Bibliotheken*, wobei für jede Bibliothek der zu einer Zeitschrift vorhandene Bestand und seine Verfügbarkeit genau gelistet werden.

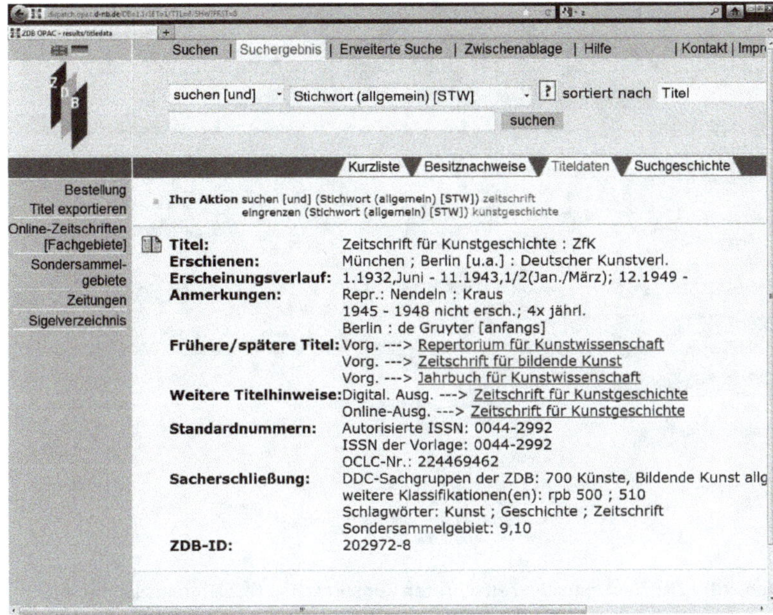

Abb. 27: ZDB: Ergebnisanzeige für „Zeitschrift für Kunstgeschichte“ (26. 2. 2012)

7.1.2 Elektronische Zeitschriftenbibliothek

EZB:

Online-Zeitschriften

Die *Elektronische Zeitschriftenbibliothek (EZB)* ist ein kooperativer Informationsdienst von Bibliotheken und Forschungseinrichtungen zu wissenschaftlichen *Online-Zeitschriften*. Im Gegensatz zur ZDB beschränkt sich die EZB also auf einen bestimmten Zeitschriftentypus. Und im Rahmen der Informationen zu den elektronischen Zeitschriften konzentriert sie sich vor allem auf die Aspekte *Verfügbarkeit und* (oft wechselnde) *Zugangsmodalitäten*. Wichtiges *Darstellungsmittel ist hierfür die Ampel*, die aus Sicht der jeweiligen Teilnehmerbibliothek aktuell anzeigt, ob eine Zeitschrift kostenfrei zugänglich ist (grün), ob sie nur für berechtigte Nutzer kostenfrei zur Verfügung steht (gelb), ob sie selbst für berechtigte Nutzer nur eingeschränkt lizenziert wurde (gelb-rot) oder ob die Zeitschrift von dieser Einrichtung gar nicht lizenziert wurde und daher ihre Aufsätze im Volltext nicht zugänglich sind (rot). Detailinformationen zu den einzelnen Zeitschriften und gegebenenfalls Hinweise (Readme) auf alternative Zugänge wie *pay per use* werden geboten.

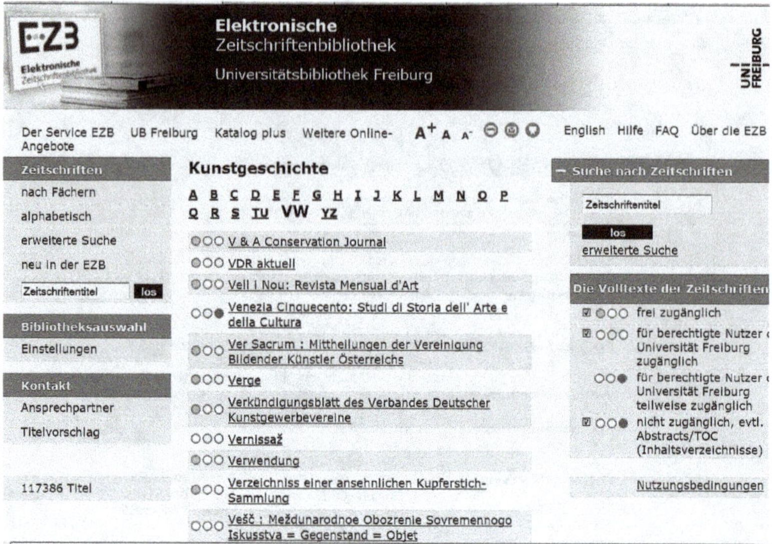

Abb. 28: EZB: Elektronische Zeitschriften Kunstgeschichte. Listenausschnitt mit Nutzungsampel für berechtigte Nutzer der UB Freiburg (4. 11. 2012)

Die EZB erfasst sowohl originäre Online-Zeitschriften (*E-Journals*) als auch digitalisierte Print-Zeitschriften (*retrodigitale Zeitschriften*). Eine fachspezifische Auswahl kann angezeigt werden. Soweit freier oder berechtigter Zugang zu diesen Zeitschriften besteht, können die Volltexte dieser Zeitschriften direkt eingesehen und weitergenutzt werden.

7.2 Zeitschrifteninhaltsverzeichnisse

Zeitschriften*inhalts*verzeichnisse bieten Ihnen die Möglichkeit, über eine gemeinsame Suchoberfläche Aufsatzliteratur in einem größeren Zeitschriftenbestand zu suchen.

7.2.1 Periodicals Index Online

PIO:

Nachweis von Aufsätzen

Periodicals Index Online (PIO) erschließt über 6.000 Zeitschriften der Geistes- und Sozialwissenschaften aus dem Zeitraum 1739 bis 2000. Über eine gemeinsame Suchoberfläche kann man eine Stichwortsuche in den Feldern Zeitschriftentitel und Artikeltitel starten, Autoren recherchieren, Themenbereiche von Zeitschriften abfragen oder sich fachspezifische Listen der Zeitschriften anzeigen lassen. Interessant ist

PIO auch, um Beiträge in historisch gewordenen Zeitschriften zu suchen, somit ältere Forschung und Dokumente der Kunstgeschichtsschreibung aufzufinden. Die Ergebnisanzeige bietet überwiegend „nur“ die vollständigen bibliographischen Angaben zu den einzelnen Aufsätzen: Autor und Titel des Aufsatzes und die Fundstelle: Zeitschriftentitel, Jahrgang mit Bandzählung und Seitenangaben für den Aufsatz. Danach muss ein Standort für die entsprechende Zeitschrift ermittelt werden, beispielsweise über die ZDB oder die EZB. Praktisch ist aber auch die Verknüpfung mit den Volltextdaten in *Periodicals Archive Online (PAO)* des gleichen Anbieters (vgl. 7.3.1).

7.2.2 Online Contents

Online Contents (OLC)

Die Datenbank *Online Contents (OLC)* des Anbieters Swets erschließt 25.600 Zeitschriften verschiedener Fachrichtungen über ihre Inhaltsverzeichnisse. Einen Überblick zu den OLC-Zeitschriftentiteln und eine reine Zeitschriftentitelsuche ist in *OLC – Zeitschriften* als eigenständiger Datenbank möglich. Die Nachweise zu den enthaltenen Aufsätzen

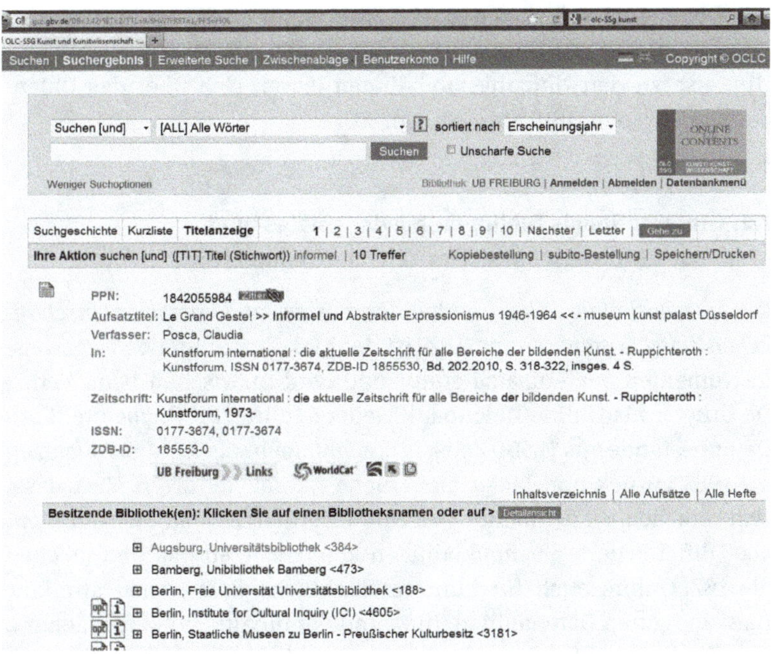

Abb. 29: OLC-SSG Kunst und Kunstwissenschaft: Ergebnisanzeige mit Standortnachweisen (28. 2. 2012)

Online Contents Sondersammelgebietsausschnitte (OLC-SSG)

finden sich dagegen überwiegend in fachspezifischen Auszügen aus den OLC, und zwar in der Aufbereitung als *Online Contents Sondersammelgebietsausschnitte (OLC-SSG)*. Diese Ausschnitte entsprechen den Profilen der Sondersammelgebiete an deutschen wissenschaftlichen Bibliotheken und werden laufend um ausgewählte Zeitschriftentitel durch die jeweiligen SSG-Bibliotheken ergänzt (vgl. 6.2).

OLC-SSG Kunst:

Nachweis von Aufsätzen zur Kunstgeschichte

Die *OLC-SSG Kunst und Kunstwissenschaft* sind uns bereits im Kontext der von den Sondersammelgebietsbibliotheken zur Kunst getragenen Fachinformationen begegnet: sie sind als Datenquelle in die Literatursuche mit arthistoricum.net eingebunden (vgl. 6.3.1). Doch lässt sich die über OLC-SSG Kunst und Kunstwissenschaft erfasste Aufsatzliteratur auch separat recherchieren. Erschlossen werden hier derzeit 417 Zeitschriften zur Kunstgeschichte ab Erscheinungsjahr 1993 (Listenübersicht möglich), aktuelle Aufsatzliteratur wird somit greifbar. Die Ergebnisanzeige beschränkt sich auf die Angabe der bibliographischen Daten zu den einzelnen Aufsätzen. Eine Verlinkung mit Volltextdatenbanken oder per Linkresolver zu Bestandsnachweisen in OPACs ist aber möglich. Ob Sie auf einen entsprechenden Service zurückgreifen können, ist abhängig vom Dienstleistungsangebot und Lizenzierungsumfang der Bibliothek, zu deren berechtigten Nutzern Sie gehören. Der Zugang selbst zu den OLC-SSGs ist für alle Einrichtungen des Wissenschafts- und Hochschulbereichs in Europa und den USA frei. Hinweise zu den Nutzungsmodalitäten lassen sich über das Datenbank-Infosystem DBIS abrufen (vgl. 3.1).

7.2.3 Internationale Bibliographie der geistes- und sozialwissenschaftlichen Zeitschriftenliteratur

IBZ Online:

Nachweis von Aufsätzen

Die *Internationale Bibliographie der geistes- und sozialwissenschaftlichen Zeitschriftenliteratur (IBZ)* ist der Klassiker unter den Nachweisinstrumenten zur Aufsatzliteratur und wird inzwischen beim Verlag De Gruyter als Online-Datenbank weitergeführt. *IBZ Online* greift auf Datenbestände aus 11.500 Zeitschriften mit mehr als 3,2 Mio. Aufsätzen bis 1983 zurück und bietet monatliche Aktualisierungen. Zwar lässt sich kein fachlich definierter Ausschnitt aus den Gesamtdaten aufrufen, aber differenzierte Suchmodalitäten kompensieren das und machen die IBZ Online auch für kunstgeschichtliche Recherchen attraktiv. Dank der guten Datenaufbereitung und der inhaltlichen Erschließung der einzelnen Aufsätze lässt sich in verschiedenen (über Pull-down-Menüs aufrufbaren) Datenkategorien, zudem mit englisch- und deutschsprachigen Sachschlagwörtern und mit normierten Personenschlagwörtern (jeweils mit Indizes) umfassend thematisch und unabhängig von der Publikationssprache der Aufsätze recherchieren. Trefferlisten und Einzelanzeigen können aus IBZ Online exportiert, ausgedruckt oder als pdf-Datei gespeichert werden. Außerdem sind von der Einzelanzeige aus die Voraussetzungen gegeben für automatisierte Suchanfragen an OPACs und Zeitschriftendatenbanken, um Standorte für die Zeitschriften zu ermitteln. Liegt ein elektronisches Angebot für die Zeitschrift vor, kann der Link im Idealfall bis zum Volltext des angezeigten Aufsatzes führen.

Rezensionen

Tipp

Sie interessieren sich für eine Sonderform von Aufsatzliteratur, nämlich für Besprechungen wissenschaftlicher Publikationen? Dann ist die hierauf spezialisierte *IBR Online – Internationale Bibliographie der Rezensionen geistes- und sozialwissenschaftlicher Zeitschriftenliteratur* mit über 1,2 Mio. Nachweisen von Rezensionen wissenschaftlicher Literatur ab 1985 das Suchinstrument Ihrer Wahl. – Suchfunktionalitäten und Datenaufbereitung entsprechen denen der IBZ Online.

7.2.4 Avery Index to Architectural Periodicals

Avery Index to Architectural Periodicals:

Nachweis von Aufsätzen zur Architektur

Der *Avery Index to Architectural Periodicals* ist ein fachspezifisches Zeitschrifteninhaltsverzeichnis, vor allem zu den Fachgebieten Architektur / Bautechnik, Bauentwurf, Wohnungsbau, Innenarchitektur, Stadtplanung, Denkmalpflege und Archäologie. Mit dem Nachweis von Aufsätzen, Rezensionen, Architekteninterviews und -nachrufen aus über 2.800 Architekturzeitschriften ist er eines der umfassendsten Nachweisinstrumente in diesem Bereich. Das von Getty Research Institute und der Avery Architectural & Fine Arts Library, Columbia University verantwortete Zeitschrifteninhaltsverzeichnis liegt inzwischen als (lizenzpflichtige) Online-Datenbank vor. Suchoberfläche und Funktionalitäten variieren je nach Anbieter.

7.3 Online Zeitschriftenarchive und Volltext-Aufsatzdatenbanken

Am schnellsten führt die Aufsatzsuche in einem Online Zeitschriftenarchiv oder in einer Volltextaufsatzdatenbank zum Endprodukt, nämlich zum Volltext des einzelnen Zeitschriftenbeitrags. Viele dieser Pools sind multidisziplinär angelegt; die nachstehende Auswahl berücksichtigt jedoch nur die Datenbanken, die auch umfänglich Beiträge aus Zeitschriften zur Architektur- und Kunstgeschichte erfassen.

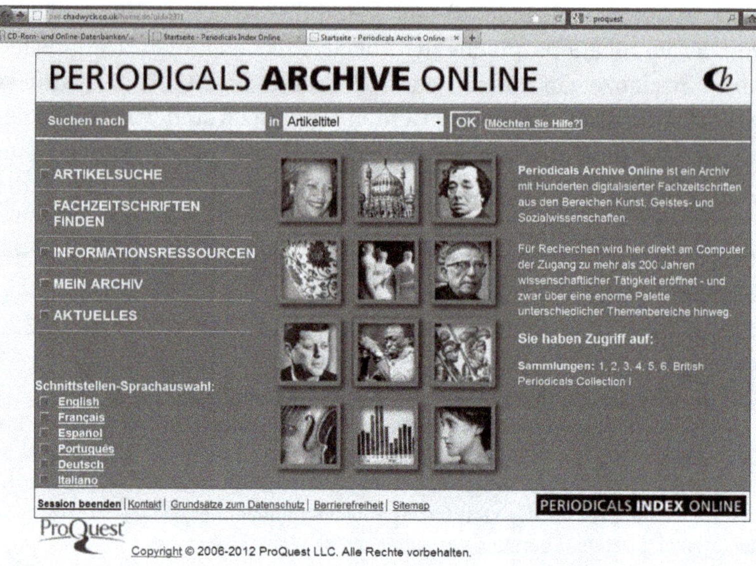

Abb. 30: PAO: Startseite (26. 2. 2012)

7.3.1 Periodicals Archive Online

PAO: Aufsätze im Volltext

Periodicals Archive Online (PAO) stellt als Produkt des gleichen Informationsdienstleisters ProQuest eine sehr sinnvolle Ergänzung zum Periodicals Index Online (PIO) dar (vgl. 7.2.1).

Im PAO werden rund 500 digitalisierte Zeitschriften der Geistes- und Sozialwissenschaften aus 200 Jahren in gleicher Weise wie im PIO erschlossen, nur endet hier die Suche nicht mit der bibliographischen Information zu den Aufsätzen, sondern führt direkt zum Volltext der einzelnen Beträge, die angezeigt oder direkt als pdf-Datei heruntergeladen werden können. Haben Sie dagegen zuerst nur im PIO recherchiert, können Sie ebenfalls von dem Angebot im PAO profitieren. Soweit für die im PIO nachgewiesenen Aufsätze und Zeitschriften auch eine digitale Ausgabe im PAO vorliegt, wird mit dem Volltext im PAO verlinkt. PIO und PAO sind dank DFG-geförderter Nationallizenzen deutschlandweit für die Wissenschaft frei zugänglich.

7.3.2 DigiZeitschriften

DigiZeitschriften

DigiZeitschriften – das deutsche digitale Zeitschriftenarchiv ist als gemeinnütziger Verein organisiert mit dem Ziel, retrodigitalisierte wissenschaftliche Zeitschriften zur Unterstützung wissenschaftlichen Arbeitens online verfügbar zu machen. Projektpartner sind wissenschaftliche Bibliotheken, die ausgewählte Zeitschriftenbestände digitalisieren und über DigiZeitschriften bereitstellen. Der Zugang zu den Volltexten teilt sich dabei in einen zugangsbeschränkten und in einen freien Bereich. Zur Kunst bietet DigiZeitschriften derzeit 51 Zeitschriften des 19. und frühen 20. Jahrhunderts in digitalen Ausgaben im Open-Access-Bestand an. Das Gros dieses Angebots entstammt dem Projekt „Digitalisierung und Erschließung illustrierter Kunst- und Satirezeitschriften des 19. und frühen 20. Jahrhunderts" der Universitätsbibliothek Heidelberg, das auf die Kernzeitschriften des Jugendstils und weitere klassische Kunstzeitschriften zielt.

DigiZeitschriften Kunstgeschichte

Tipp

Nutzen Sie für detailliertere Recherchen bei den von der UB Heidelberg digitalisierten Kunstzeitschriften nicht den Zugang über DigiZeitschriften, sondern den Zugang über die UB Heidelberg! Als SSG-Bibliothek zur Kunstgeschichte erschließt sie die Bilder und Texte besonders intensiv. Sie bietet bei den illustrierten Kunstzeitschriften des Jugendstils gezielt Recherchemöglichkeiten zu Illustrationen und Beiträgen einzelner Künstler an. Volltextsuche und motivische Bilderschließung verbessern zusätzlich den Zugang zu diesem Quellenmaterial. Um die besonderen Suchfunktionalitäten vollständig zu erreichen, wählen Sie entweder den Einstieg: Startseite UB Heidelberg > Fachbezogene Informationen > Kunstgeschichte / Sondersammelgebiet >> Digitalisierung und Erschließung illustrierter Kunst- und Satirezeitschriften. Oder starten Sie in artthistoricum.net in der Rubrik „Themen" > Digitalisierte Quellen >> Kunst- und Satirezeitschriften.

7.3.3 JSTOR

JSTOR:

JSTOR (von engl. *J*ournal *STOR*age) ist ein US-amerikanischer *not-for-profit service* für die Wissenschaft, der in Kooperation mit Verlagen und Bibliotheken eine der umfangreichsten fächerübergreifenden Volltext-Aufsatzdatenbanken aufbaut und über Lizenzierung zur Verfügung stellt. Für JSTOR werden vor allem laufende als Druck erscheinende Zeitschriften mit geringer zeitlicher Verzögerung digitalisiert und für die Volltextrecherche und den Datenexport aufbereitet. Die Lücke zwischen digitaler Ausgabe und aktuellem Print-Jahrgang der Zeitschrift wird dabei in Absprache mit den Herausgebern und Verlegern festgelegt (meist zwischen 2 und 11 Jahren) und ist als mitwandernder Abstandshalter konzipiert (*moving wall*).

Aufsätze im elektronischen Volltext aus laufenden Printzeitschriften

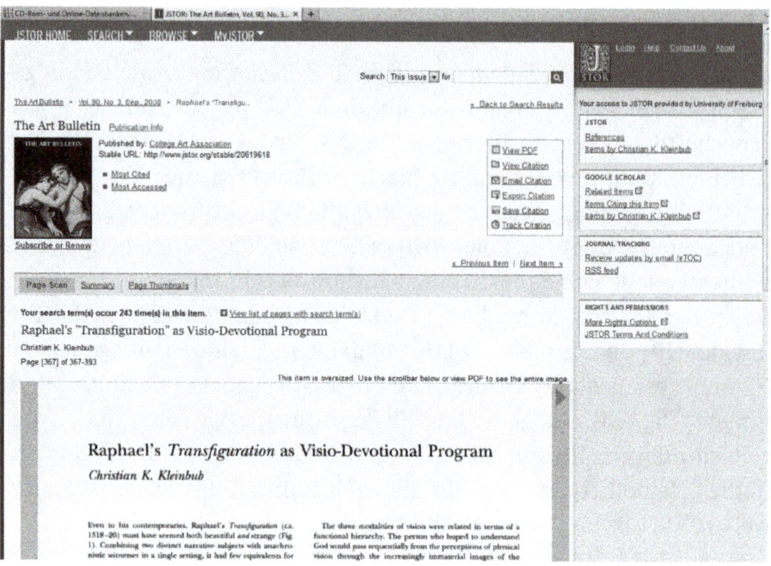

Abb. 31: JSTOR: Zugang zum Volltext (27. 2. 2012)

JSTOR: Suchfunktionen

Für Recherchen zur Architektur- und Kunstgeschichte kann in den geisteswissenschaftlichen „Collections“ von JSTOR gezielt auf einen Pool von derzeit 221 digitalisierten Fachzeitschriften zurückgegriffen werden. Die Erweiterte Suche bietet mittels Pull-down-Menüs die Möglichkeit zur Volltextsuche, Titelstichwortsuche und Suche in Abstracts. Diese lässt sich zudem differenzieren nach Beitragstypen (Aufsatz, Rezension) und nach zeitlichen und formalen Aspekten. Die Ergebnisanzeige kann nach Relevanz oder nach Erscheinungsjahren (aufsteigend, absteigend) geordnet angezeigt werden. Allerdings sind die Suchbegriffe nicht normiert. Für die Volltextsuche ist daher die Wahl des Suchbegriffs sprachlich anzupassen unter Berücksichtigung der gängigsten Publikationssprachen im Fach und dem vorherrschenden sprachlichen Schwerpunkt der einzelnen Fachzeitschriften. Gegebenenfalls können verschiedensprachliche Begriffe mithilfe des Booleschen Operators OR in einer Suchanfrage gebündelt werden. Um alle Feinheiten der Recherche in JSTOR nutzen zu können, steht ein Online-Tutorial zur Verfügung. Und schließlich ganz „primitiv“: Auch Browsen in kompletten Zeitschriften ist möglich! Am Ende der Suche steht im Regelfall der Aufsatz im Volltext, auf seiner Einstiegsseite versehen mit nützlichen Zusatzinformationen (Abstracts, genaue Quellenangaben) und Zugängen zu weiteren Funktionalitäten wie Zitationsexport und Aufsatz-Export als pdf.

8 Fächerübergreifende Bibliographien – keine Verlegenheitsempfehlung!

Eine Empfehlung fächerübergreifender Bibliographien für die Literatursuche in der Kunstgeschichte – das ist mitnichten als Ersatz für weitere fachspezifische Angebote gemeint. Im Gegenteil. Der Fokus ist hier gerichtet auf diejenigen fächerübergreifenden Angebote, die den Besonderheiten von Kunst und kunstgeschichtlicher Literatur in herausragender Weise Rechnung tragen, also beispielsweise länder-, regionen- und ortsspezifische Bezüge oder interdisziplinäre Aspekte der Kunst- und Kulturgeschichte besonders berücksichtigen.

8.1 Topographisch orientierte Literatursuche

Zu den Bibliographien, für die territoriale und topographische Aspekte konstituierend sind, zählen National-, Landes- und Regionalbibliographien.

8.1.1 Nationalbibliographien

Nationalbibliographien:

Umfassender Nachweis der Medienproduktion eines national definierten Raums

Nationalbibliographien haben die Aufgabe, kontinuierlich und umfassend die gesamte Buch- und Medienproduktion eines national definierten Raums nachzuweisen und zu archivieren. Allerdings stößt dieses Vorhaben heute im Bereich der Netzpublikationen an Grenzen; hier stehen einzelne Erfassungs- und Archivierungsnormen noch in der Diskussion. Hinsichtlich der physischen Medienangebote behält diese Aufgabenbeschreibung jedoch auch weiterhin ihren Wert. Manche Nationalbibliographien erweitern in diesem Bereich ihr Spektrum zusätzlich um den Nachweis von im Ausland erschienener Literatur über das eigene Land oder um die bibliographische Verzeichnung ausgewählter Werk- und Autorengruppen, die für die Geschichte des Landes von besonderer Bedeutung sind. Zwar bieten Nationalbibliographien auch nach Fächern geordnete Zugänge zu ihren bibliographischen Daten an; die Nationalbibliographien der deutschsprachigen Länder realisieren dies beispielweise durch eine sachliche Ordnung der Titel nach der Dewey-Dezimalklassifikation (DDC); die DDC-Gruppen 700 bis 779 repräsentieren die Fachgebiete Allgemeine Kunst, Architektur und Bildende Kunst. Doch für die übliche fachwissenschaftliche Literatursuche ist dieses Angebot dennoch nicht empfehlenswert. Da die gesamte Medienproduktion erfasst wird, ist gerade auch im Fach Kunst der Anteil an populären und kunstpraktischen Veröffentlichungen sehr hoch und erschwert allein schon unter quantitativen Gesichtspunkten die fachwissenschaftliche Recherche.

Ihren besonderen Wert haben die Nationalbibliographien dagegen immer dann, wenn es zu überprüfen gilt, ob ein Titel tatsächlich erschienen ist oder ob vorliegende bibliographische Daten vollständig und verlässlich sind. Zu berücksichtigen bleibt allerdings, dass Nationalbibliographien in der Regel nur selbstständig veröffentlichte Titel anzeigen.

Nationalbibliographien des deutschen Sprachraums

Die Nationalbibliographien der deutschsprachigen Länder sind:

- die *Deutsche Nationalbibliographie*, herausgegeben von der Deutschen Nationalbibliothek in Leipzig und Frankfurt am Main;
- die *Österreichische Bibliografie*, herausgegeben von der Österreichischen Nationalbibliothek in Wien;
- das *Schweizer Buch*, die schweizerische Nationalbibliografie, herausgegeben von der Schweizerischen Nationalbibliothek in Bern.

Alle drei Nationalbibliographien sind online und kostenfrei zugänglich.

8.1.2 Landes- und Regionalbibliographien

Landes- und Regionalbibliographien:

Nachweis von Kunstliteratur mit topographischem Bezug

Vor allem in Deutschland haben sich die kleinen „Geschwister" der Nationalbibliographien, nämlich die *Landes- und Regionalbibliographien*, für das Auffinden von Kunstliteratur mit topographischem Bezug zu Suchinstrumenten allererster Güte entwickelt. Diese Bibliographien verzeichnen sowohl selbstständige als auch unselbstständige Literatur zu ihrem jeweiligen Gebiet, ihren Orten, Landschaften und Persönlichkeiten und berücksichtigen dabei ein breites Spektrum an Sachgebieten und landesbezogenen Themen in Geschichte und Gegenwart. Und: Ein beachtlicher Anteil der so erfassten Titel entfällt auf die Bereiche Architektur, Kunst und Kultur und auf Literatur zu den Künstlern der einzelnen Regionen; selbst kleine Kunstführer, Beiträge in Ortsgeschichten usw. finden Berücksichtigung.

Virtuelle Deutsche Landesbibliographie

Die *Virtuelle Deutsche Landesbibliographie (VDL)* stellt das Metasuchinstrument für eine Suche in allen online verfügbaren Landesbibliographien in Deutschland dar. Sie funktioniert nach dem Modell des Karlsruher Virtuellen Katalogs KVK (vgl. 2.2.2). Jedoch kann bei orts- und regionalspezifischer Literatur die Recherche noch erfolgreicher sein, wenn einzelne Landesbibliographien gezielt und themenspezifisch ausgewählt werden. Meist stehen dann zusätzliche Suchinstru-

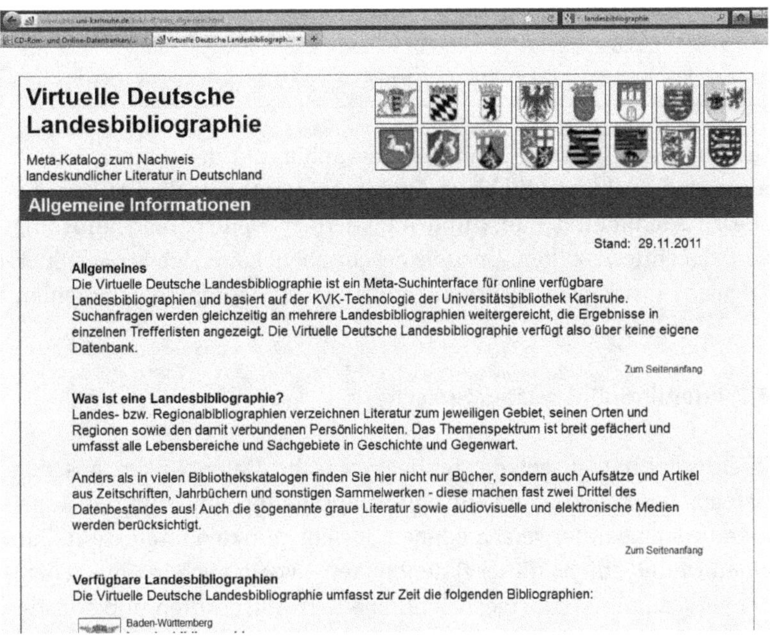

Abb. 32: Virtuelle Deutsche Landesbibliographie (19. 2. 2012)

mente wie landesspezifische Regional-, Orts- und Personenregister zur Verfügung. So lässt sich beispielsweise in der *Bayerischen Bibliographie* eine Literatursuche zum Barockarchitekten Balthasar Neumann über ein eigenes Menü nochmals regional (nach Bezirken) eingrenzen, etwa auf Oberfranken oder Unterfranken. Andere, wie die *Landesbibliographie Baden-Württemberg*, bieten direkt differenzierte Orts- und Personenregister und Sucheinstiege an, die sich mit der Suche in weiteren Kategorien verknüpfen lassen. So lässt sich bequem nach dem Standardmuster kunstgeschichtlicher Suchanfragen (Ort/Person + kunstgeschichtlicher Sachbegriff) recherchieren. Zudem kann über eine Systematik gezielt Literatur zu Kunst und Architektur des Landes herausgefiltert werden. Doch mögen Funktionalitäten wie die der Landesbibliographie Baden-Württemberg noch so überzeugen, für eine Literatursuche zur norddeutschen Backsteingotik wählt man dennoch aus kunsttopographischen Überlegungen heraus besser gleich die Landesbibliographien norddeutscher Bundesländer. Allein die *Landesbibliografie Mecklenburg-Vorpommerns* bietet etwa zum Schlagwort Backsteingotik 131 Treffer überwiegend aus dem Publikationszeitraum nach 1995 und schlägt damit schon rein quantitativ die Ausbeute aus vielen Fachbibliographien und Katalogen.

Tipp

Von der gemeinsamen Suchoberfläche der *Virtuellen Deutschen Landesbibliographie (VDL)* aus können Sie Übersichten, Suchtipps und Informationen zu den einzelnen Landesbibliographien aufrufen und so Ihre Literatursuche optimieren.

Die Virtuelle Deutsche Landesbibliographie und ihre Einzelverzeichnisse sind leicht handhabbare Suchinstrumente, die Sie bei Ihrer Suche zu Architektur, Kunst und Künstlern in Deutschland unbedingt berücksichtigen sollten. Und wie beschrieben, kann sich je nach Suchthema eine angepasste Auswahl an Landesbibliographien empfehlen.

8.2 Interdisziplinäre Literatursuche

Interdisziplinär ausgelegte bibliographische Datenbanken aus dem Bereich der Geistes- und Sozialwissenschaften sind für die Kunstliteratursuche unter verschiedenen Gesichtspunkten interessant: Zum einen werten etliche dieser Datenbanken – wenn auch in unterschiedlichem Umfang – kunstgeschichtliche Kernzeitschriften und sonstige Veröffentlichungen zur Kunst aus und erfassen so wichtige Literatur des Fachs. Zum anderen verzeichnen sie Dokumente aus unmittelbaren Nachbardisziplinen. Und vor allem berücksichtigen sie für ihre Auswertung Fachgrenzen überschreitende Journale und Veröffentlichungen. Das ist von Vorteil für alle interdisziplinären Fragestellungen im Zusammenhang mit Kunst und Kunstgeschichte, für Literatur zum Gesamtkomplex „Kunst und Kultur“ und vor allem auch für den Nachweis von Literatur aus den „Bindestrichdisziplinen“ des Fachs: Kunstpädagogik, Kunstpsychologie, Kunstsoziologie, Kunsttechnologie, Architekturpsychologie, Architektursoziologie usw. Suchen Sie also „grenzüberschreitende“ Literatur, könnten interdisziplinäre Datenpools für Sie sogar Suchinstrumente erster Wahl sein.

8.2.1 FRANCIS

FRANCIS

So bietet *FRANCIS*, eine von dem französischen Wissenschaftsdienstleister INIST-CNRS verantwortete interdisziplinäre bibliographische Datenbank, über 2,5 Mio. Literaturnachweise seit 1972 aus dem Bereich der Geistes- und Sozialwissenschaften. Das Datenbankprofil zeigt einen Schwerpunkt vor allem bei gesellschaftswissenschaftlichen, bildungs- und entwicklungsgeschichtlichen Themen; besonders intensiv werden Wissenschaftszeitschriften aus den Bereichen Psychologie, Soziologie, Philosophie und Archäologie berücksichtigt. Erfasst werden aber auch Kongress- und Tagungsberichte, Dissertationen, Ausstellungskataloge und sonstige selbstständige Publikationen in Auswahl. Integriert in FRANCIS sind zudem Daten aus der kunstgeschichtlichen Bibliographie *Répertoire d'art et d'archéologie (RAA)* aus dem Zeitraum 1984 bis 1989 (vgl. auch 6.3.2); Englisch und Französisch sind Recherchesprache und Sprache der Abstracts. Die Suchoberfläche und die einzelnen Funktionalitäten variieren je nach Datenbank-Provider.

FRANCIS enthält RAA

8.2.2 Brepolis Medieval Bibliographies

Mittelalterbibliographien

Mit *International Medieval Bibliography (IMB)* und der *Bibliographie de Civilisation Médiévale (BCM)*, die über das gemeinsame Portal *Brepolis Medieval Bibliographies (BMB)* online zugänglich sind, haben wir auch für die Literatursuche zur Architektur- und Kunstgeschichte zwei sehr ergiebige interdisziplinäre Epochenbibliographien vorliegen. Und sicher muss nicht besonders betont werden, dass gerade für die Zeit des europäischen Mittelalters die interdisziplinäre Perspektive ein wirklicher Gewinn ist. Eine Einschränkung der Recherche auf einzelne Wissenschaftsfächer ist in diesen Datenbanken trotzdem möglich. Und: unter den knapp 450.000 Datensätzen in BMB sind wichtige Themenkomplexe zur Kunst des Mittelalters sehr umfangreich abgedeckt.

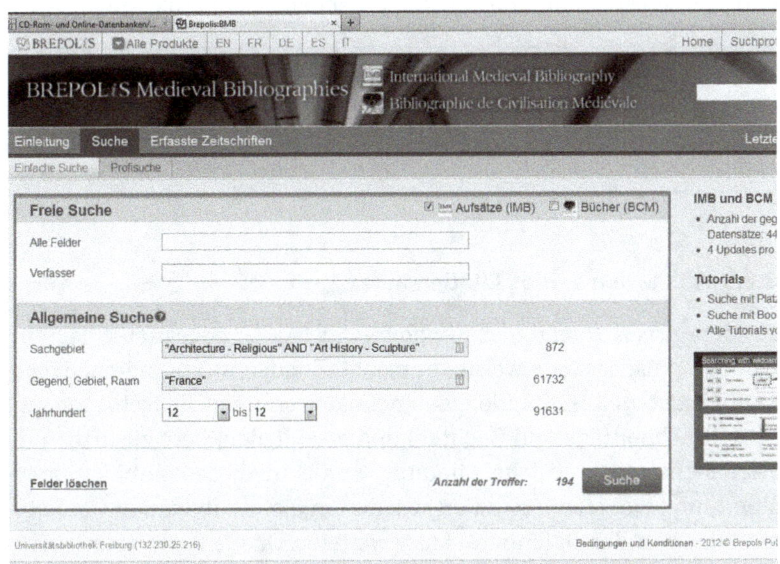

Abb. 33: BMB: Einfache Suche („Freie Suche", „Allgemeine Suche") (29. 2. 2012)

BMB: Suchmodalitäten

Bei BMB können die Suchoberflächen und Funktionalitäten geradezu begeistern, weil sie den grundlegenden fachsystematischen Strukturierungen der Kunstgeschichte entgegen kommen. Praktisch und bequem umgesetzt ist das in der *Einfachen Suche*: Neben der dort gebotenen „Freien Suche“ / „Free Search“ gibt es eine „Allgemeine Suche“ / „Thematic search – general“; zu den hier vorgegebenen Kategorien „Sach- und Themengebiete“ und „Länder und Regionen“ lassen sich Indizes aufrufen, die die dort ausgewählten Suchbegriffe durch „Zeitschnitte“ eingrenzen und mittels Boolescher Operatoren verknüpfen. So lässt sich etwas breitflächiger als mit Einzelbegriffen nach Literatur suchen. Von der Einzelergebnisanzeige aus bietet sich dann die weitere Themenerschließung über die zugeordneten Schlagwörter an. Soweit vorhanden, werden direkte Links zu Volltexten angeboten. Wenn nicht, läuft die Anfrage zur Verfügbarkeit des Dokuments über den Linkresolver zum heimischen OPAC. Bei Buchtiteln wird die Anzeige zusätzlich mit Rezensionsartikeln verknüpft. Die *Profisuche* bietet darüber hinaus eine „bibliographische Suchmaske“ für die gezielte Suche nach Autor, Titel, Sprache, Publikationsjahr an und eine „Spezielle Suche“ mit der Möglichkeit, detailliert Literatur zu Einzelthemen, Motiven, einzelnen Orts- und Personennamen zu suchen und dazu verschiedene Register aufzublättern. Zur Unterstützung einer erfolgreichen Suche in BMB stehen Online-Tutorials zur Verfügung, erscheinen aber bei den gut durchdachten, optisch klar strukturierten und sich selbst erklärenden Suchoberflächen fast als Luxus.

Tipp

Wenn Sie in BMB im Bereich der Profisuche mit der „Speziellen Suche“ recherchieren möchten, nutzen Sie das Angebot „mehr Suchfelder“. Sie erhalten dann die Möglichkeit, Fachsystematiken aufzurufen („Themenbaum“), Unterkategorien einzusehen und eine differenzierte thematische Recherche zu starten.

8.2.3 Arts & Humanities Citation Index

AHCI: Zitationsdatenbank

Mit dem *Arts & Humanities Citation Index (AHCI)* begegnet Ihnen ein bibliographisches Nachweisinstrument besonderen Typs, nämlich eine *Zitationsdatenbank*. Zitationsdatenbanken erfassen Zeitschriftenaufsätze, Buchbeiträge und Buchtitel und erschließen diese zusätzlich in zwei Richtungen: welche Literatur wurde in diesen Publikationen zitiert, und wer rezipiert (zitiert) wiederum diese Publikation (im Rahmen der von der Datenbank ausgewerteten Quellen). So lassen sich über das Zitierverhalten Forschungsströme zu einem Thema verfolgen und über die Häufigkeit von Zitierungen einzelner Beiträge ein Ranking der wichtigsten Literatur zu einem Thema erstellen (oder eines Autors). Inwieweit sich gerade in den Geisteswissenschaften die Qualität eines Beitrags allein über Quantitäten seiner Rezeption ermitteln lässt, bleibt ein Stück weit Ihrer persönlichen Einschätzung überlassen. Doch gilt es auch zu berücksichtigen, dass die Aussagekraft dieser Analysen bereits mit Auswahl und Umfang der ausgewerteten Fachzeitschriften steht und fällt, und dass ein Ranking der Fachzeitschriften je nach Land und Thema unterschiedlich ausfallen kann. Von den 1671 im AHCI ausgewerteten Zeitschriften sind 123 den Fächern Architektur (43) und Kunst (80) zugeordnet; und diese Auswahl wird dominiert von anglo-amerikanischen Titeln. Wenn es also um die Feststellung von Forschungsrelevanz anhand von Zitierungen im ACHI geht, so ist dies auch vor diesem Hintergrund zu sehen. Unabhängig von diesen Überlegungen bleibt die Zitationsdatenbank aber selbstverständlich ein interessantes Suchinstrument für eine komplexe Literaturermittlung.

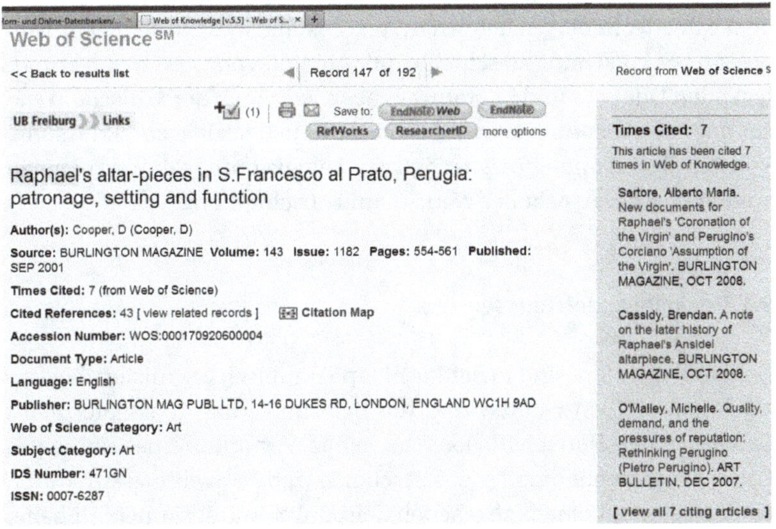

Abb. 34: Web of Science: AHCI Ergebnisanzeige mit Zitationen (1. 3. 2012)

AHCI im Web of Science

Der Arts & Humanities Citation Index (AHCI) wird inzwischen als Datenpool für die Geistes- und Sozialwissenschaften innerhalb des *Web of Science* des Dienstleisters Thomson Reuters angeboten, kann aber auch separat für die Recherche ausgewählt werden. Für die optimale Nutzung von ACHI ist das dort bereit gestellte Tutorial empfehlenswert. Gut ausgebaut ist in der Datenbank das Angebot an Zusatzfunktionalitäten wie Alert-Diensten und Datenexport.

9 Nachschlagewerke – nicht nur für Spezialisten

Dass Nachschlagewerke auch zur Literatursuche gut genutzt werden können, haben Sie bereits in Kap. 5 gesehen. Erst recht gilt dies für umfangreiche Lexika zu Teilgebieten der Kunstgeschichte und zu Spezialthemen.

Verzeichnungsliteratur

Eine besondere Bedeutung kommt auch der *Verzeichnungsliteratur* zu. Sie widmet sich der genauen Erfassung und dem Nachweis sowohl ortsgebundener als auch beweglicher Kunstwerke und veröffentlicht diese Daten in Form von *Verzeichnissen* und *Bestandskatalogen*. Soll der Aspekt der Vollständigkeit und bei beweglichen Kunstwerken der Besitznachweis besonders betont werden, spricht man auch von *Inventaren*. Diese Verzeichnungsliteratur erlaubt aber nicht nur, Baudenkmäler und Kunstwerke zu einem bestimmten Zeitpunkt zu lokalisieren, Besitzverhältnisse offen zu legen und Eckdaten zu den Einzelobjekten abzurufen. Vielmehr warten gerade im Denkmalbereich viele Großinventare mit detaillierten Objektbeschreibungen, baugeschichtlichen oder kunsttechnologischen Analysen, Zustandsbeschreibungen, Hinweisen zur Forschungsgeschichte, mit Abbildungsmaterial und grundlegenden Quellen- und Literaturangaben auf. Auch der kritische *Werkkatalog* (*catalogue raisonné*) zu einem Künstler zielt auf Erfassung, Vollständigkeit und – soweit möglich – Lokalisierung der Werke; hinzu kommt hier der Aspekt der Werkzu- und abschreibung.

9.1 Denkmalverzeichnisse

Denkmalinventare

Denkmalinventare sind in der Regel topographisch organisiert, sie verzeichnen möglichst umfassend die Bau- und Kunstdenkmäler eines Landes, eines Herrschaftsbereichs, eines Verwaltungsbezirks, eines Ortes; sie spiegeln damit die Herrschafts- und Verwaltungsstrukturen einer Region zu einem gegebenen Zeitpunkt. Auf der unteren Ebene, also der der Ortseinträge, werden die Informationen gleichbleibend strukturiert: Überblick zur Geschichte und Kunstgeschichte eines Orts, danach Erfassung der Bauwerke geordnet nach Bauaufgaben, schließlich Beschreibungen und Zustandsanalysen zu den einzelnen Denkmalen immer ausgehend von der Gesamtsituation hin zum Detail, zur Ausstattung und zu zugeordneten Sammlungen. Großinventare berücksichtigen zudem abgegangene Bauwerke und ihre hinterlassenen Spuren. *Hinweise auf Quellenmaterial und Forschungsliteratur* ergänzen diese Einträge und machen Denkmalverzeichnisse so zu wertvollen Fundorten für Referenzliteratur.

Ältere Denkmalinventare deutschsprachiger Länder

Zu den detaillierten Verzeichnissen (Großinventaren), die in Deutschland im ausgehenden 19. Jahrhundert begonnen wurden, traten bald schon „handlichere“ Versionen hinzu als Begleitmaterial für Denkmalpfleger und Kunsthistoriker unterwegs. Neben den aktuellen Denkmalverzeichnissen haben sowohl die älteren Großinventare als auch die kleineren Denkmalverzeichnisse nach wie vor ihren Wert, sind sie doch wichtige Quellen zu inzwischen abgegangenen Kunstwerken und entscheidende Informationsträger zu älteren Zuständen und Besitzverhältnissen. Ein Teil dieser älteren Inventare und Handbücher steht daher inzwischen in digitalen Ausgaben zur Verfügung. Eine gute Übersicht bietet zurzeit *WIKISOURCE: Kunstdenkmäler*.

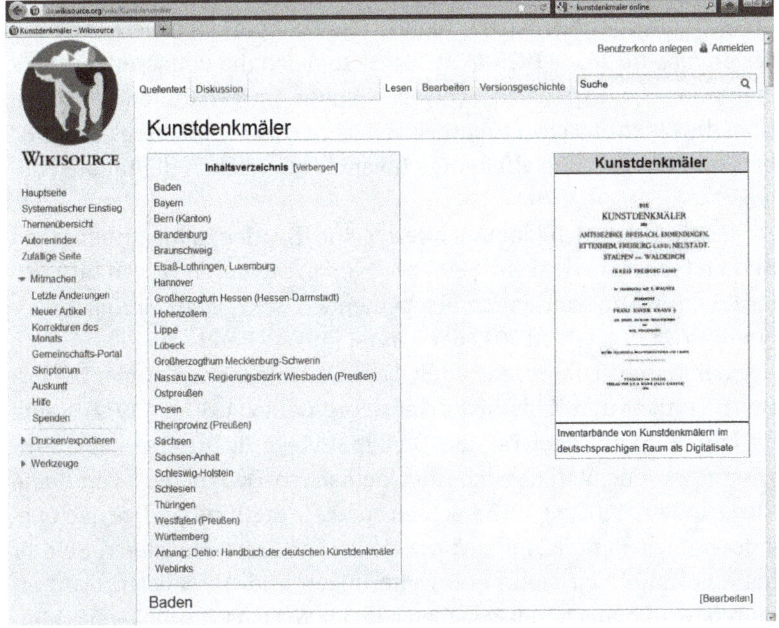

Abb. 35: WIKISOURCE: Kunstdenkmäler (8. 7. 2012)

Denkmallisten

Denkmaltopographie Bundesrepublik Deutschland

Es versteht sich von selbst, dass Bestandsaufnahmen von Zeit zu Zeit neu erstellt werden müssen. Neben der Veröffentlichung von knappen Denkmallisten zu deutschen Denkmälern durch die Landesdenkmalämter – inzwischen auch online abrufbar unter http://www.denkmalliste.org/ – erscheint daher seit 1981 die *Denkmaltopographie Bundesrepublik Deutschland* und dokumentiert die Bau- und Kulturdenkmäler der einzelnen Bundesländer in unterschiedlichen Verlagsreihen (und mit variierenden Titelfassungen) umfassender in Form von Druckausgaben. Auch der Bearbeitungsstand differiert nach Bundesländern, ebenso die Intensität der Verzeichnung. Sie finden diese gedruckten Inventare und die Bände der Denkmaltopographie Bundesrepublik Deutschland im Bestand der großen wissenschaftlichen Bibliotheken und Fachinstitutionen und nachgewiesen in Bibliothekskatalogen und Katalogverbünden.

Kunstdenkmäler der Schweiz

Gedruckte Inventare gibt es ebenfalls zu den Denkmälern der Schweiz: Hier werden die seit 1927 erscheinenden und nach Kantonen geordneten *Kunstdenkmäler der Schweiz* herausgegeben von der Gesellschaft für Schweizerische Kunstgeschichte und der Schweizerischen Gesellschaft für Erhaltung Historischer Kunstdenkmäler, Bern. Der neueren Architektur in der Schweiz widmet sich ein ergänzendes, eigenständiges Inventar, ebenfalls herausgeben von der Gesellschaft für Schweizerische Kunstgeschichte: Das *Inventar der neueren Schweizer Architektur 1850–1920 INSA*. Es ist zugleich die umfassende Dokumentation zur Expansion Schweizer Städte im genannten Zeitraum. Über die Elektronische Bibliothek *Schweiz e-lib.ch* wird dieses von 1982 bis 2004 erschienene elfbändige Inventar inzwischen digital angeboten.

Österreichische Kunsttopographie

Auch Österreich dokumentiert seine Baudenkmäler umfassend und laufend: Von der seit 1889 bzw. 1907 in mehreren Folgen und Unterreihen in Druckausgaben erscheinende *Österreichische Kunsttopographie (ÖKT)* erschien 2012 der vorerst jüngste Band.

Dehio: Handbuch der deutschen Kunstdenkmäler

Der Klassiker unter den handlicheren Verzeichnissen ist „der Dehio“. Der Historiker und Kunsthistoriker Georg Dehio (1850 bis 1932) stellte im Jahr 1900 auf dem Tag der Denkmalpflege in Dresden sein „Programm zu einem Handbuche der deutschen Denkmäler“ vor; seine Idee zündete. 1905 bis 1912 erschien erstmals das fünfbändige nach Regionen gegliederte *Handbuch der deutschen Kunstdenkmäler*. Seither hat das Handbuch mehrere Erweiterungen und Aktualisierungen erfahren, wird heute herausgegeben von der Wissenschaftlichen Vereinigung zur Fortführung des kunsttopographischen Werkes von Georg Dehio e. V. und hat als gedrucktes Reisehandbuch, *Kurzinventar* und unverzichtbares Nachschlagewerk zu den Kunstdenkmälern in Deutschland weiterhin seinen Platz.

Die knappen und treffend-mitreißenden Einträge der ersten Ausgabe haben dabei längst – den heutigen Bedürfnissen entsprechend – einem komprimierten Angebot an Daten zu den einzelnen Kunstdenkmälern Platz gemacht. Innerhalb der nach Bundesländern und ihren Regierungsbezirken begrenzten Einzelbände sind die Einträge im Ortsalphabet geordnet und nach dem Grundschema von Denkmalverzeichnissen strukturiert: zuerst kurze historische und kunsthistorische

Gesamtaussagen zum Ort, dann zu einzelnen Denkmälern; dies wiederum in einer Abfolge nach Bauaufgaben und ergänzt um Hinweise auf Ausstattungskunst und auf Sammlungen. Knappes Kartenmaterial rundet die Bände ab. Und neben den aktuellen Bänden gibt es auch den Ur-Dehio von 1905 bis 1912 wieder, und zwar (retro-)digital.

Dehio-Handbuch

Eine eigenständige Editionsgeschichte des Dehio hat sich für die österreichischen Kunstdenkmäler entwickelt, und zwar als *Dehio-Handbuch: die Kunstdenkmäler Österreichs.*

Tipp

Handbücher und Inventare zu Kunstdenkmälern in weiteren europäischen Ländern:
England: Nikolaus Pevsner: The buildings of England (1951–1974); die neuesten Ausgaben erscheinen als Pevsner Architectural Guides bei Yale University Press mit den Unterreihen: Pevsner Architectural Guides: Buildings of England, Pevsner Architectural Guides: Buildings of Ireland, Pevsner Architectural Guides: Buildings of Scotland, Pevsner Architectural Guides: Buildings of Wales und Pevsner Architectural Guides: City Guides. – Frankreich: Cahiers du patrimoine. Inventaire général du patrimoine culturel; Cahiers de l'inventaire. Inventaire général des monuments et des richesses artistiques de la France (Druckausgaben); Architecture & Patrimoine (Datenbanken zum kulturellen Erbe Frankreichs). – Italien: Als (älteres) mehrbändiges Handbuch steht zur Verfügung: Reclams Kunstführer Italien.

Corpus Vitrearum

Im Kontext von Bau- und Kunstdenkmälerinventaren soll Ihre Aufmerksamkeit noch gelenkt werden auf ein Spezialverzeichnis zur Glasmalerei, das sich der gesonderten Erfassung und Beschreibung von Glasfenstern vor allem in mittelalterlichen Sakralbauten widmet: das *Corpus Vitrearum / Corpus Vitrearum Medii Aevi*. Dieses inzwischen international ausgerichtete, aber in Länderkomitees organisierte kunstwissenschaftliche Unternehmen erfasst die Kunstdenkmäler der Glasmalerei nach topographischen Gesichtspunkten geordnet, beschreibt sie kritisch und veröffentlicht die Ergebnisse in gedruckten Verzeichnissen. Diese auch für den entsprechenden Nachweis von Forschungsstand und Forschungsliteratur sehr wertvollen Veröffentlichungen finden Sie in den Katalogen großer wissenschaftlicher Bibliotheken nachgewiesen, eine Übersicht der Neuerscheinungen auch unter http://www.corpusvitrearum.org/.

9.2 Sammlungsverzeichnisse

Bestandskataloge

Was für den Nachweis von Baudenkmälern das Großinventar ist, ist bei beweglichen Kunstwerken in Sammlungen der *kritische Bestandskatalog*. Er erst bietet im Vergleich zu Listenverzeichnissen, Museums- und Sammlungsführern die vollständige wissenschaftliche und kunsttechnologische Beschreibung zu den Objekten und zur Sammlungsgeschichte. Diese Bestandskataloge erscheinen bei größeren Sammlungen meist getrennt nach Gattungen, Epochen und Schulen. Vorherrschend sind nach wie vor gedruckte Veröffentlichungen. Sie recherchieren diese am einfachsten in Bibliothekskatalogen, Katalogverbünden und Bibliographien unter der Museumskörperschaft und mit dem Schlagwort „Katalog“ oder direkt auf den Internetseiten der Museen. Neben diesen Bestandskatalogen bieten einzelne Museen inzwischen auch digitale Bildersammlungen mit Kurzbeschreibungen an, so die Albertina in Wien, eine der bedeutendsten Graphischen Sammlungen weltweit.

Schweers: Gemälde in Museen

Falls Sie einfach nur Kunstwerke und Künstler in Museen und Sammlungen lokalisieren möchten oder Bestandsüberblicke suchen, ist *Hans F. Schweers: Gemälde in Museen – Deutschland, Österreich, Schweiz. Katalog der ausgestellten und depotgelagerten Werke* ein nützliches Nachschlagewerk, das zudem im Verlag De Gruyter unter dem Titel *Gemälde in Museen – Deutschland, Österreich, Schweiz. Katalog der ausgestellten und depotgelagerten Werke (GIM)* inzwischen zu einer Online-Datenbank aufbereitet wurde.

Joconde

Für eine Recherche zu Beständen in französischen Museen empfiehlt sich die am französischen Kulturministerium gehostete Datenbank *Joconde: Portail des collections des musées de France*. Auch die Bildagentur der französischen Nationalmuseen, die *Agence photographique des musées nationaux RMN*, kann gut für reine Recherchen genutzt werden. Der erfreulich differenzierte Zugang zum Bildmaterial und die Einzelbildanzeigen von guter Qualität machen die Datenbank auch unabhängig vom Bestellservice zu einem interessanten Suchinstrument zu Museumsbeständen in Frankreich.

Agence photographique des Musées nationaux RMN

bpk

Demgegenüber hat sich das *Bildportal der Kunstmuseen (bpk)*, ursprünglich gestartet als Serviceeinrichtung der Stiftung Preußischer Kulturbesitz und ihrer Einrichtungen und organisatorisch der Staatsbibliothek zu Berlin zugeordnet, zunehmend zu einer reinen Bildagentur für deutsche und inzwischen auch ausländische Museen entwickelt. Im Vordergrund steht jetzt erkennbar die Vermarktung von an den Museumshighlights orientiertem Bildmaterial; für detailliertes Recherchieren ist das Bildangebot zudem durch aufdringliches Branding der Einzelbildanzeigen unattraktiv geworden – zumindest im Bereich für nicht registrierte Nutzer.

9.3 Werkverzeichnisse

Oeuvre-Kataloge

Werkverzeichnisse – *kritischer Werkkatalog, catalogue raisonné, Oeuvre-Verzeichnis* – stellen das Werk eines einzelnen Künstlers oder einer Künstlergruppe in den Mittelpunkt umfassender Verzeichnung und bieten einen guten Zugang zur entsprechenden Forschungsliteratur. Auch in diesem Bereich dominieren noch Printveröffentlichungen. Daher finden sie die Werkverzeichnisse zu Künstlern am besten in Bibliothekskatalogen, Katalogverbünden, Fachbibliographien und Fachdatenbanken. Bei der Recherche in deutschsprachig erschlossenen OPACs und Datenbanken spezifizieren Sie am besten die Personensuche durch das zusätzliche Schlagwort „Werkverzeichnis", um gerade bei literaturintensiven Künstlern diesen spezifischen Publikationstyp schneller herauszufiltern. Bei thematischen Suchzugängen zur Künstlerliteratur werden bei hohen Trefferzahlen Werkverzeichnisse auch in eigenen untergeordneten Systemstellen gebündelt, so beim Bibscout (vgl. 2.2.1).

Verzeichnisse zu Künstlern mit umfangreichem und komplexem Werk sind oft zu forschungsintensiven und langfristigen Großprojekten geworden, deren Ergebnisse sich in vielbändigen und über Jahre erstreckenden Veröffentlichungen niederschlagen. Einen Eindruck vermittelt allein schon der Einzelbandaufruf in Bibliothekskatalogen. Überprüfen Sie dies einfach mal selbst an diesen wenigen Beispielen:

- *Corpus Rubenianum Ludwig Burchard.* An illustrated catalogue raisonné of the work of Peter Paul Rubens.
- *Rubens online.* Digitale Edition der Quellen und Dokumente zu Leben, Werk und literarischen Bezügen ... Peter Paul Rubens.
- *A corpus of Rembrandt paintings.* Stichting Foundation Rembrandt Research Project.
- *Corpus of Florentine painting.* A critical and historical corpus of Florentine painting by Richard Offner with Klara Steinweg.

Hollstein und New Hollstein

Wer sich mit der *Druckgraphik des 15. bis 17. Jahrhunderts* und ihren Künstlern beschäftigt, kommt am „Hollstein" nicht vorbei. Die Basis für dieses Publikationsprojekt druckgraphischer Werkverzeichnisse zu Künstlern der frühen Neuzeit legte der führende Graphikspezialist seiner Zeit Friedrich Wilhelm Hollstein (1888–1957). Seit 1949 erscheinen die Bände *Hollstein's Dutch & Flemish Etchings, Engravigns and Woodcuts ca. 1450–1700*, seit 1954 parallel dazu die Reihe *German Engravings, Etchings and Woodcuts ca. 1400–1700.* Ab 1996 starteten erneuerte Ausgaben in eigenen Reihen als *New Hollstein*, jeweils mit aktualisierter Forschung, umfangreicherem Abbildungsmaterial und erweiterten Standortnachweisen für die einzelnen Graphiken. Alle Reihen dieses Referenzwerkes erster Güte ordnen nach dem Alphabet der Künstler und Künstlerfamilien.

9.4 Wörterbücher

Sprachwörterbücher

terminologische Wörterbücher

Viele Fachbegriffe der Kunstgeschichte können Sie gut in den in Kapitel 1.5 vorgestellten Fachlexika nachschlagen. Ergänzend sei hier auf fachspezifische Sprachwörterbücher hingewiesen und auf (fremdsprachige) terminologische Wörterbücher zu Teildisziplinen, die ein sehr umfangreiches eigenes Vokabular ausgebildet haben, wie etwa die Architekturgeschichte oder die Buchmalerei:

- *Werner Jost: Dictionnaire des termes de l'art. Français – allemand, allemand – français*. Paris 2002.
- *Glossarium artis*: *deutsch-französisches Wörterbuch zur Kunst* (Schwerpunkt: architekturhistorische Terminologie).
- *Getty Vocabularies* (englischsprachige terminologische Nachschlagewerke, darunter der *Art & Architecture Thesaurus);* (vgl. 6.3.3).
- *Bergeon, Ségolène: Peinture & dessin. Vocabulaire typologique et technique / Ségolène Bergeon; Pierre Curie*. Paris 2009 (Schwerpunkt: Gemäldetechnologie).
- *Christine Jakobi-Mirwald: Buchmalerei. Terminologie in der Kunstgeschichte*. 3. Aufl. Berlin 2008.

10 Retrodigitale Bibliotheken und Sammlungen

Neben die reale Bibliothek mit ihren physischen Beständen und Sammlungen an gedruckten Materialien und mit den Zugangsmöglichkeiten vor Ort ist längst die digitale Bibliothek mit Online-Ressourcen, E-Medien, der Bereitstellung von ortsunabhängigen Zugangsmöglichkeiten zu den Beständen und mit weiteren Informationsdienstleistungen im Internet getreten. Zur digitalen Bibliothek gehören auch diejenigen Angebote, die physisch vorhandene (gemeinfreie und ältere) Bestände durch Digitalisierung nachträglich ortsunabhängig machen, die also die realen Sammlungen einer Bibliothek nun im Netz spiegeln. Diese *retrodigitalen Bibliotheken* und die entsprechenden *Museumssammlungen* sind für historisch orientierte Wissenschaftsdisziplinen von besonderem Wert. Zwar können in Studium wie Forschung digitalisierte Bilder, Druckwerke oder Handschriften nicht grundsätzlich die

Arbeit mit und vor dem Original ersetzen. Aber für viele Aspekte und Untersuchungsschritte sind sie zureichende und zugleich praktische Arbeitsunterlagen. Mithilfe von Retrodigitalisaten lassen sich sammlungs- oder themenspezifische Aspekte größerer Bestände bequemer ausloten, schwer zugängliche Titel einfacher erreichen, Quellen besser erschließen.

Darüber hinaus wird Retrodigitalisierung als eine Möglichkeit angesehen, schützenswertes kulturelles Erbe dennoch zugänglich zu machen – auch einer größeren Öffentlichkeit. Hierfür werden Sammlungsbestände nicht nur nach formalen Gesichtspunkten digitalisiert, wie beispielsweise der gesamte Handschriftenbestand einer Bibliothek, sondern sie werden gern auch *medienübergreifend in Themenportalen* zusammengestellt. Vor allem die Koppelung von Text- und Bilddokumenten macht diese thematischen Zusammenstellungen auch für das kunstgeschichtliche Arbeiten attraktiv. Sie erlauben es, unzugängliche Bestände oder verstecktes Bildmaterial zu entdecken oder in neuen Kontexten zu erfahren. *Retrodigitale Sammlungen lassen sich am besten über spezifische Suchportale ermitteln.*

Themenportale

10.1 Suchportale zu retrodigitalen Bibliotheken und Sammlungen

Unproblematisch ist die Suche nach einzelnen retrodigitalen Textdokumenten. Hier greifen die bisher vorgestellten Suchinstrumente. Google Bücher, OPACs, Verbund- und Meta-Kataloge von Bibliotheken erlauben das gezielte Auffinden vor allem von retrodigitalisierter selbstständiger Literatur. Zeitschriftenarchive und Aufsatzdatenbanken führen darüber hinaus zu elektronischen Ausgaben bei unselbstständiger Literatur. Ebenso lassen sich in Abbildungsdatenbanken digitale Kopien von einzelnen Kunstwerken und Photosammlungen ermitteln.

Doch diese Suchmöglichkeiten reichen meist nicht, um geschlossene Sammlungen und Themenportale differenziert zu recherchieren. Meist werden in Katalogen nur Portaltitel nachgewiesen werden, eine umfassende Erschließung der Portalinhalte fehlt. Nachdem gerade die Bibliotheken den Aufbau retrodigitaler Sammlungen intensiviert haben, investieren sie jetzt in den kooperativen *Auf- und Ausbau regionaler und nationaler Verzeichnisse und Suchinstrumente*. Noch ist hier Etliches allerdings mehr Projekt denn ausgefeiltes Suchinstrument.

10.1.1 Europäisch oder national definierte fächerübergreifende Suchportale

europeana

Das Suchportal *europeana* mit dem Motto „Europas kulturelle Sammlungen entdecken“ greift zurück auf die bibliographischen und digitalen Produkte der *European Library*, dem Service-Portal der europäischen Nationalbibliotheken. europeana verzeichnet neben retrodigitalen Sammlungen aus Bibliotheken auch retrodigitale Bestände aus europäischen Museen und Archiven. Textuelle, visuelle und auditive Dokumente kultureller Überlieferung werden in inhaltliche Zusammenhänge gestellt; digitalisierte Bücher (hierauf liegt der Schwerpunkt), Archivalien, Ton- und Filmdokumente, Abbildungen von Kunstwerken aus allen Epochen und Regionen Europas werden in ihren thematischen Bezügen recherchierbar.

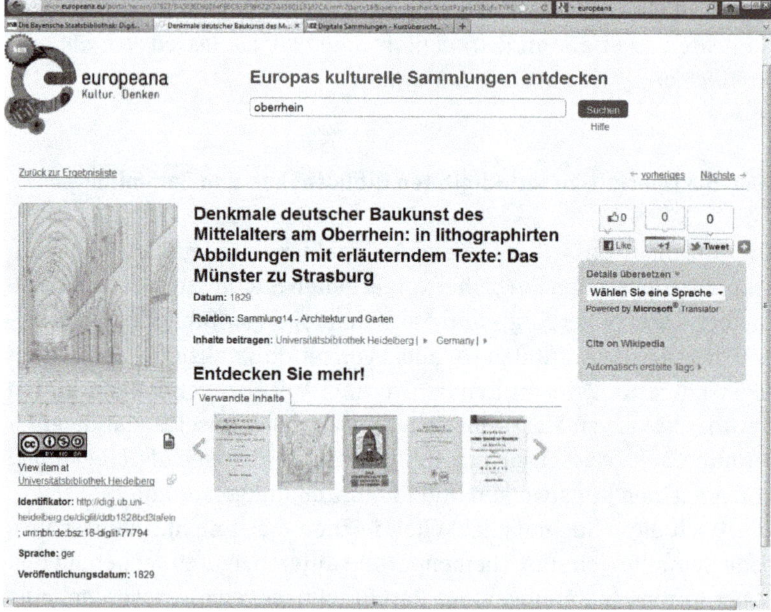

Abb. 36: europeana: Ergebnisanzeige (4. 3. 2012)

Michael

Das Suchportal *Michael – Multilingual Inventory of Cultural Heritage in Europe* ist ein EU-Projekt zum verbesserten Nachweis digitaler Sammlungen aus europäischen Archiven, Bibliotheken und Museen.

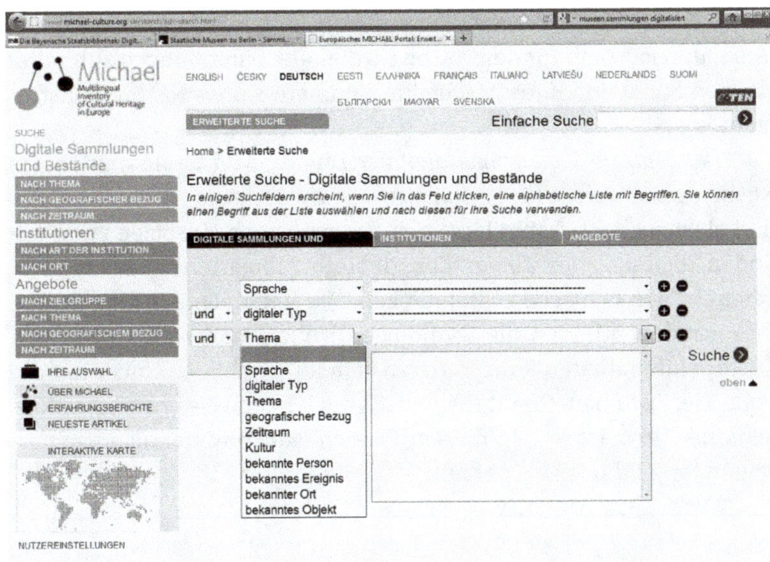

Abb. 37: Michael – Europäisches Portal: Suchoberfläche (3. 3. 2012)

Für den Sucheinstieg gibt es einen länderübergreifenden, also europäischen Zugriff und daneben nationale Ausschnitte mit abweichenden Suchoberflächen, wie beispielsweise *Michael Deutschland* und *Michael Italia*. Für die länderübergreifende (europäische) Suche bietet Michael eine vielsprachige und differenzierte Suchoberfläche an und die zusätzliche Möglichkeit zur fachsystematischen Suche von Themenportalen. Allerdings hat die Vielsprachigkeit ihre Tücken und führt im Teilbereich Kunst zu fehlerhaften Begriffsübertragungen und inadäquaten Zuordnungen. Zudem sind die sprachlich differenzierten Suchoberflächen nicht konstant zugänglich. Es empfiehlt sich daher, für die länderübergreifende Suche nur die englischsprachige Version der Suchmaske zu nutzen oder sich eher aufs Browsen denn auf gezieltes Recherchieren zu verlegen.

Michael Deutschland

Im nationalen Portalausschnitt *Michael Deutschland* sind die systematischen Suchmöglichkeiten aus anderen Gründen wenig hilfreich für den kunstgeschichtlichen Themenbereich. Hier bietet der systematische Sucheinstieg zurzeit nur einen Gesamtkomplex „Kultur" an ohne Ausdifferenzierung. Das aber ist für eine fachsystematische Suche nahezu unbrauchbar, zumal die Treffermenge für den Bereich Kultur hoch ist.

Michael Italia

Im Gegensatz dazu erlaubt *Michael Italia* einen erfreulich detaillierten systematischen Zugang zu Themenportalen zu Architektur und Kunst des Landes. Das Italien-Portal bietet auch sonst eine reiche Ma-

Cultura Italia

terialbasis, ist gut vernetzt mit weiteren Portalen, wie etwa *Cultura Italia*, und ist somit für den Nachweis digitaler Sammlungen zur italienischen Kunst und Kunstgeschichte ein interessantes Nachweisinstrument.

zvdd

Das *Zentrale Verzeichnis digitaler Drucke zvdd* ist als nationales Nachweisinstrument für digitalisierte Druckwerke aus deutschen Bibliotheken gedacht. Daher lässt sich das zvdd auch einsetzen zum Auffinden digitalisierter älterer Kunstliteratur, illustrierter Bücher oder Tafelwerke in deutschen Bibliotheken. Die Metadaten aus den Bibliothekskatalogen bilden die Grundlage für die Datenerschließung; die Suchfunktionalitäten konzentrieren sich auf Titeldaten, nicht auf die Volltexte. Zwar bietet zvdd theoretisch auch Nachweise zu ganzen Kollektionen, erweist sich in diesem Bereich jedoch weder als angemessen umfassend noch als aktuell.

Tipp

Im Auge behalten: die Ende 2011 gestartete *Deutsche Digitale Bibliothek* als mögliche Alternative zum zvdd. – Oder gut strukturierte Schweizer Angebote besuchen: Zentraler Einstieg ist hier die *Elektronische Bibliothek Schweiz e-lib.ch.* Zu ihr zählen die Portale *e-rara.ch* für digitalisierte alte Drucke, *e-codices* für die digitalisierten Handschriftenbestände aus Schweizer Bibliotheken, das *Kartenportal CH* und *Schweizer Zeitschriften online retro.seals.ch.*

Gallica

Am umfangreichsten dürfte bislang Frankreich sein kulturelles Erbe durch retrodigitale Sammlungen und Themenportale erschlossen haben. Das bekannteste Portal ist *Gallica – Bibliothèque numérique* der französischen Nationalbibliothek. Im Zentrum des Angebots stehen Themenportale, sogenannte *Dossiers*, und Einzelthemen, zu denen medienübergreifend digitale Dokumente zusammengestellt werden. Die Suchfunktionalitäten in Gallica sind gut: Über den Einstieg „Consulter" (in der deutschsprachigen Suchmaske: „Browsen"!) lässt sich gezielt im Bestand recherchieren. Zusätzliche Sucheinschränkungen auf formal definierte Bestandsgruppen wie Handschriften, Karten, Bilder sind möglich. Spaß macht einfach, über „Parcourir" („Entdecken") nach Themen und Themenportalen zu stöbern. Die Themensuche lässt sich dafür auch auf einzelne Fachgebiete eingrenzen; so erzielt man beispielsweise zu den Bereichen Architektur, Kunst und Kunstgeschichte wirklich adäquate Resultate. Die digitalen Sammlungen aus Gallica werden auch in europeana nachgewiesen. Nur sind die Suchfunktionalitäten in Gallica adäquater und somit empfehlenswerter.

Patrimoine numérique

Während *Gallica* vor allem als digitales Schaufenster der französischen Nationalbibliothek fungiert, ist *Patrimoine numérique* der französische Online-Verbundkatalog, der sämtliche digitalen Sammlungen

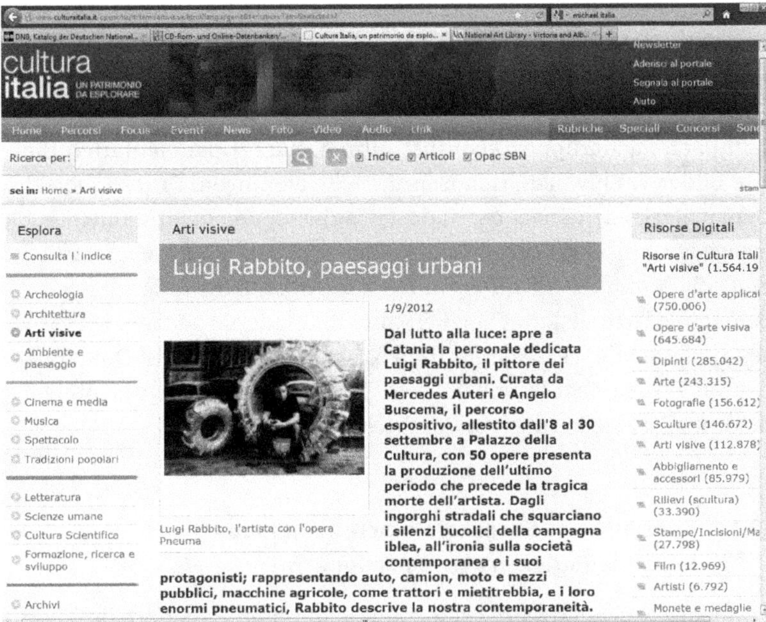

Abb. 38: Cultura Italia: Arti visive > Resorse Digitali (1. 9.2012)

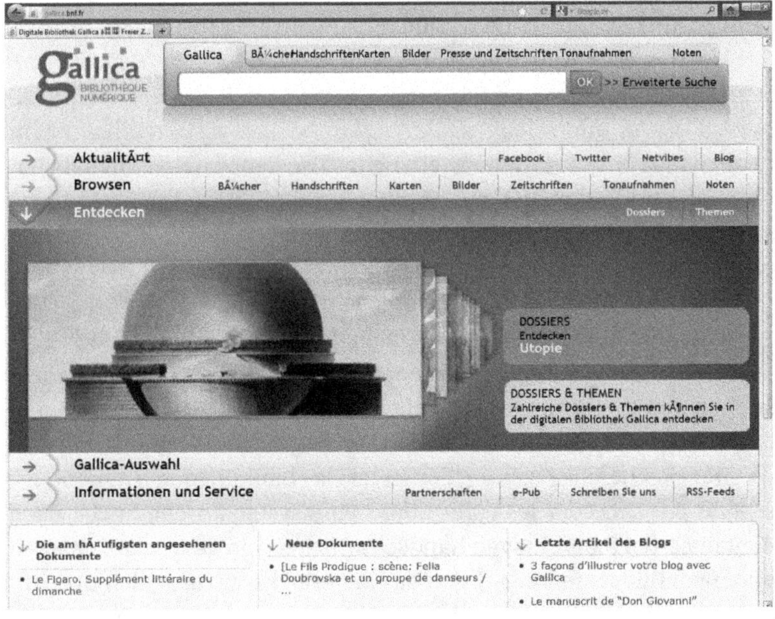

Abb. 39: Gallica: Entdecken. Zugang zu Dossiers und Themen (3. 3. 2012)

und digitalisierte Einzeldokumente zum kulturellen Erbe Frankreichs verzeichnet und hier die jeweiligen Bestandshalter nachweist. Er ist somit das weitreichendere Rechercheportal und bietet ausgezeichnete Suchfunktionalitäten: Die Suche nach Kollektionen / Sammlungen lässt sich nach Fachgruppen geordnet führen, nach Dokumentarten (Karten, Bilder, Archivalien, Handschriften, Zeichnungen, Drucke, Objekte, Denkmäler), nach Epochen, und nach anbietenden Institutionen. Auch ein geographischer Zugang über eine sensitive Frankreich-Karte ist möglich. Wenn Sie also über Kunst und Architektur in Frankreich arbeiten und digitalisiertes Quellen- und Bildmaterial suchen, sollte dieses umfassende Verzeichnis französischer retrodigitaler Dokumente das Suchinstrument Ihrer Wahl sein. *Patrimoine numérique* ist übrigens der französische Partner von *Michael.*

10.1.2 Spezialisierte Suchportale zu retrodigitalen Kunstbibliotheken und -sammlungen

Im Idealfall reichen sicher die vorab genannten Suchportale. Praktischer sind dennoch oft fachspezifische Auswahlverzeichnisse. Gerade bei Zusammenstellungen von Themenportalen und digitalen Quellensammlungen, die von ausgewiesenen Fachinstitutionen angeboten werden, dürfen Sie Qualität und Geeignetheit des Angebots für wissenschaftliches Arbeiten erwarten.

arthistoricum.net / Themen

Für das Fach Kunstgeschichte sollten Sie daher die *Rubrik „Themen“* in *arthistoricum.net* mit den Teilbereichen *Themenportale, Textquellen digital* und *Bildquellen digital* unbedingt als Suchinstrument heranziehen. Die Zusammenstellung an Themenportalen, digitalisierten Text- und Bildquellen zur Architektur- und Kunstgeschichte bietet schon jetzt für viele Fragenstellungen eine wertvolle Materialbasis (vgl. 6.3.1).

INHA – bibliothèque numérique

Über das Webportal des *Institut national d'histoire de l'art INHA* erreichen Sie seine *bibliothèque numérique*, die umfangreiche retrodigitale Textsammlungen, Themenportale und Bildquellen zur französischen Kunstgeschichte präsentiert und Bestände aus den bedeutendsten französischen Kunstbibliotheken und Museen erschließt.

Der Recherchezugang „Consulter la bibliothèque numérique“ erlaubt mit „accéder les collections“ eine systematische Suche nach digitalisierten Sammlungen handschriftlicher und gedruckter Quellen und nach Bildsammlungen. Auf das Material kann zusätzlich in zeitlicher, geographischer, bildlicher oder gelisteter Anordnung zugriffen werden. Zu den digitalisierten handschriftlichen und archivalischen

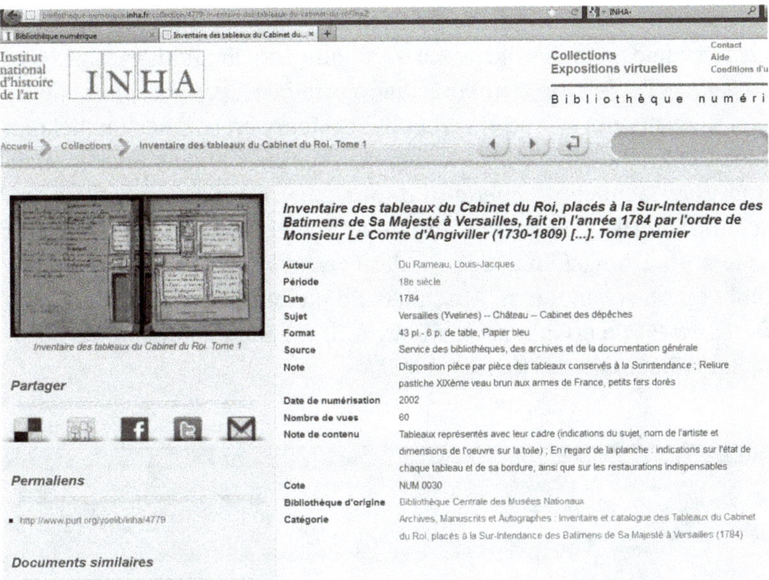

Abb. 40: INHA– bibliothèque numérique: Einzeldokument (9. 3. 2012)

Schätzen gehören beispielsweise die Tagebücher und Korrespondenzen von Eugène Delacroix. Unter den digitalen Bildsammlungen bilden Architekturzeichnungen des 17. bis 19. Jahrhunderts, Druckgraphik und historische Photographien besondere Schwerpunkte. Unter den digitalisierten Textquellen schließlich sind die historischen Bestandskataloge des Louvre von besonderem Wert. Ebenso gibt es über das INHA Informationen zu weiteren konzertierten und kunstgeschichtlich geprägten Digitalisierungsprojekten französischer Institutionen und zu den ambitionierten, umfassenden digitalen Inventaren zum kulturellen Erbe Frankreichs (*Inventaires des fonds patrimoniaux*). Die verschiedenen digitalen Angebote findet man zurzeit auf der Einstiegsseite von INHA gebündelt unter „Ressources documentaires" (vgl. 6.3.2).

Getty Research Portal

Neu etabliert seit Frühsommer 2012 ist das *Getty Research Portal* und stellt Bisheriges durchaus in den Schatten. Denn es präsentiert nicht nur die Digitalisierungsprojekte des *Getty Research Institute* (vgl. 6.3.3), sondern bindet retrodigitale Bibliotheken weiterer amerikanischer und europäischer Fachinstitutionen und Bibliotheken ein, darunter auch die Angebote der UB Heidelberg mit dem SSG Kunstgeschichte.

Den Schwerpunkt des Angebots bilden Digitalisierungen von urheberrechtsfreier Kunstliteratur, von Auktionskatalogen und von seltenen älteren Druckwerken. Für die Recherche steht eine für alle Bestände gemeinsame Suchoberfläche zur Verfügung; die Ergebnisanzeige führt passende Treffer von den einzelnen Portalbeiträgern zusammen; für den Nutzer ergibt sich so ein erheblicher Mehrwert und Recherchekomfort. Die Trefferlisten selbst lassen sich darüber hinaus über formale und über fachlich definierte und inhaltsbezogene Ergebnisfilter aufschlüsseln. Der Datenexport in Literaturverwaltungsprogramme wird unterstützt; gut gefällt aber auch das Format für die Druckausgabe der bibliographischen Daten. Abschließend bleibt festzustellen: Das *Getty Research Portal* erlaubt so den Eintritt in die *zurzeit wohl größte retrodigitale Bibliothek zur Kunstgeschichte.*

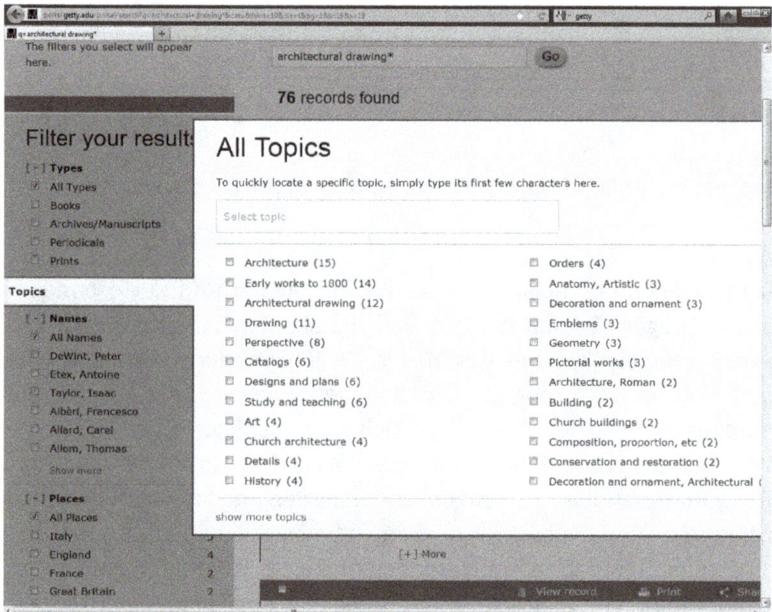

Abb. 41: Getty Research Portal: Ergebnisfilter (15. 7. 2012)

10.2 Retrodigitale Kunstbibliotheken – Schwerpunkt Bibliographien und Quellen

Ältere Bibliographien und Quellenkunden zur Kunstgeschichte

Aktuelle bibliographische Datenbanken konzentrieren sich meist auf den Nachweis jüngerer Forschungsliteratur und enthalten weder Werke der älteren Kunstgeschichtsschreibung noch Quellenwerke zur Kunst oder ältere Fachbibliographien. Diese Lücke im elektronischen Angebot füllen nun Retrodigitalisierungen. Dazu zählen *Julius von*

Schlosser: Materialien zur Quellenkunde der Kunstgeschichte von 1914–1920, sein Überblickswerk *Die Kunstliteratur: ein Handbuch zur Quellenkunde der neueren Kunstgeschichte* von 1924; ebenso die von Filippo Rossi ins Italienische übersetzten, erweiterten Ausgaben von 1956 und 1964. Ein interessantes und nun retrodigital vorliegendes bibliographisches Angebot ist auch die *Bibliographie Bildende Kunst. Bildende Kunst in der DDR 1973–1990.* Sie verzeichnet die von 1973–1989 in der DDR publizierte Kunstliteratur und die Publikationen des Auslandes über die Kunst in der DDR.

Ältere Nachschlagewerke

Auch zwei kunsthistorisch bedeutsame ältere Nachschlagewerke liegen inzwischen in digitalen Ausgaben vor: *Joachim von Sandrart: Teutsche Academie der Bau-, Bild- und Mahlerey-Künste, Nürnberg 1675/1679/1680*, ergänzt um *Sandrart.net: Eine netzbasierte Forschungsplattform zur Kunst- und Kulturgeschichte des 17. Jahrhunderts*, die diese wichtige Quelle der Kunstgeschichte umfassend erschließt, Personen, Orte und Kunstwerke recherchierbar macht und den Text wissenschaftlich kommentiert. Das Projekt ist noch nicht abgeschlossen, doch liegt der Text bereits vollständig digital vor. Ebenso wird *Johann Georg Sulzer: Allgemeine Theorie der schönen Künste. Lexikon der Künste und der Ästhetik*, eine der bedeutendsten enzyklopädischen Schriften des 18. Jahrhunderts zur Kunst digital angeboten, und zwar in einer digitalen Neuausgabe auf Basis der Erstausgabe von 1771/1774 von der Digitalen Bibliothek der Directmedia Publishing GmbH und in einer historisch getreuen retrodigitalen Version der vierbändigen Originalausgabe von 1792–1794 in der De Gruyter-Datenbank *Deutsche Literatur des 18. Jahrhunderts Online.*

Quellensammlungen

Eine retrodigitale Quellensammlung zur Kunstgeschichte baut inzwischen die UB Heidelberg als SSG-Bibliothek Kunst auf. Die Themenportale *Geschichte der Kunstgeschichte* und *Quellen zur Kunstgeschichte – digital* bieten Zugang zu digitalisierten Quellen und älteren Referenzwerken der Kunstgeschichte. Sie erreichen diese Portale über *arthistoricum.net: Themen.*

Tipp

Es gibt noch keine digitale Ausgabe von einem älteren Nachschlagewerk, und auch die Originalausgabe ist für Sie nicht greifbar? Vielleicht werden Sie dann in dieser Quellensammlung auf Mikrofiches fündig: *Schütte, Ulrich (Hg.): Nachschlagewerke und Quellen zur Kunst. München: Saur.* Darin enthalten: *Große Künstlerlexika vom 16. bis zum frühen 19. Jahrhundert.* Mit Mikroformenscannern können Sie dann in vielen Bibliotheken selbst eine digitale Ausgabe erstellen.

Spezialsammlungen

Auch für etliche Spezialgebiete kunsthistorischer Forschung bieten retrodigitale Kunstbibliotheken inzwischen die entscheidende Materialbasis; hier eine Auswahl:

- Alte Kunsthandelskataloge sind wichtige Quellen, um Herkunft und Verbleib von beweglichen Kunstwerken und von ganzen Sammlungen belegen zu können (Provenienzforschung), ebenso um Preisentwicklungen und die Bedeutung einzelner Kunstmärkte zu erfassen. *Art Sales Catalogues Online* fußt auf dem von dem Kunstkenner und Sammler Frits Lugt (1884–1970) publizierten *Répertoire des catalogues de ventes publiques*, das Kunsthandelskataloge des Zeitraums 1600–1925 in Bibliotheken erfasst. Als *Lugt Repertoire online* wird dieses 1938 bis 1987 in 4 Bänden erschienene Verzeichnis inzwischen digital angeboten in Form eines reinen Image-Katalogs mit Blätterfunktion. Die Datenbank Art Sales Catalogues Online erschließt nun darüber hinaus dieses Répertoire und bietet Sucheinstiege nach Auktionsdatum, Auktionsort, Auktionshaus, Herkunft der Kunstwerke, Angaben zu den einzelnen Kunsthandels- bzw. Auktionskatalogen mit Standorthinweisen in Biblio-

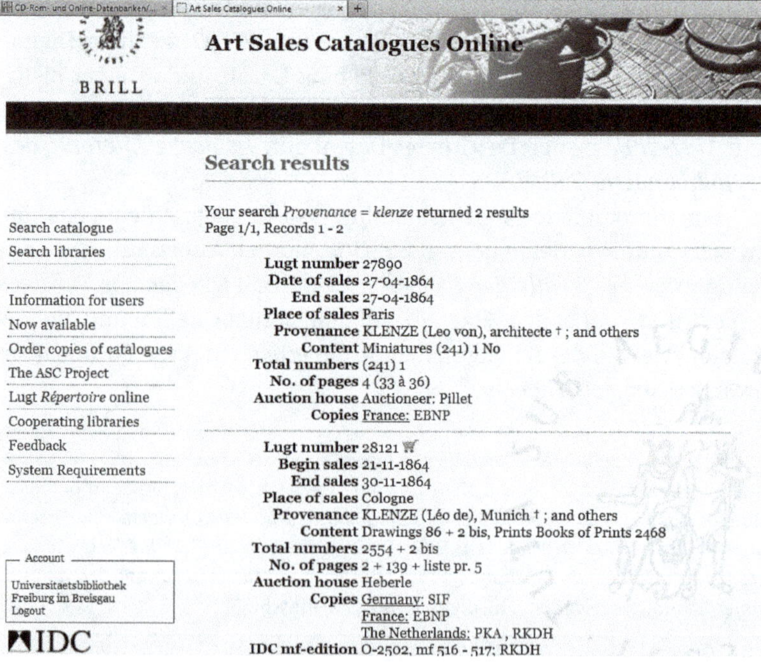

Abb. 42: Art Sales Catalogues Online: Ergebnisanzeige Provenienzrecherche (1. 3. 2012)

theken. Soweit schon retrodigitale Einzelausgaben der einzelnen Kataloge vorliegen, werden sie als pdf-Dateien direkt zum Downloaden angeboten. Praktisch ist auch, dass mit der Lugt-Nummer der Kataloge, bis heute eine wichtige Referenz zur Provenienz von Zeichnungen und Druckgraphik, direkt recherchiert werden kann. Ebenso praktisch ist die zusätzliche Suchmöglichkeit über die Identifikationsnummer des *Provenance Index* des Getty Research Institute (vgl. 6.3.3).

- Retrodigitale Ausgaben von Auktionskatalogen aus dem *Projekt German Sales 1930–1945 / Digitalisierte Auktionskataloge* sind zu erreichen über das Getty Research Portal und über artistoricum.net: Themen (vgl. 6.3.3, 6.3.1).
- Die Sammlungen *Bilderhandschriften des 15.–20. Jahrhunderts* (*Codices iconographici*) und *Neuzeitliche Architekturhandschriften und -pläne* der Bayerischen Staatsbibliothek München werden über die Digitale Bibliothek des Münchener Digitalisierungszentrums MDZ bereitgestellt und über die Datenbank „BSB-CodIcon Online“ bzw. „ArchIcon online“ bildthematisch erschlossen.
- Zur Emblemkunst der frühen Neuzeit sind Emblembücher die wichtigsten Quellen. Dank des Kooperationsprojektes *Emblematica Online* der Herzog-August-Bibliothek Wolfenbüttel und der University of Illinois at Urbana Champaign werden zwei der weltweit größten Sammlungen von Emblembüchern digitalisiert und die Emblemata detailliert in Motto und Bild erschlossen. Wer sich künstlerisch wie literarisch mit der Emblemkunst beschäftigt, kann hier auf eine ausgezeichnete Materialbasis zurückgreifen.

Arbeitsprozesse – ein systematisierter Durchlauf

Kenntnis und zielgerechte Nutzung der unterschiedlichen Suchinstrumente zum Auffinden von Fachliteratur und Fachressourcen sind wesentliche Voraussetzungen für eigenständiges und kompetentes wissenschaftliches Arbeiten. Doch ebenso tragen zum Erfolg angemessene Arbeits- und Anwendungsstrategien bei.

11 Vorbereitungsphase

Sich schon zu Beginn Zweck und Ziel zu verdeutlichen, sollte den weiteren Arbeitsprozess bestimmen. Die Bearbeitung eines Themas als Seminar- oder als Studienabschlussarbeit, als Beitrag für eine Zeitschrift oder als größere selbstständige wissenschaftliche Publikation wird den Umfang der Darstellung und die Ausdifferenzierung des Themas beeinflussen; ebenso ein Abgabetermin. Aber auch die Präsentationsform spielt eine Rolle: Mündliche Präsentationen legen oft eine eher exemplarische, vielleicht sogar plakativere Darstellung des Themas nahe; schriftliche Formen erfordern dagegen eine differenzierte Ausarbeitung und Argumentation, die verstärkt auf vorangegangene Forschung verweist und dies nachvollziehbar belegt durch Zitate und Hinweise auf die entsprechenden Publikationen und Quellen.

Themeneinstieg

Brainstorming, ein erstes freies Sammeln von Ideen, kann vor allem dann ein ergiebiger Einstieg ins Thema sein, wenn sich aufgrund von Themenstellung und Themeneinbindung auch Gruppenarbeit anbietet. Hier kann im Idealfall gemeinsames erstes Ausloten einzelner Themenbereiche Kenntnisgewinn und Motivationsschub bieten und neue Blickrichtungen anstoßen. Ebenso kann der Rahmen, in dem Ihr Beitrag zu erarbeiten ist, Richtung weisend für den Themeneinstieg genutzt werden. So ist es stets von Vorteil, das Thema eines Referats oder einer Hausarbeit immer auch im *Kontext des Gesamtthemas* und anderer Einzelthemen eines Seminars zu verorten.

Erstinformationen suchen

Ohne *Grundlageninformationen* lässt sich dennoch nicht sinnvoll starten. Erstinformationen zu einem Thema lassen sich aus allgemeinen Nachschlagewerken, aus Fachlexika, Handbüchern und themenbezogener *Einführungsliteratur* gewinnen. Für Seminare wird diese oftmals schon in gezielter Auswahl als Semesterapparat, auf einer gemeinsamen Arbeitsplattform oder als Liste bereitgestellt.

Kernbegriffe erfassen

Auf der Grundlage von Vorkenntnissen, vorgegebener Themenformulierung und Einstiegsliteratur können Kernbegriffe gelistet werden, die den Themenbereich genauer abstecken. Definitionen aus Fachnachschlagewerken helfen, den *Bedeutungsumfang einzelner Begriffe* zu erfassen und *Synonyme* zu ermitteln. Sinnvoll ist es, die gelisteten Begriffe in Beziehung zu einander zu setzen und zu kategorisieren, um so eine Vorstrukturierung des Themas für Suchstrategie und spätere Abhandlung zu erzielen.

12 Literatursuche

Suchbegriffe formulieren

Die gelisteten und strukturierten *Kernbegriffe bilden die Grundlage für die Formulierung der Suchbegriffe* zum Auffinden von Literatur in Katalogen und Datenbanken. Suchbegriffe passen die Kernbegriffe an die formalen Vorgaben und Funktionalitäten eines Katalogs oder einer Datenbank an; sie müssen gegebenenfalls je nach Suchinstrument, Suchkategorie und Suchsprache unterschiedlich formuliert werden. Der Aufruf entsprechender Informationen und Hilfemenüs in den Suchinstrumenten, die Nutzung von Indizes und Registern, von Thesauri und Normdateien und die Nutzung von Fachsystematiken tragen ebenso entscheidend zum Erfolg der Literatursuche bei wie die Kenntnis der verwendeten Suchsprache(n).

Recherchestrategien überlegen

Zielsetzung, Zweck und Zeitrahmen einer wissenschaftlichen Arbeit bestimmen auch den Umfang der Literatursuche und damit die Auswahl der Suchinstrumente. Ebenso spielen Aspekte wie die Verfügbarkeit oder die Publikationssprache von Dokumenten eine Rolle für ihre Nutzung und damit für das Suchverhalten. Diese Faktoren sollten Ihre Recherchestrategie prägen.

Suchinstrumente strategisch wählen

Liegen bereits passende Literaturhinweise aus der Einstiegsliteratur oder als Literaturliste zum Thema vor, so können diese vorrangig als Ausgangspunkt dienen. Damit steht für Sie die *reine Verfügbarkeitsrecherche* im Vordergrund und der *lokale OPAC* mit Standortnachweisen und schnellem Zugang zu den Dokumenten wird zum Suchinstrument erster Wahl.

Liegen keine oder kaum Literaturhinweise zu einem Thema vor, ist aber der zeitliche Rahmen für die Fertigstellung der Abhandlung eng, so wird die Recherchestrategie vom Aspekt *schnelles Ermitteln von Literatur in Verbindung mit schneller Verfügbarkeit* geprägt sein. Ein Start der Recherche über den *lokalen OPAC* ist wiederum empfehlenswert. Doch bleibt dort die Literaturermittlung überwiegend auf das Auffinden selbstständiger Veröffentlichungen beschränkt. Auch von

Umfang und Spezialisierung des lokalen Bibliotheksbestands hängt ab, ob eine OPAC-Suche zu passenden und ausreichenden Treffern führt. Die Auswertung der gefundenen Literatur kann Sie aber im *Schneeballverfahren* zu weiteren Titeln und somit auch zu Aufsatzliteratur führen.

Art und Menge der erzielten Treffer entscheiden über die *Wahl der nächsten Suchinstrumente* und die weiteren Suchschritte: Suche über Meta-Kataloge, Suche in Fachkatalogen, gezielte Suche nach Aufsatzliteratur in bibliographischen Datenbanken und Fachbibliographien. (Für die Dokumentbeschaffung ist gegebenenfalls aber ein höherer Zeitaufwand einzurechnen; das sollte in die Zeitplanung einfließen.)

Weiterhin kann die für einzelne Fachgebiete und Themen erforderliche *Suche nach speziellen Dokumentarten* wie Abbildungen, Internetressourcen usw. die Auswahl der Suchinstrumente entscheidend beeinflussen und entsprechend gewichten. Grundsätzlich gilt: je vertrauter Ihnen das Profil einzelner Kataloge und Datenbanken ist, umso zielgerichteter können Sie die Suchinstrumente auswählen.

Etappensuche nutzen

Eine Recherche in Etappen ist von Vorteil, wenn bereits die Auswertung der ersten Suchergebnisse in die weitere Suche einfließt, die Suchschritte also auf einander aufbauen und sich ergänzen. Suchchroniken (s. u.) ersparen Doppelrecherchen. Auch medienspezifische Gesichtspunkte können Etappensuchen favorisieren: beispielsweise zuerst die Literatursuche durchführen, nach der Auswertung die Bildsuche gezielt anschließen.

Recherche durchführen

Kapitel 2.1 *Literatursuche im OPAC – Schritt für Schritt* hat Sie bereits mit den entscheidenden Aspekten eines Recherchedurchgangs vertraut gemacht. Dieses Beispiel der OPAC-Suche kann Ihnen als Grundmuster für die Suche in allen Online-Katalogen und in bibliographischen Datenbanken dienen.

Suchchroniken abspeichern

Viele Kataloge und Datenbanken bieten die Möglichkeit, Suchabläufe als *Suchchroniken* abzuspeichern. So lassen sich der Rechercheverlauf und das Zustandekommen der Ergebnisliste besser nachvollziehen und bewerten. Recherchieren Sie für ein größeres Vorhaben über einen längeren Zeitraum, hinterlegen Sie als berechtigter Nutzer von Katalogen und Datenbanken am besten Ihre *Suchanfrage als Merkliste* für weitere automatisierte Recherchen und Ergebnisbenachrichtigungen (vgl. 2.1.6). So halten Sie ohne Aufwand das Suchprofil konstant und die Daten aktuell.

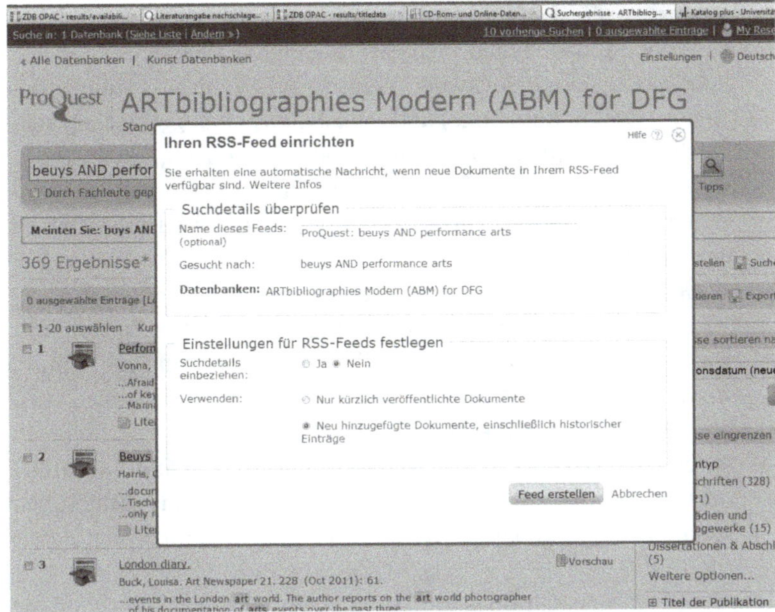

Abb. 43: ABM / Archiv: Alert-Dienst (RSS-Feed) (14. 2. 2012)

Ergebnisse sichern

Suchergebnisse lassen sich auf verschiedene Weise sichern: Noch immer beliebt ist das Ausdrucken von Titeln und Titellisten, aber wenig praktisch für die Integration der bibliographischen Daten in spätere Arbeitsschritte. Weitsichtiger ist ihre elektronische Speicherung. Kataloge und Datenbanken bieten hierzu unterschiedliche Formen der Datenübermittlung an: Zusendung von Trefferlisten (mit Suchchroniken) per E-Mail, direktes Abspeichern auf mobile und lokale Datenträger. Häufig wird der *Datenexport in Literaturverwaltungsprogramme* unterstützt. Dies ist inzwischen der Königsweg zur Sicherung und Weiterverarbeitung von Suchergebnissen (vgl. 14).

Suchergebnisse bewerten

Formale Bewertung

Suchergebnisse lassen sich anhand formaler wie inhaltlicher Kriterien bewerten. Eine erste, überwiegend *formale Bewertung* kann bereits parallel zum Recherchevorgang erfolgen und den weiteren Rechercheverlauf steuern. Folgende Aspekte können zur Klärung beitragen:

- *Trefferanzahl*: zu hoch, zu gering?
- *Verfügbarkeit der Dokumente, Verfügbarkeitsmodalitäten*: bedarfsgerecht?
- *Dauerhafte Zugänglichkeit* (insbesondere bei Internetdokumenten) und Überprüfbarkeit der Inhalte gewährleistet? Archivierungseignung der *Dateiformate*?

- *Medientyp* (Text, Bild, Multimedia usw.) geeignet? In welcher Funktion für das Thema geeignet? (als Quelle, Beleg?)
- *Publikationsform* (Druckwerk, selbstständig / unselbstständig publiziert; Online-Ressource) und *Publikationsumfang*: was lässt sich ableiten hinsichtlich Darstellungsbreite, Zielsetzung, Nutzung?
- *Medienanbieter*: welche Bewertungshilfen ergeben sich aus Angaben zu Institution, Verlag, Internetdomain, aus Hinweisen im Impressum?
- *Publikationsgenre* (wissenschaftlich, populär) und *Zielgruppe*: erkennbar? Welche Indikatoren gibt es? (Hinweise in Zusatzinformationen, Titelfassung, Sprachstil, Verwendung von Fachtermini, wissenschaftlicher Apparat, Veröffentlichung in wissenschaftsorientierten Schriftenreihen oder Verlagen)?
- *Autor*: Gibt es Hinweise auf Tätigkeitsbereiche, Bekanntheitsgrad?
- *Darstellungszweck* (Hausarbeit, akademische Abschlussarbeit, Dissertation usw.): genannt? Welcher Qualitätsanspruch liegt damit zugrunde?
- *Aktualität*: Erscheinungsjahr, Aktualisierungshinweis vorhanden?
- *Publikationssprache*: Eigene Sprachkenntnisse? Mögliche Relevanz hinsichtlich des Forschungsgegenstands? Abstract in anderer Sprache vorhanden?

Inhaltliche Bewertung

Noch im Recherchestadium kann auch eine *erste inhaltliche Bewertung* der Treffer erfolgen.

- *Abstracts, Schlagwörter und weitere Erschließungs- und Inhaltsinformationen* (Inhaltsverzeichnisse, Register, Werbetexte in angereicherten Katalogeinträgen usw.) lassen den Deckungsgrad zwischen Dokumentinhalt und Suchprofil einschätzen; manche Suchinstrumente unterstützen dies mit zusätzlichen Hinweisen auf die *Trefferrelevanz*. Mittels dieser Informationen lassen sich so direkt im Verlauf der Recherche Suchkorrekturen, Einschränkungen wie Ergänzungen, vornehmen. Hilfsinstrumente für sofortige Korrekturen sind dabei die Drill-down-Funktionen in Katalogen, Indizes und Register, mit deren Hilfe Suchbegriffe überprüft und modifiziert werden können.
- *Rezensionen* und *Zitierungsquoten* in Datenbanken können sich eignen, um Standardwerke, wichtige Beiträge und diskutierte Forschungsmeinungen schneller zu erkennen.
- Bei Aufsatzliteratur spielt auch die *Zeitschrift* selbst, in der der Beitrag erscheint, eine Rolle für die Bewertung: ihre Reputation für ein Fachgebiet, insbesondere ihr *Impact-Factor* (Einflussfaktor), der sich aus der durchschnittlichen Zitierungsrate errechnet,

die die Beiträge der Zeitschrift in einem bestimmten Zeitraum erzielen; ebenso ihr Auswahlverfahren für die Aufnahme eines Beitrags, etwa als *Peer-Review-Verfahren*, also mit einer Qualitätsbewertung vorab durch unabhängige Fachgutachter.

- Nicht zuletzt sind die *Recherchequellen* selbst Anhaltspunkt bei Bewertungen: Je klarer wissenschaftsorientiert ein Suchinstrument ist, umso wahrscheinlicher ist es, dass auch die Suchergebnisse wissenschaftliches Profil aufweisen.

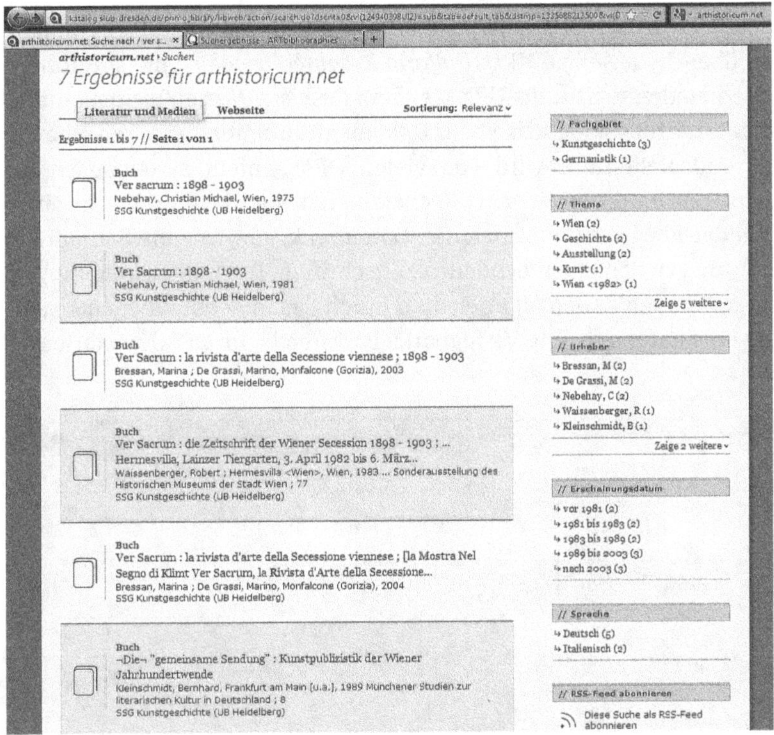

Abb. 44: arthistoricum.net: Treffersortierung nach Relevanz (Schlagwortsuche mit „Ver Sacrum" zum Thema Jugendstilzeitschrift; vgl. Treffer 1 mit Treffer 6) (29. 4. 2012)

Mit der Wahl der Suchinstrumente bestimmen und beschränken Sie also zugleich das Spektrum von Suchergebnissen. Formale und inhaltliche Bewertungsaspekte zusammen genommen helfen, die Rechercheergebnisse aus den einzelnen Suchanfragen in ein persönliches erstes Ranking zu überführen und daraus eine Arbeitsliste für die folgende intensivere inhaltliche Auswertung zu erstellen.

13 Literaturbeschaffung

Verfügbarkeit

Bibliotheksstandnummer

URL, URN

Auch mit Blick auf die Verfügbarkeit von Dokumenten ist der OPAC „Ihrer“ Institution das Suchinstrument erster Wahl. Jeder Treffer informiert automatisch über Zugang und Zugangsmodalitäten: *Standnummern (Signaturen) physischer Medien* führen zum konkreten Standort; Zugangsmodalitäten informieren, ob ein Buch direkt einsehbar ist oder bestellt werden muss. In der Regel erlaubt der OPAC einen direkten Aufruf des Ausleihsystems, so dass Bücher bestellt, vorgemerkt und weitere Hinweise auf Ausgabeort und Verfügbarkeit aufgerufen werden können. Bei freien und *lizenzierten Online-Ressourcen* führt die Kataloginformation über die jeweilige URL (*Uniform Resource Locator*), die spezifische Internetadresse bzw. die URN (*Uniform Resource Name*), die dauerhafte Identifizierungsmöglichkeit des Dokuments, unmittelbar zum Volltext.

Linkresolver

Aufsatzliteratur wird von vielen OPACs nicht systematisch erschlossen und verzeichnet. Recherchieren Sie diese jedoch in einer von der Einrichtung lizenzierten Datenbank, so wird eine Standortermittlung zu den entsprechenden Zeitschriften, Dokumentsammlungen oder Sammelbänden oft erleichtert durch das Angebot, über *Linkresolver* eine automatisierte Verfügbarkeitsrecherche im OPAC zu starten.

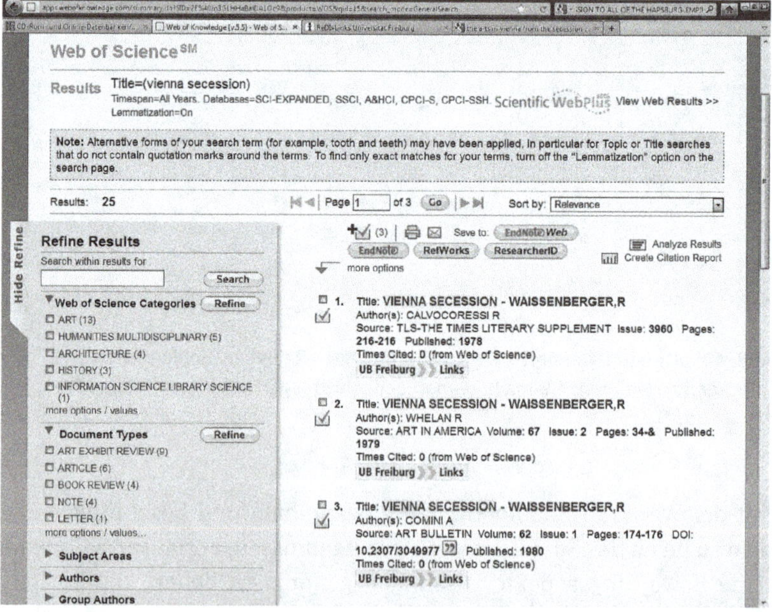

Abb. 45: Web of Science: Trefferanzeige mit Linkresolver *UB Freiburg >> Links* am Ende jeder Trefferanzeige (1. 5. 2012)

Ortsausleihe

Um an der Ausleihe von Literatur aus Ihrer Bibliothek nach Hause teilnehmen zu können (*Ortsausleihe*), bedarf es eines gültigen Bibliotheksausweises. Ihre Ausleihen werden auf einem Ausleihkonto geführt, und es empfiehlt sich, die Leihfristen zu beachten.

Fernleihe

Sind gewünschtes Buch oder Aufsatz vor Ort nicht vorhanden, besteht die Möglichkeit, die (kostenpflichtigen) Dienstleistungen der Fernleihe Ihrer Bibliothek oder eines Dokumentlieferdienstes in Anspruch zu nehmen. Mit der *Fernleihbestellung* beauftragen Sie die Bibliothek, den gewünschten Titel für Sie aus anderen Bibliotheken zu besorgen; Detailinformationen hierzu finden Sie auf den Internetseiten Ihrer Bibliothek. Wartezeiten bis zur Lieferung des bestellten Werks sind einzuplanen.

Dokumentlieferdienste

Ein *Dokumentlieferdienst* kann eine – wenn auch kostenintensivere – Alternative sein, um schneller an gesuchte Literatur zu kommen. *Subito*, ein gemeinnütziger eingetragener Verein, ist als fächerübergreifender Dokumentlieferdienst für die wissenschaftlichen Bibliotheken in Deutschland, Österreich, der Schweiz und Liechtenstein tätig. Sie beauftragen diesen Bibliotheksdienstleister mit der Beschaffung der gesuchten Literatur direkt und nicht über die Bibliothek. Informationen zum Verfahren und den Kosten finden Sie unter www.subito-doc.de.

eod ebooks
eBooks on Demand

Bei älteren, urheberrechtsfreien Titeln kann der kostenpflichtige Dokumentlieferdienst *eod ebooks/eBooks on Demand* ein überlegenswerter Weg der Literaturbeschaffung sein. Hierbei bieten Bibliotheken auf Anfrage an, eine digitale Ausgabe des gewünschten Titels aus ihrem Bestand anzufertigen. Falls kein Preis angezeigt wird, empfiehlt es sich, allgemeine Informationen zu den Reprodiensten auf den Internetseiten der Bibliothek abzurufen und einen Kostenvoranschlag zu erbitten. Neben den direkt am EU-Projekt *eBooks on Demand* teilnehmenden Bibliotheken bieten weitere Bibliotheken einen eigenen Digitalisierungsservice auf Anfrage an.

14 Literaturverwaltung

Eine umfangreiche Literatursuche in verschiedenen Katalogen und Datenbanken lässt Sie oftmals mit sehr unterschiedlich strukturierten Ergebnislisten und verschiedenen bibliographischen Formaten zurück. Natürlich können die einzelnen Daten händisch bearbeitet, zusammengeführt und in individuelle Ordnungssysteme integriert werden. Doch auf Dauer sollte Ihnen dieses Verfahren zu zeitaufwändig und unübersichtlich sein, vor allem bei größeren Arbeitsvorhaben.

Es empfiehlt sich spätestens dann, den Einsatz eines Literaturverwaltungsprogramms zu überlegen.

Literaturverwaltungsprogramme

Literaturverwaltungsprogramme sind kleine Datenbankprogramme zur Verwaltung von bibliographischen Notizen. Anhand der ISBN (Internationale Standardbuchnummer zur eindeutigen Kennzeichnung von Buchveröffentlichungen) oder dem DOI (Digital Object Identifier für Online-Dokumente) können bibliographische Daten aus Katalogen und Datenbanken vorkategorisiert in das Verwaltungsprogramm überführt werden. Bei Aufsatzliteratur aus Datenbanken unterstützen spezielle Exportfunktionen für ausgewählte Verwaltungsprogramme eine automatisierte Übernahme. Händische Erfassungen werden durch kategorisierte Erfassungsmasken erleichtert. Literaturverwaltungssysteme überführen bibliographische Daten automatisch in eine einheitliche Struktur und erlauben auf dieser Basis den Abruf der Daten für Literaturlisten und Einzelzitate, und zwar angepasst an unterschiedliche Formatvorgaben und Zitierstile.

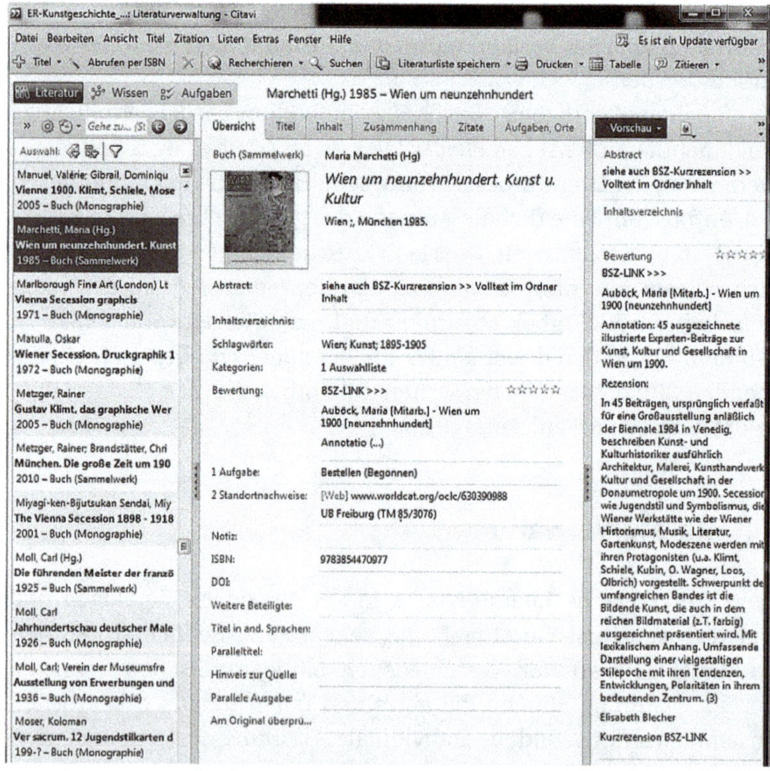

Abb. 46: Citavi: angereicherte Einzeltitelansicht (17. 11. 2012)

Die meisten erlauben – darin modernen OPACs und Datenbanken vergleichbar –, die bibliographischen Daten anzureichern um Inhaltsverzeichnisse, Abstracts, Rezensionen, eigene Schlagwörter, Notizen, Kommentare und externe Bild- und Textdokumente und um Eingaben direkter und indirekter Zitate aus den gelisteten Publikationen. Etliche Systeme ermöglichen auch Verknüpfungen der Titel untereinander, beispielsweise zur Verdeutlichung inhaltlicher Bezüge zwischen einzelnen Titeln, sehen Möglichkeiten zur zusätzlichen Kategorisierung von Einträgen vor und bieten nicht zuletzt mit Volltextsuche über den gesamten Datenbankinhalt und mit Schlagwortregistern eine umfassende Erschließung des gesammelten Materials.

Zu den bekanntesten Literaturverwaltungsprogrammen, die derzeit angeboten werden, zählen Bibliographix, Citavi, Endnote, EndnoteWeb, RefWorks und Zotero.

15 Schreib- und Gestaltungsphase

Zum Kern wissenschaftlichen Arbeitens in den geistes- und kulturwissenschaftlichen Disziplinen gehört die Rezeption bisheriger Forschung als Ausgangspunkt für die eigenen Untersuchungen. Dahinter steht die Einsicht, dass Neues immer wesentlich auf den Leistungen anderer aufbaut, dass Forschungs- und Erkenntnisfortschritt sich erst in der Auseinandersetzung mit vorangegangener Forschung definieren.

15.1 Literatur auswerten

Mit der systematischen Ermittlung und Listung von Forschungsliteratur zu Ihrem Thema haben Sie die entscheidende Basis gelegt, um nun eingehendere Kenntnisse zum Forschungsstand zu gewinnen. Durch die inhaltliche Auseinandersetzung mit den einzelnen Beiträgen erweitern Sie eigene Einsichten zum Untersuchungsgegenstand, es ergeben sich neue Perspektiven, Argumente gewinnen zusätzliches Profil. Dieser Prozess lässt sich intensivieren und steuern, wenn Sie Forschungsliteratur nicht nur kopieren oder downloaden, sondern gezielt auswerten und selbstständig resümieren.

Exzerpieren

Bei umfangreicheren *Exzerpten* scheuen Sie nicht einen gewissen formalen Aufwand (er wird sich später auszahlen): Übernehmen Sie immer die vollständigen bibliographischen Angaben zum Exzerpt, versehen Sie das Exzerpt durchlaufend mit Hinweisen auf die jeweilige Seitenzahl der Vorlage, notieren Sie, wo sich Ihr Exzerpt an die Formulierung der Vorlage anlehnt, markieren Sie eine wortwörtlich übernommene Passage erkennbar als Zitat und mit genauer Seitenangabe, trennen Sie eigene Kommentare und Gedanken deutlich vom exzerpierten Text.

Indexieren

Vor allem mit selbst vergebenen Schlag- und Stichwörtern können Sie ausgewertete Literatur leichter strukturieren, Ihrem eigenen Gliederungsentwurf zuordnen und dabei Entwürfe und Zuordnungen als flexiblen Prozess gestalten. Dank der Möglichkeit zu individueller Indexierung und Kategorisierung von Titeln erleichtern Literaturverwaltungsprogramme diesen Prozess erheblich.

15.2 Literatur zitieren und belegen

Gute wissenschaftliche Praxis

Zur Redlichkeit wissenschaftlichen Arbeitens gehört es, in Ihrem eigenen Beitrag deutlich erkennbar und nachprüfbar zu machen, auf welchen Ergebnissen Sie nach Auswertung der bisherigen Forschungsliteratur nun Ihre Ausführungen im Einzelnen aufbauen, welche entscheidenden Erkenntnisse und Interpretationen Sie anderen verdanken, mit welchen Ansätzen und Einsichten Sie sich besonders auseinandergesetzt haben. So wird gleichzeitig deutlich, welches Ihr eigenständiger Beitrag zum Thema und Ihre neue Sicht auf den Forschungsgegenstand sind. *Zitieren* und *Belegen* sind daher in den geisteswissenschaftlichen Disziplinen die wichtigsten Verfahren, um den Ansprüchen auf Transparenz hinsichtlich der Übernahme fremder und der Eigenständigkeit eigener wissenschaftlichen Leistungen zu genügen. *Für das Selbstverständnis der Wissenschaft ist die Sicherung dieser Standards wissenschaftlichen Arbeitens grundlegend.* Die Deutsche Forschungsgemeinschaft hat daher Empfehlungen zur *Sicherung guter wissenschaftlicher Praxis* beschlossen und 1998 als Denkschrift herausgegeben. In vielen akademischen Einrichtungen werden sie als Richtlinien eingesetzt.

Plagiat

Werden Übernahmen fremder Leistungen nicht gekennzeichnet, spricht man von einem *Plagiat* (von griech. plagios = unredlich), vom Diebstahl geistigen Eigentums. Um mangelndem Unrechtsbewusstsein bei der Aneignung geistigen Eigentums anderer in der Praxis entgegenzuwirken, sind die Universitäten dazu übergegangen, bereits bei Hausarbeiten eine schriftliche Erklärung zu verlangen, dass die Arbeit selbstständig, nur unter Verwendung der angegebenen Quellen und Hilfsmittel und mit angemessener Kennzeichnung der Übernahmen verfasst wurde; Plagiatskontrollen werden verstärkt durchgeführt und *Plagiate als Disziplinarverstoß gewertet und geahndet.*

Zitat und Zitatfunktion

Doch was ist in einer wissenschaftlichen Arbeit ein Zitat, wann und wozu wird zitiert? Ein (Text-)*Zitat* ist die Übernahme einer Stelle aus einem definierten Text in einen neuen Text. Mit einem Zitat soll eine Beweisführung in zentralen Punkten unterstützt, eine Aussage besonders gewichtet oder zusätzlich illustriert werden. Man unterscheidet verschiedene *Zitatformen*: das *wörtliche Zitat*, das eine Textstelle wortwörtlich übernimmt, und das *indirekte Zitat*, die *Paraphrase*, bei der die so zitierte Aussage sinngemäß wiedergegeben oder übersetzt wird. In allen Fällen ist die Quelle des Zitats zu nennen. Wörtliche Zitate werden zusätzlich durch doppelte Anführungsstriche gekennzeichnet oder (bei längeren Passagen) als Absatz eingerückt. Zur deutlichen Kennzeichnung und Zuordnung einer übernommen Forschungsmeinung, Interpretation oder Kommentierung eignen sich Paraphase und ausformulierter Hinweis oft besser als ein wörtliches Zitat.

Zitierregeln

Zu den grundlegenden Regeln des Zitierens gehört, dass durch den gewählten Zitatausschnitt oder durch die sinngemäße Wiedergabe *keine Verfälschung der Grundaussage* entstehen darf. Ebenso gilt, Zitate jeglicher Form zu belegen, somit ihre *Nachprüfbarkeit* zu ermöglichen. Nicht belegt werden müssen nur allgemeine und unstrittige Informationen, wie beispielweise hinreichend gesicherte und in Universallexika nachgewiesene Lebensdaten von Künstlern.

Zitatqualität

Die *Qualität eines Zitats* wird mitbestimmt durch die Wahl der *Zitatquelle*. Zitieren Sie daher – wenn Ihr Thema nicht anderes Quellenmaterial nahe legt – aus wissenschaftlich relevanten Ausgaben und aus Originalausgaben einer Veröffentlichung. Stützen Sie möglichst keine Argumentation auf ein Zitat aus zweiter Hand. Und schließlich: *Zitieren Sie in den für Ihr Fach als gängig geltenden Originalsprachen*; in der klassischen Kunstgeschichte sind dies neben Deutsch und Englisch auch Italienisch und Französisch.

Bibliographische Beschreibung

Ziel ist, die Zitatquelle so zu erfassen, dass sie eindeutig ermittelt und das Zitat überprüft werden kann. Die Zitiertechnik folgt daher wie Kataloge und Bibliographien den Normen bibliographischer Beschreibung und der Unterscheidung von Dokumenttypen.

Selbstständig erschienene Dokumente

Selbstständig erschienene Dokumente: Verfasserschrift, Herausgeberschrift, Zeitschriften als Gesamttitel. *Elemente ihrer bibliographischen Beschreibung*:

* Name und Vorname des Verfassers (gibt es mehr als 3 Verfasser, wird nur der erstgenannte aufgeführt, die anderen durch die Angabe [u.a.] ersetzt) bzw. * Name und Vorname des Herausgebers (mit Hinweis auf die Herausgeberfunktion) * Titel und Titelzusatz * Auflage (ab 2. Auflage, auch mit erläuternden Zusätzen) * Publikationsort(e) * Verlag (fakultativ) * Publikationsjahr * Bandangabe bei mehrbändigen Werken * Reihentitel mit Zählung * Publikationsumfang (fakultativ) * ISBN (fakultativ).

* Zeitschriftentitel und Titelzusatz * Herausgeber oder herausgebende Körperschaft * Publikationsort(e) * Verlag(e) * Erscheinungsverlauf.

Unselbstständig erschienene Dokumente

Unselbstständig erschienene Dokumente: Aufsatz in Herausgeberschrift, Aufsatz in Zeitschrift. *Elemente ihrer bibliographischen Beschreibung*:

* Name und Vorname des Verfassers * Titel des Einzelbeitrags in einer Herausgeberschrift * In: * Name und Vorname des Herausgebers mit Hinweis auf die Herausgeberfunktion * Titel des Sammelbands * Publikationsort, * Auflage (ab 2. Auflage auch mit erläuternden Zusätzen) * Verlag (fakultativ) * Publikationsjahr * Bandangabe bei mehrbändigen Werken * Seitenzahl des Beitrags.

* Name und Vorname des Verfassers * Titel des Einzelbeitrags in einer Zeitschrift * In: * Zeitschriftentitel * Bandnummer * Jahrgang * Seitenzahl des Beitrags.

Internetdokumente

Die bibliographische Beschreibung von *Internetdokumenten* folgt diesen Grundmustern. Ergänzt werden URL oder URN und Zugriffsdatum.

Belegformen

Die Zitatbelege in Form bibliographischer Angaben zur Zitatquelle können unterschiedlich integriert werden: als Kurzbeleg (mit stark verkürzten Angaben) direkt nach dem Zitat im Text, als bibliographisch vollständiger Beleg oder ebenfalls als Kurzbeleg in *Fußnoten* oder (inzwischen seltener) in *Endnoten*. Fußnoten befinden sich jeweils unten auf der Seite, auf der das Zitat steht. Endnoten stehen gruppiert am Ende eines Kapitels oder des Gesamttextes. Fuß- und Endnoten sind nummeriert; auf sie wird an der entsprechenden Textstelle durch eine hochgestellte Zahl hingewiesen.

Kurzbelege verlangen stets nach Auflösungsmöglichkeit, also nach einer Verknüpfung mit den vollständigen bibliographischen Angaben. Dies kann durch ein vollständiges Literaturverzeichnis gewährleistet sein. Fehlt dies, so muss die Zitatquelle bei Erstzitat immer vollständig im Fußnoten- oder Endnotentext aufgeführt werden. Folgen weitere Zitate aus der gleichen Zitatquelle, können dann verkürzte Angaben gewählt werden, beispielsweise a.a.O. (am angegebenen Ort), Ebd. (ebenda), Autor XY (wie Anm. 1), S. 123.

Literaturverzeichnis

Ein *vollständiges Verzeichnis der benutzten Literatur* steht am Schluss der Arbeit und ist bei selbstständigen wissenschaftlichen Publikationen, akademischen Hausarbeiten und Abschlussarbeiten die Regel. Bei Zeitschriftenaufsätzen wird aus Platzgründen oftmals darauf verzichtet. Daher müssen hier die vollständigen Angaben zur Zitatquelle immer in den *Fuß- oder Endnoten* erfolgen.

Zitierstile

Bei der Umsetzung der Zitierregeln haben sich unterschiedliche Zitierstile herausgebildet. Die angebotenen Zitierstile orientieren sich an Katalogen, an zentralen bibliographischen Datenbanken oder an renommierten Publikationsorganen eines Fachs. Für die Kunstgeschichte gibt es keinen verbindlichen Zitierstil. Doch bietet beispielsweise im deutschsprachigen Raum der *Zitierstil der Zeitschrift für Kunstgeschichte* Orientierung und wird auch von Literaturverwaltungsprogrammen unterstützt. Der an die Katalogverzeichnung angelehnte *bibliothekarische Zitierstil* ist besonders detailliert und erfasst auch Verlag, Publikationsumfang und ISBN. Entscheidend ist aber nicht, welchen Zitierstil Sie wählen, sofern keine Auflagen durch Verlag oder Zeitschrift bestehen, sondern nur, dass Sie den einmal gewählten Zitierstil konsequent einsetzen. Ein homogenes Erscheinungsbild in Zitatbelegen und Literaturverzeichnis ist im Kern keine Frage der Ästhetik, sondern vor allem eine der konsequenten Erschließung von Literatur.

15.3 Zitate belegen – Beispiele

Die Auswahlbeispiele werden hier in Anlehnung an den Zitierstil der Zeitschrift für Kunstgeschichte aus Citavi vorgestellt.

Verfasserschrift

Rainer Metzger: *Gustav Klimt, das graphische Werk*, Wien 2005.

Hinweis: Als Verfasser gelten auch die Ersteller von kritischen Künstlerwerkverzeichnissen. Bildbände (mit wenig Text) werden dagegen nicht als Verfasserschrift, sondern als Herausgeberschrift erfasst.

Herausgeberschrift

Ralf Beil (Hg), *Joseph Maria Olbrich. 1867–1908; Architekt und Gestalter der Frühen Moderne; [... anlässlich der Ausstellung „Joseph Maria Olbrich 1867–1908 Architekt und Gestalter der Frühen Moderne“ Mathildenhöhe Darmstadt 7. Februar bis 24. Mai 2010; Leopold Museum Wien 18. Juni bis 27. September 2010]*, Darmstadt, Ostfildern 2010.

Hinweis: Ausstellungskataloge sind meist Herausgeberschriften. Der Anlass wird als Titelzusatz angegeben.

Zeitschriftentitel

Ver sacrum. Mittheilungen der Vereinigung Bildender Künstler Österreichs, Wien, Wien, Leipzig 1898–1903.

Beitrag in Herausgeberschrift

Franz Smola, Der Zeit ihren Architekten. Joseph Maria Olbrich und die Wiener Secession, in: Ralf Beil (Hg), *Joseph Maria Olbrich. 1867–1908; Architekt und Gestalter der Frühen Moderne; [... anlässlich der Ausstellung „Joseph Maria Olbrich 1867–1908 Architekt und Gestalter der Frühen Moderne“ Mathildenhöhe Darmstadt 7. Februar bis 24. Mai 2010; Leopold Museum Wien 18. Juni bis 27. September 2010]*, Darmstadt, Ostfildern 2010, 93–113.

Aufsatz in Zeitschrift

Josef Engemann, Koloman Moser. Ein Aussteiger der Wiener Secession, in: *Zeitschrift des Deutschen Vereins für Kunstwissenschaft*, 56/57, 2002/2003, 271–313.

Internetdokument

Secession, in: *Das neue AEIOU Österreich-Lexikon / Austria-Forum: das österreichische Wissensnetz*. URL: http://www.austria-lexikon.at/af/AEIOU/Secession. (Zugriff 20.5.2012 und 12.8.2012)

Zitat und Beleg

Kurzbeleg direkt nach wörtlichem Zitat:

„VER SACRUM hatte von Anfang an zwei Ziele: erstens, die Ideen und theoretischen Absichten der Secessionisten zu verbreiten, und zweitens, Anreger und Experimentierfeld für die Buchkunst zu sein." {Rennhofer 1987: 111}

Kurzbeleg in Fußnote:

[2]{Rennhofer 1987: 111}

Vollständiger Beleg als Fuß- oder Endnote:

[2]Maria Rennhofer, *Kunstzeitschriften der Jahrhundertwende in Deutschland und Österreich, 1895–1914*, Wien 1987, 111.

Kurzbeleg mit Verknüpfung zum vollständigen Beleg im Literaturverzeichnis:

[2]{Rennhofer 1987: 111}

Rennhofer 1987
Maria Rennhofer, *Kunstzeitschriften der Jahrhundertwende in Deutschland und Österreich, 1895–1914*, Wien 1987.

15.4 Abbildungen nachweisen

Gleiche Sorgfalt sollte Bildunterschriften und Abbildungsverzeichnis gelten. Folgende Eckdaten sind zu berücksichtigen:

Bildunterschrift

Ortsgebundene Kunstwerke (Bauwerke):

* Ort * Bauwerk, Bauteil, Detail zur Ansicht * Architekt oder Künstler (bei neuzeitlichen Bauwerken) * Datierung * Photograph, Datierung der Aufnahme * Quelle der Abbildung (Buch, Bilddatenbank usw.)

Bewegliche Kunstwerke:

* Name des Künstlers * Titel des Werks * Datierung * Technik, Maße * heutiger Standort (Museum / Sammlung mit Ort) * Photograph, Datierung der Aufnahme * Quelle der Abbildung (Buch, Bilddatenbank usw.)

Abbildungsverzeichnis

Um die Bildunterschriften kürzer zu halten, wird oft dieses Verfahren gewählt: In der Bildunterschrift selbst wird auf die Nennung der Abbildungsquelle verzichtet, oft auch auf den Ersteller der Aufnahme. Das übernimmt entweder ein *Abbildungsverzeichnis* mit den vollständigen Angaben zu den einzelnen Abbildungen und zu ihren Quellen am Schluss der Arbeit oder ein *Abbildungsnachweis*, der nur noch die

Photographen und die Quellen zu den einzelnen Abbildungsnummern aufführt. Abbildungsverzeichnisse und Abbildungsnachweise ordnen in der Regel nach den Abbildungsnummern.

Bildrechte

Die Übernahme von Abbildungen aus Datenbanken, Abbildungswerken und Publikationen in eine wissenschaftliche Arbeit und das zitatartige Belegen ihrer Quellen genügt allerdings nur für den internen wissenschaftlichen Gebrauch (Hausarbeit, akademische Abschlussarbeit). Möchten Sie diese Arbeit publizieren, so gilt es, die *Bildrechte* zu klären, Abdruckgenehmigungen einzuholen (vgl. 4.2) und Abbildungsnachweise entsprechend zu ergänzen.

Platz der Abbildung

Die *Abbildung* kann ihren Platz direkt beim Text haben. Meist werden im laufenden Text aber nur die Abbildungsnummern (Abb. 1 usw.) genannt und alle Abbildungen mit Bildunterschriften als Abbildungsteil gebündelt dem Textteil nachgestellt. Im akademischen Kontext hat dies den Vorteil, dass Textumfang und Autorenleistung offensichtlicher werden; bei Publikationen erleichtert es die Anpassung an das Verlagslayout.

15.5 Formale Gestaltung

Inhaltliche Gliederung

Eine gute wissenschaftliche Arbeit zeichnet sich aus durch klare Strukturierung ihrer Inhalte. Die Gewichtung einzelner Inhalte bestimmt die *Gliederung* des Textflusses und die Zuweisung zu einzelnen Textteilen. Der Einleitung kommt die Aufgabe zu, gezielt in Thema und Fragestellung einzuführen. Der Hauptteil präsentiert die in Kapitel gegliederten zentralen Aussagen, Argumentationen und Einzelresultate zum Thema. Die Feinordnung in Haupt- und Unterkapitel zeigt dabei den Stellenwert, den Sie einzelnen Punkten beimessen. Die Zusammenfassung bietet abschließend die Gelegenheit, die Einzelergebnisse in konzentrierter Form zu einem Gesamtergebnis zusammenzuführen und zugleich auf neue Perspektiven zu verweisen. Diese Ordnungsprinzipien finden durch die Verwendung eines numerischen oder alphanumerischen Gliederungssystems ihren deutlichsten Ausdruck.

Ordnungsschema

Das *Deckblatt* nennt Autor und Titel; weitere Angaben bei akademischen Arbeiten erfolgen nach den Vorgaben der Institute und Fakultäten. Die dem Deckblatt folgende *Gliederung* bietet Themenbehandlung und Argumentationsstrang als Übersicht. Der nachfolgende *Textteil* macht das Verhältnis der Ausführungen zur bisherigen Forschung überprüfbar und optisch greifbar über den *wissenschaftlichen Apparat* in Form von Zitaten, Belegen in Fuß- und Endnoten und Verweisungen. Dem Textteil folgen *Abbildungsteil*, *Literaturverzeichnis*,

Abbildungsnachweise. Beigefügt wird bei akademischen Arbeiten die *schriftliche Erklärung*, dass Sie die Arbeit eigenständig und nur mit den angegebenen Hilfsmitteln angefertigt haben. Einzelne Einrichtungen verlangen zusätzlich eine beurkundete *automatisierte Plagiatskontrolle.* Mit diesen letzten Seiten einer wissenschaftlichen Arbeit versichern Sie, dass Sie nicht nur das wissenschaftliche Handwerk kennen, sondern auch selbst guter wissenschaftlicher Praxis folgen.

Nachwort

Am Schluss steht der Wunsch, dass Ihnen *Erfolgreich recherchieren Kunstgeschichte* ein nützlicher Kompass war und ist, um auf dem Meer der Informationen Kurs zu halten und die gewünschten Ziele zu erreichen. Kenntnisse grundlegender Hilfsmittel und Techniken sollen Ihnen aber nicht nur ermöglichen, in der Praxis der Bild- und Literatursuche den für die jeweilige Themenstellung passenden Weg einzuschlagen. Sie möchten auch Anreize setzen, umfassender in Denken und Schreiben über Kunst und Kunstgeschichte einzutauchen und Freude zu gewinnen an der Entdeckung neuer Perspektiven und Einsichten.

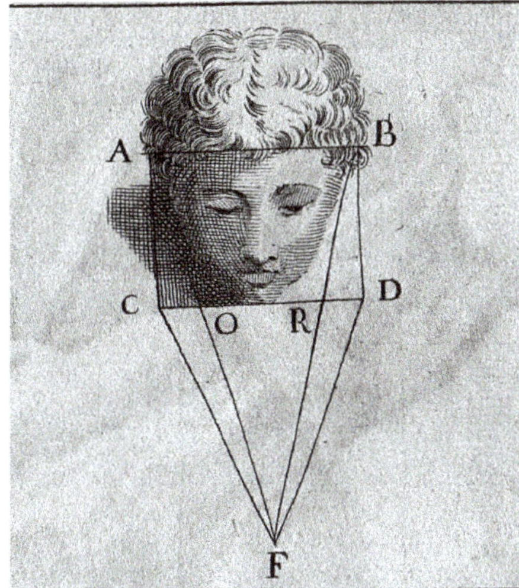

Abb. 47: Illustration zu Leonardo da Vinci: Trattato della pittura, Napoli 1733, S. 80, Ausschnitt (Exemplar UB Freiburg Rara F 1907,li)

Ressourcenverzeichnis

Elektronische Quellen

Lizenzpflichtige Ressourcen sind mit einem L gekennzeichnet, über Nationallizenzen deutschlandweit verfügbare Datenbanken mit einem N. Für die Recherche in lizenzpflichtigen Datenbanken empfiehlt sich der Zugang über DBIS bzw. über den OPAC der Bibliothek, zu deren berechtigten Nutzern Sie gehören.

Das Verzeichnis der Elektronischen Quellen ist kostenlos online zugänglich über die Website von De Gruyter: http://www.degruyter.com/view/product/179955

Bitte beachten Sie folgenden Hinweis: Online-Ressourcen sind schnellen Veränderungen unterworfen, sei es durch Aktualisierungen, sei es durch Neustrukturierung der Daten, sei es durch Layout-Anpassung. Die grundsätzlichen Ausführungen zum Inhalt eines Angebots bleiben davon allerdings meist unberührt.

ABM *siehe* ARTbibliographies Modern
ADB *siehe* Allgemeine Deutsche Biographie
Agence photographique des musées nationaux RMN (> Kap. 9.2)
  http://www.photo.rmn.fr/cf/htm/Home.aspx
AGORHA – Accès global et organisé aux ressources en histoire de l'art / INHA (> Kap. 6.3.2)
  http://www.inha.fr/spip.php?rubrique391
AHCI *siehe* Arts & Humanities Citation Index
AKL Online *siehe* Allgemeines Künstlerlexikon
Allgemeine Deutsche Biographie (ADB) *siehe* Deutsche Biographie
Allgemeines Künstlerlexikon / Internationale Künstlerdatenbank – Online (AKL-Online) (> Kap. 5.2.4)
  http://www.degruyter.com/view/db/akl L
Allgemeines Lexikon der Kunstschaffenden *siehe* Ziese
ArchIcon online (> Kap. 10.2)
  http://codicon.digitale-sammlungen.de/archicon.html
Architecture & Patrimoine (> Kap. 9.1)
  http://www.culture.gouv.fr/culture/inventai/patrimoine
Art & Architecture Thesaurus / The Getty Research Institute (> Kap. 6.3.3, 9.4)
  http://www.getty.edu/research/tools/vocabularies/aat/index.html
Art Sales Catalogues Online (> Kap. 10.2)
  http://asc.idcpublishers.info N
ART-Dok. Publikationsplattform Kunstgeschichte (> Kap. 6.3.1)
  http://archiv.ub.uni-heidelberg.de/artdok/
ART-Guide. Sammlung kunsthistorischer Internetquellen (> Kap. 6.3.1)
  http://artguide.uni-hd.de
ARTbibliographies Modern (ABM) (> Kap. 3.2.2)
  http://www.csa.com/factsheets/artbm-set-c.php L
ARTbibliographies Modern (ABM) / Archiv; ABM for DFG (> Kap. 3.2.2)
  http://search.proquest.com/artbibliographiesdfg?accountid=10979 N
arthistoricum.net. Virtuelle Fachbibliothek Kunst (> Kap. 6.2, 6.3.1)
  http://www.arthistoricum.net/
arthistoricum.net : FONTES. E-Quellen und Dokumente zur Kunst 1350-1750 (> Kap. 6.3.1)
  http://www.arthistoricum.net/publizieren/fontes/

arthistoricum.net : Kunstform. Online Rezensionsjournal (> Kap. 6.3.1)
http://www.arthistoricum.net/kunstform/
arthistoricum.net : Suchen (> Kap. 6.3.1)
http://www.arthistoricum.net/suchen/
arthistoricum.net : Themen (> Kap. 10.1.2, 10.2)
http://www.arthistoricum.net/themen/
arthistoricum.net : Themen > Textquellen digital (> Kap. 10.1.2, 10.2)
http://www.arthistoricum.net/themen/textquellen-digital/
artlibrairies.net. Virtual Catalogue for Art History (> Kap. 2.3.2)
http://artlibraries.net/
Arts & Humanities Citation Index (AHCI) über Web of Science (> Kap. 8.2.3)
http://thomsonreuters.com/products_services/science/science_products/a-z/arts_humanities_citation_index/ L
http://thomsonreuters.com/products_services/science/science_products/a-z/web_of_science/
ARTstor. An Image Library for the Arts and Sciences (> Kap. 4.1.3)
http://www.artstor.org/ L
ARTtheses. Forschungsdatenbank für Hochschulnachrichten Kunstgeschichte (> Kap. 6.1)
http://www.zikg.eu/arttheses/index.htm
Avery Index to Architectural Periodicals (> Kap. 7.2.4)
http://www.ebscohost.com/academic/avery-index-to-architectural-periodicals L
BASE. Bielefeld Academic Search Machine (> Kap. 1.2)
http://www.base-search.net/
Basisklassifikation (BK) (> Kap. 2.1.3)
http://www.gbv.de/vgm/info/mitglieder/02Verbund/01Erschliessung/02Richtlinien/05Basisklassifikation/index
Bayerische Bibliographie (> Kap. 8.1.2)
http://www.bayerische-bibliographie.de/
Benezit – Dictionary of Artists / Oxford Art Online (> Kap. 5.2.1)
http://www.oxfordartonline.com/public/book/oao_benz L
BHA and RILA / The Getty Research Institute (> Kap. 3.2.1)
http://www.getty.edu/research/tools/bha/index.html
Bibliographie bildende Kunst. Bildende Kunst in der DDR 1973–1990 (> Kap. 10.2)
http://www.arthistoricum.net/themen/textquellen-digital/bibliographie-bildende-kunst/
Bibliographie de Civilisation Médiévale (BCM) L (> Kap. 8.2.2)
http://apps.brepolis.net/bmb/search.cfm
Bibliography of the History of Art (BHA) *siehe* BHA and RILA
Bibliotheca Hertziana. Max-Planck-Institut für Kunstgeschichte, Rom (> Kap. 2.3.1, 6.1)
http://www.biblhertz.it/
Bibliotheksportal
http://www.bibliotheksportal.de/index.php
Bibliotheksportal: Adressen zu Bibliotheken und Katalogen
http://www.bibliotheksportal.de/bibliotheken/bibliotheken-in-deutschland/bibliotheksadressen.html
Bibliotheksverbund Bayern (BVB) (> Kap. 2.2.1)
http://www.bib-bvb.de/
Bibliotheksverbund Bayern (BVB) : Katalog *siehe* Gateway Bayern
Bibliothèque numérique / INHA (> Kap. 10.1.2)
http://www.inha.fr/spip.php?rubrique286
BibScout (> Kap. 2.2.1, 9.3)
http://bibscout.bsz-bw.de/bibscout/
Bildindex der Kunst und Architektur (> Kap. 4.1.1)
http://www.bildindex.de
Bildportal der Kunstmuseen *siehe* bpk

Bing.com (> Kap. 1)
http://www.bing.com/
Biographieportal (> Kap. 5.2.6)
http://www.biographie-portal.eu/
BK *siehe* Basisklassifikation
bpk. Das Bildportal der Kunstmuseen (> Kap. 9.2)
http://bpkgate.picturemaxx.com
Brepolis Medieval Bibliographies (BMB). International Medieval Bibliography (IBM) and Bibliographie de Civilisation Médiévale (BCM) (> Kap. 8.2.2)
http://apps.brepolis.net/bmb/search.cfm L
Bridgeman Art Library (> Kap. 4.1.3)
http://www.bridgemanart.com/ L
Brockhaus Enzyklopädie Online (> Kap. 5.1)
www.brockhaus-enzyklopaedie.de/ L
BVB *siehe* Bibliotheksverbund Bayern
Codices Iconographici / CodIcon online (> Kap. 10.2)
http://www.bsb-muenchen.de/Codices-Iconographici-CodIcon-online.174.0.html
CodIcon online (> Kap. 10.2)
http://codicon.digitale-sammlungen.de/start.html
College Art Association (CAA): US and Canadian PhD Dissertations (> Kap. 6.1)
http://www.collegeart.org/dissertations/
College Art Association (CAA): US and Canadian PhD Dissertations, caa.reviews (> Kap. 6.1)
http://www.caareviews.org/dissertations
Concise Oxford Dictionary of Art Terms / Oxford Art Online (> Kap. 5.2.1)
http://www.oxfordartonline.com/subscriber/book/oao_t4 L
Corpus Vitrearum International (> Kap. 9.1)
http://www.corpusvitrearum.org/
Cultura Italia. Un patrimonio da esplorare (> Kap. 10.1.1)
http://www.culturaitalia.it
Datenbank-Infosystem (DBIS) (> Kap. 3.1)
www.bibliothek.uni-regensburg.de/dbinfo
Datenbank-Infosystem (DBIS): Ansicht Gesamtbestand (> Kap. 3.1)
http://rzblx10.uni-regensburg.de/dbinfo/fachliste.php?bib_id=alle&lett=l&colors=&ocolors=
DBIS *siehe* Datenbank-Infosystem
DDC *siehe* Dewey Dezimalklassifikation
Dehio, Georg: Handbuch der deutschen Kunstdenkmäler, Berlin 1905-1912. Retrodigitale Ausgabe (> Kap. 9.1)
http://digi.ub.uni-heidelberg.de/diglit/dehio1905ga
Denkmalliste.org. Denkmalverzeichnisse im Internet (> Kap. 9.1)
http://www.denkmalliste.org/
Denkmalpflege in den Ländern (> Kap. 9.1)
http://www.denkmalpflege-forum.de/in_den_Landern/in_den_landern.html
Deutsche Biographie. Allgemeine Deutsche Biographie (ADB) und Neue Deutsche Biographie (NDB) (> Kap. 5.2.6)
www.deutsche-biographie.de/
Deutsche Digitale Bibliothek (> Kap. 10.1.1)
http://www.deutsche-digitale-bibliothek.de/
Deutsche Fotothek. Bilder für die Wissenschaft (Dresden) (> Kap. 4.1.3)
http://www.deutschefotothek.de/
Deutsche Literatur des 18. Jahrhunderts Online (> Kap. 10.2)
http://db.saur.de/DLO L

Deutsche Nationalbibliographie (DNB) / Deutsche Nationalbibliothek Leipzig; Frankfurt a. M. (> Kap. 8.1.1)
https://portal.dnb.de/
Deutsches Forum für Kunstgeschichte. Centre allemand d'histoire de l'art (> Kap. 2.3.1, 6.1)
http://www.dtforum.org/
Dewey Dezimalklassifikation (DDC). Deutsche Ausgabe (> Kap. 2.1.3, 8.1.1)
http://www.ddc-deutsch.de/Subsites/ddcdeutsch/DE/Home/home_node.html
Dictionary of Art Historians (> Kap. 5.2.6)
http://www.dictionaryofarthistorians.org/
Digitaler Porträtindex der druckgraphischen Bildnisse der Frühen Neuzeit (> Kap. 4.1.2)
http://www.portraitindex.de/db/apsisa.dll/ete
Digitalisierung und Erschließung illustrierter Kunst- und Satirezeitschriften des 19. und frühen 20. Jahrhunderts / Universitätsbibliothek Heidelberg (> Kap. 7.3.2)
http://www.ub.uni-heidelberg.de/helios/fachinfo/www/kunst/digilit/artjournals/Welcome.html
DigiZeitschriften. Das deutsche digitale Zeitschriftenarchiv (> Kap. 7.3.2)
http://www.digizeitschriften.de/ L
DNB *siehe* Deutsche Nationalbibliographie
Elektronische Zeitschriftenbibliothek (EZB) (> Kap. 7.1.2)
http://rzblx1.uni-regensburg.de/ezeit/
e-codices. Virtuelle Handschriftenbibliothek der Schweiz (> Kap. 10.1.1)
http://www.e-codices.unifr.ch/de/
e-lib.ch. Elektronische Bibliothek Schweiz (> Kap. 10.1.1)
http://www.e-lib.ch/de/
e-rara. Digitalisierte alte Drucke aus Schweizer Bibliotheken (> Kap. 10.1.1)
http://www.e-rara.ch
Emblematica Online (> Kap. 10.2)
http://diglib.hab.de/?link=016
Encyclopaedia Britannica Online (> Kap. 5.1)
http://www.britannica.com/ L
Encyclopedia of Aesthetics / Oxford Art Online (> Kap. 5.2.1)
http://www.oxfordartonline.com/subscriber/book/oao_t234 L
eod ebooks / eBooks on Demand (> Kap. 13)
http://books2ebooks.eu/de
European Library (> Kap. 10.1.1)
http://www.theeuropeanlibrary.org/
europeana (> Kap. 10.1.1)
http://www.europeana.eu
EZB *siehe* Elektronische Zeitschriftenbibliothek
FONTES *siehe* arthistoricum.net : FONTES
FRANCIS. International humanities and social sciences (> Kap. 8.2.1)
http://www.ebscohost.com/academic/francis L
Gallica. Bibliothèque numérique (> Kap. 10.1.1)
http://gallica.bnf.fr/
Gateway Bayern (> Kap. 2.2.1)
http://www.gateway-bayern.de/
GBV *siehe* Gemeinsamer Bibliotheksverbund
Gemälde in Museen: Deutschland, Österreich, Schweiz. Katalog der ausgestellten und depotgelagerten Werke (GIM) L (> Kap. 9.2)
http://www.degruyter.com/view/db/gim
Gemeinsamer Bibliotheksverbund (GBV) mit Zugang GBV-Katalog (> Kap. 2.2.1)
http://www.gbv.de/

German Sales 1930-1945. Digitalisierte Auktionskataloge (> Kap. 10.2)
http://www.arthistoricum.net/themen/themenportale/german-sales/
Getty (> Kap. 6.3.3)
http://www.getty.edu
Getty Research Institute (> Kap. 6.3.3)
http://www.getty.edu/research/
Getty Research Institute : Search Tools and Databases (> Kap. 6.3.3)
http://www.getty.edu/research/tools/
Getty Provenance Index Databases (> Kap. 6.3.3, 10.2)
http://www.getty.edu/research/tools/provenance/search.html
Getty Research Guides and Bibliographies (> Kap. 6.3.3)
http://www.getty.edu/research/tools/guides_bibliographies/index.html
Getty Research Portal (> Kap. 6.3.3, 10.1.2)
http://portal.getty.edu/portal/landing
Getty Vocabularies (> Kap. 6.3.3, 9.4)
http://www.getty.edu/research/tools/vocabularies/index.html
GIM *siehe* Gemälde in Museen
Google (> Kap. 1.1)
www.google.de/
Google-Bilder (> Kap. 4)
http://images.google.de
Google Books. Google Buchsuche. Google Bücher (> Kap. 1.1)
http://books.google.de
Google Bücher / Erweiterte Suche (> Kap. 1.1)
http://books.google.de/advanced_book_search
Google Scholar (> Kap. 1.2)
http://scholar.google.de/schhp?hl=de
Grove Art Online / Oxford Art Online (> Kap. 5.2.1)
http://www.oxfordartonline.com/subscriber/book/oao_gao L
hbz *siehe* Hochschulbibliothekszentrum Nordrhein-Westfalen
HeBIS *siehe* Hessisches Bibliotheksinformationszentrum
Hessisches Bibliotheksinformationszentrum (HeBIS) mit Zugang zum heBIS-Portal (Katalog) (> Kap. 2.2.1)
http://www.hebis.de/de/index.php
Hochschulbibliothekszentrum Nordrhein-Westfalen (hbz) mit Zugang zum hbz-Katalog (> Kap. 2.2.1)
http://www.hbz-nrw.de/
historicum.net – Geschichtswissenschaften im Internet (> Kap. 6.3.1)
http://www.historicum.net/
Historisches Lexikon der Schweiz (HLS) (> Kap. 5.2.6)
http://hls-dhs-dss.ch
IBA *siehe* International Bibliography of Art
IBR – Online *siehe* Internationale Bibliographie der Rezensionen geistes- und sozialwissenschaftlicher Zeitschriftenliteratur – Online
IBZ – online *siehe* Internationale Bibliographie der geistes- und sozialwissenschaftlichen Zeitschriftenliteratur – online
Iconclass (> Kap. 4.1.1)
www.iconclass.nl/
www.iconclass.org/
IDS *siehe* Informationsverbund Deutschschweiz
Illustrated Bartsch (über ARTstor) (> Kap. 5.2.6)
http://www.artstor.org/what-is-artstor/w-html/col-illustr-bartsch.shtml L

Informationsverbund Deutschschweiz (IDS) mit Swissbib-Suche (> Kap. 2.2.1)
http://www.informationsverbund.ch/
INHA *siehe* Institut national d'histoire de l'art
INKA *siehe* Inkunabelkatalog INKA
Inkunabelkatalog INKA (> Kap. 2)
http://www.inka.uni-tuebingen.de/
INSA *siehe* Inventar der neueren Schweizer Architektur
Institut national d'histoire de l'art INHA (> Kap. 6.3.2)
http://www.inha.fr/
Institut national d'histoire de l'art INHA: Bibliothèque numérique (> Kap. 10.1.2)
http://www.inha.fr/spip.php?rubrique286
Institut national d'histoire de l'art INHA: Inventaires des fonds patrimoniaux (> Kap. 10.1.2)
http://www.inha.fr/spip.php?rubrique212
Institut national d'histoire de l'art INHA : Ressources documentaires(> Kap. 10.1.2)
http://www.inha.fr/spip.php?rubrique3
International Bibliography of Art (IBA) (> Kap. 3.2.1)
http://www.csa.com/factsheets/iba-set-c.php L
International Medieval Bibliography (IMB) (> Kap. 8.2.2)
http://apps.brepolis.net/bmb/search.cfm L
Internationale Bibliographie der geistes- und sozialwissenschaftlichen Zeitschriftenliteratur – online (IBZ – online) (> Kap. 7.2.3)
http://www.degruyter.com/view/db/ibz L
Internationale Bibliographie der Rezensionen geistes- und sozialwissenschaftlicher Zeitschriftenliteratur – Online (IBR Online) (> Kap. 7.2.3)
http://www.degruyter.com/view/db/ibr L
Inventar der neueren Schweizer Architektur, 1850–1920 (INSA) (> Kap.9.1)
http://retro.seals.ch/digbib/vollist?UID=ins-001
Joconde : Portail des collections des musées de France (> Kap. 9.2)
http://www.culture.gouv.fr/documentation/joconde/fr/pres.htm
JSTOR (> Kap. 7.3.3)
http://www.jstor.org/ L
Kalliope. Verbundkatalog Nachlässe und Autographen(> Kap. 2)
http://kalliope.staatsbibliothek-berlin.de/
Kartenportal CH (> Kap. 10.1.1)
http://www.kartenportal.ch/
Kindlers Malereilexikon, ergänzte elektronische Ausgabe, Berlin 2003, (Digitale Bibliothek 22) CD-ROM/DVD-ROM (> Kap. 5.2.7)
Dictionary of Art Historians (> Kap. 5.2.6)
http://www.dictionaryofarthistorians.org
Karlsruher Virtueller Katalog (KVK) (> Kap. 2.2.2)
http://www.ubka.uni-karlsruhe.de/kvk.html
KOBV *siehe* Kooperativer Bibliotheksverbund Berlin-Brandenburg
Kooperativer Bibliotheksverbund Berlin-Brandenburg (KOBV) mit Zugang zum KOBV-Portal (Katalog) (> Kap. 2.2.1)
http://www.kobv.de/
Kubikat. Bibliothekskatalog der deutschen universitätsunabhängigen kunsthistorischen Forschungsinstitute (> Kap. 2.3.1, 6.1)
http://www.kubikat.org/
Kunstdenkmäler – Wikisource (> Kap. 9.1)
http://de.wikisource.org/wiki/Kunstdenkm%C3%A4ler

Kunsthistorisches Institut in Florenz. Max-Planck-Institut (> Kap. 2.3.1, 6.1)
http://www.khi.fi.it/
KVK *siehe* Karlsruher Virtueller Katalog
Landesbibliographie Baden-Württemberg (> Kap. 8.1.2)
http://www.statistik.baden-wuerttemberg.de/LABI/home.asp
Landesbibliografie Mecklenburg-Vorpommerns (> Kap. 8.1.2)
http://www.landesbibliographie-mv.de/
Leonardo <da Vinci>: [Praktisches Werk von der Mahlerey]. Des Herrn Leonhard von Vinci praktisches Werk von der Mahlerey ... / aus dem Ital. übers. von Johann Georg Böhm, neue mit dem Leben des Verf. verm. Aufl., Nürnberg 1786 [erste deutschsprachige Ausgabe], Online Ausgabe UB Heidelberg 2011
http://digi.ub.uni-heidelberg.de/diglit/leonardo1786
Lexikon der Kunst / begr. von Gerhard Strauß, hrsg. von Harald Olbrich, elektronische Ausgabe der Neubearbeitung 1987–1994, Berlin 2001, (Digitale Bibliothek 43) – CD-ROM/DVD-ROM (> Kap. 5.2.7)
Lexikon und Datenbank zur Kunst in der Schweiz und im Fürstentum Liechtenstein (SIKART) (> Kap. 6.1)
http://www.sikart.ch/
Lizenziats- und Doktorarbeiten. Titelliste der Vereinigung der Kunsthistorikerinnen und Kunsthistoriker in der Schweiz. (pdf-Datei pro Jahr) (> Kap. 6.1)
http://www.vkks.ch/Publikationen/wiss.-Arbeiten/
Lugt's Repertoire online (> Kap. 10.2)
http://lugt.idcpublishers.info/content/aboutlugt.php L
manuscripta mediaevalia (> Kap. 2)
http://www.manuscripta-mediaevalia.de
MDZ. Münchner DigitalisierungsZentrum / Digitale Bibliothek (> Kap. 10.2)
http://www.digitale-sammlungen.de
Michael. Multilingual Inventory of Cultural Heritage in Europe (> Kap. 10.1.1)
http://www.michael-culture.org
Michael Deutschland (> Kap. 10.1.1)
http://www.michael-portal.de
Michael Italia (> Kap. 10.1.1)
http://michael-culture.it
NDB *siehe* Neue Deutsche Biographie (NDB)
Neue Deutsche Biographie (NDB) *siehe* Deutsche Biographie
OBVSG *siehe* Österreichische Bibliothekenverbund und Service GmbH
OeB online *siehe* Österreichische Bibliografie online
ÖBL online *siehe* Österreichisches Biographisches Lexikon online
Österreichische Bibliografie online (OeB online) (> Kap. 8.1.1)
http://bibliographie.onb.ac.at/biblio/index.htm
Österreichische Bibliothekenverbund und Service GmbH (OBVSG) mit Zugang zu Katalogen (> Kap. 2.2.1)
http://www.obvsg.at/
Österreichisches Biographisches Lexikon online (ÖBL online) (> Kap. 5.2.6)
http://www.oeaw.ac.at/oebl/
OLC *siehe* Online Contents
OLC-SSG *siehe* Online Contents Sondersammelgebietsausschnitt
OLC-SSG Kunst *siehe* Online Contents Sondersammelgebietsausschnitt Kunst u. Kunstwissenschaft
Online Contents (OLC) (> Kap. 6.2, 7.2.2)
http://gso.gbv.de/DB=2.3/ L
Online Contents Sondersammelgebietsausschnitte (OLC-SSG) (> Kap. 6.2, 7.2.2)
http://www.gbv.de/benutzer/datenbanken/ssg
Online Contents Sondersammelgebietsausschnitt Kunst u. Kunstwissenschaft (OLC-SSG Kunst) (> Kap. 6.2, 7.2.2)
http://gso.gbv.de/DB=2.42/

Oxford Art Online (> Kap. 5.2.1)
    http://www.oxfordartonline.com/subscriber/ L
Oxford Companion to Western Art / Oxford Art online (> Kap. 5.2.1)
    http://www.oxfordartonline.com/subscriber/book/oao_t118 L
Patrimoine numérique. Catalogue des collections numérisées (> Kap. 10.1.1)
    http://www.numerique.culture.fr/pub-fr/index.html
Periodicals Archive Online (PAO) (> Kap. 7.3.1)
    http://pao.chadwyck.co.uk/home.do N
Periodicals Index Online (PIO) (> Kap. 7.2.1)
    http://pio.chadwyck.co.uk/home.do?uid=2371 N
Porträtindex *siehe* Digitaler Porträtindex
Prestel Künstlerlexikon. Prestel-Lexikon Kunst und Künstler im 20. Jahrhundert (> Kap. 5.2.6)
    http://www.prestel-kuenstlerlexikon.de
Prometheus (> Kap. 4.1.3)
    http://www.prometheus-bildarchiv.de/ L
Propylaeum – Virtuelle Bibliothek Altertumswissenschaften (> Kap. 6.3.1)
    http://www.propylaeum.de/
RAA *siehe* Répertoire d'art et d'archéologie
RDK-Web *siehe* Reallexikon zur Deutschen Kunstgeschichte
Reallexikon zur Deutschen Kunstgeschichte – RDK-Web (> Kap. 5.2.3)
    http://rdk.zikg.net/rdkdaten/extra/start.jpg
Regensburger Verbundklassifikation (RVK) (> Kap. 1.2)
    http://rvk.uni-regensburg.de/
Répertoire d'art et d'archéologie (RAA) (> Kap. 6.3.2, 8.2.1)
    http://www.inha.fr/spip.php?rubrique400 (Zugang über INHA)
    http://agorha.inha.fr/inhaprod/jsp/direct_form_raa.jsp (Suche über AGORHA)
    http://www.ebscohost.com/academic/francis (Daten in FRANCIS) L
Répertoire international de la litterature de l'art / International Repertory of the Literature of Art (RILA)
    siehe BHA and RILA
Rheinland-Pfälzische Personendatenbank (RPPD) (> Kap. 5.2.6)
    http://www.rlb.de/cgi-bin/wwwalleg/maskrnam.pl?db=rnam
RIBA *siehe* Royal Institute of British Architects
RIBA British Architectural Library Catalogue Online (> Kap. 6.1)
    http://www.architecture.com/
RILA *siehe* BHA and RILA
Royal Institute of British Architects (RIBA) (> Kap. 6.1)
    http://www.architecture.com/
RPPD *siehe* Rheinland-Pfälzische Personendatenbank
Rubens online / Herzog August Bibliothek Wolfenbüttel (> Kap. 9.3)
    http://www.hab.de/forschung/projekte/rubens.htm
    http://diglib.hab.de/edoc/ed000083/startx.htm
RVK *siehe* Regensburger Verbundklassifikation
Sächsische Biografie SGV e.V. (> Kap. 5.2.6)
    http://saebi.isgv.de
Sächsische Landesbibliothek – Staats- und Universitätsbibliothek Dresden *siehe* SLUB Dresden
Sandrart.net: Eine netzbasierte Forschungsplattform zur Kunst- und Kulturgeschichte des 17. Jahrhunderts
    (> Kap. 10.2)
    http://www.sandrart.net
Schlosser, Julius von: Die Kunstliteratur. Ein Handbuch zur Quellenkunde der neueren Kunstgeschichte,
    Wien 1924. Retrodigitale Ausgabe (> Kap.10.2)
    http://digi.ub.uni-heidelberg.de/diglit/schlosser1924

Schlosser, Julius von: Materialien zur Quellenkunde der Kunstgeschichte, Wien 1914. Retrodigitale Ausgabe (> Kap. 10.2)
http://digi.ub.uni-heidelberg.de/diglit/schlosser1914ga

Schlosser, Julius von; Rossi, Filippo [Übers.] [Hrsg.]: La letteratura artistica, Florenz, 1964. Retrodigitale Ausgabe (> Kap. 10.2)
http://digi.ub.uni-heidelberg.de/diglit/schlosser1964

Schweizer Buch online im Helveticat (> Kap. 8.1.1)
http://www.nb.admin.ch/nb_professionnel/erschliessen/00670/01039/index.html?lang=de

Schweizer Zeitschriften online *siehe* SEALS

Schweizerisches Institut für Kunstwissenschaft (SIK-ISEA) (> Kap. 6.1)
http://www.sik-isea.ch/

SEALS. Server für digitalisierte Zeitschriften / Konsortium der Schweizer Hochschulbibliotheken (> Kap. 10.1.1)
http://retro.seals.ch/digbib/de/home

SIKART *siehe* Lexikon und Datenbank zur Kunst in der Schweiz und im Fürstentum Liechtenstein

SIK-ISEA *siehe* Schweizerisches Institut für Kunstwissenschaft

SLUB Dresden / Sammlungen (SSG Gegenwartskunst) (> Kap. 6.2)
http://www.slub-dresden.de/sammlungen/gegenwartskunst/

Staats- und Universitätsbibliothek Dresden *siehe* SLUB Dresden

Subito (> Kap. 13)
www.subito-doc.de

Südwestdeutscher Bibliotheksverbund (SWB) mit Zugang zum SWB-Online-Katalog (> Kap. 2.2.1)
http://swb.bsz-bw.de/DB=2.1/START_WELCOME

Sulzer, Johann Georg: Allgemeine Theorie der schönen Künste. Lexikon der Künste und der Ästhetik, Leipzig 1771/1774, Digitale Ausgabe, Berlin 2002, (Digitale Bibliothek 67). CD-ROM/DVD-ROM (> Kap. 10.2)

SWB *siehe* Südwestdeutscher Bibliotheksverbund

TESEO: Tesis doctorales (> Kap. 6.1)
https://www.educacion.gob.es/teseo/irGestionarConsulta.do

The Getty *siehe* Getty

Travaux de Recherche en Histoire de l'Art et Archéologie (TRHAA) (> Kap. 6.1)
http://www.inha.fr/spip.php?rubrique199

TRHAA *siehe* Travaux de Recherche en Histoire de l'Art et Archéologie

UB Heidelberg *siehe* Universitätsbibliothek Heidelberg

Universitätsbibliothek Heidelberg / Sondersammelgebiet Kunstgeschichte (> Kap. 6.2, 7.3.2, 10.2)
http://www.ub.uni-heidelberg.de/helios/fachinfo/www/kunst/wwwkunst.htm

Universitätsbibliothek Heidelberg / Heidelberger historische Bestände digital (> Kap. 7.3.2)
http://www.ub.uni-heidelberg.de/helios/digi/digilit.html

US and Canadian PhD Dissertations *siehe* College Art Association

Verwertungsgesellschaft Bild–Kunst r. V. (> Kap. 4.2)
http://www.bildkunst.de/

Virtuelle Deutsche Landesbibliographie (> Kap. 8.1.2)
http://www.ubka.uni-karlsruhe.de/landesbibliographie/

Virtuelle Fachbibliothek medien-buehne-film.de (> Kap. 6.3.1)
http://www.medien-buehne-film.de/

Web of Science (> Kap. 8.2.3)
http://thomsonreuters.com/products_services/science/science_products/a-z/web_of_science/

Webis – Sammelschwerpunkte an deutschen Bibliotheken (> Kap. 6.2)
http://webis.sub.uni-hamburg.de/webis/index.php/Hauptseite

Wikipedia (> Kap. 5.1)
http://de.wikipedia.org/wiki/Wikipedia:Hauptseite

Wikipedia-Portal: Kunst und Kultur (> Kap. 5.1)
http://de.wikipedia.org/wiki/Portal:Kunst_und_Kultur

Wikisource / Kunstdenkmäler (> Kap. 9.1)
http://de.wikisource.org/wiki/Kunstdenkm%C3%A4ler
WorldCat (> Kap. 2.2.1)
http://www.worldcat.org/
Yahoo! (> Kap. 1)
http://de.yahoo.com/
ZDB *siehe* Zeitschriftendatenbank
Zeitschriftendatenbank (ZDB) (> Kap. 7.1.1)
http://dispatch.opac.d-nb.de/
Zentrales Verzeichnis Digitalisierter Drucke (zvdd) (> Kap. 10.1.1)
http://www.zvdd.de
Zentralinstitut für Kunstgeschichte (> Kap. 2.3.1, 6.1)
http://www.zikg.eu/
Ziese, Axel-Alexander: Allgemeines Lexikon der Kunstschaffenden in der bildenden und gestaltenden Kunst des ausgehenden 20. Jahrhunderts / Verf.: Axel-Alexander Ziese; Hrsg.: Jean-Gebser-Akademie e.V., Bad Schmiedeberg 2005. CD-ROM/DVD-ROM (> Kap. 5.2.6)
zvdd *siehe* Zentrales Verzeichnis Digitalisierter Drucke

Gedruckte Quellen

AKL *siehe* De Gruyter – Allgemeines Künstler-Lexikon
Allgemeines Lexikon der bildenden Künstler von der Antike bis zur Gegenwart / begr. von Ulrich Thieme u. Felix Becker. Unter Mitw. von ... hrsg. von Ulrich Thieme, 37 Bde, Leipzig 1907–1950. (> Kap. 5.2.4)
Allgemeines Lexikon der bildenden Künstler des XX. Jahrhunderts, ... / bearb., redigiert u. hrsg. von Hans Vollmer, 6 Bde, Leipzig 1953–1962. (> Kap. 5.2.4)
Allgemeines Künstler-Lexikon (AKL) *siehe* De Gruyter – Allgemeines Künstlerlexikon
Allischewski, Helmut: Bibliographienkunde, 2. Aufl., Wiesbaden 1986. (> Kap. 3.3)
Bartsch, Adam von: Le peintre-graveur, 21 Bde, 1 Suppl., Vienne 1803–1822. Nachdrucke: Leipzig 1854–76, Würzburg 1920, Hildesheim 1970. (> Kap. 5.2.6)
Bartsch *siehe auch* The Illustrated Bartsch
Bénézit *siehe* Dictionnaire critique et documentaire
Bergeon, Ségolène: Peinture & dessin. Vocabulaire typologique et technique / Ségolène Bergeon ; Pierre Curie,2 Bde, Paris 2009. (> Kap. 9.4)
Bibliographie zur Schweizer Kunst – Bibliographie zur Denkmalpflege, Zürich 8.1985/86(1987)–26.2002/03(2005); damit Erscheinen eingestellt. (> Kap. 3)
Cahiers de l'inventaire *siehe* Cahiers du patrimoine
Cahiers du patrimoine. Inventaire général du patrimoine culturel / Hrsg. France / Inventaire général des monuments et des richesses artistiques de la France, Bd 29 ff, Paris 1993 – Stand 2011, Band 96. Bde 1–28 unter dem Titel Cahiers de l'inventaire, Paris 1983–1993. (> Kap. 9.1)
Corpus of Florentine painting *siehe* Offner, Richard
A corpus of Rembrandt paintings : Stichting Foundation Rembrandt Research Project / Ernst van de Wetering with contr. by Josua Bruyn ... , Bd 1ff, Dordrecht: 1982 – Stand 2011, Band 5. (> Kap. 9.3)
Corpus Rubenianum Ludwig Burchard. An illustrated catalogue raisonné of the work of Peter Paul Rubens based on the material assembled by the late Ludwig Burchard; in twenty-nine parts / sponsored by the City of Antwerp and ed. by the Centrum voor de Vlaamse Kunst van de 16e en de 17e Eeuw. Ed. board: A. Balis ... , Brussels, London 1968 – Stand 2011. (> Kap. 9.3)
Corpus Vitrearum / Corpus vitrearum medii aevi. Das Inventar zur Glasmalerei erscheint in zahlreichen Länderreihen mit topographischer Ordnung. Exemplarisch hier die Angaben zur Verzeichnung der

Glasmalerei in Deutschland: Corpus vitrearum medii aevi – Deutschland / erscheint unter dem Patronat des Internationalen Kunsthistorikerkomitees ..., Berlin 1958 – Stand 2011, Band 3,1. (> Kap. 9.1)

De Gruyter – Allgemeines Künstlerlexikon (AKL). Die bildenden Künstler aller Zeiten und Völker / hrsg. von Andreas Beyer ..., Leipzig, München, Berlin [u.a.] 1992 – Stand 2013, Band 77. Izaguirre – Jerace. (> Kap. 5.2.4)

Dehio, Georg: Handbuch der deutschen Kunstdenkmäler, 5 Bde, Berlin 1905–1912. (> Kap. 9.1)

Dehio-Handbuch, die Kunstdenkmäler Österreichs. Topographisches Denkmälerinventar / [Georg Dehio], hrsg. vom Bundesdenkmalamt, Wien. Redigiert und bearb. in der Abt. für Denkmalforschung, früher: Institut für Österreichische Kunstforschung, Wien [u.a.] 1976 – Stand 2001, Band Kärnten, 3., erw. und verb. Aufl. (> Kap. 9.1)

Dehio-Vereinigung *siehe* Handbuch der deutschen Kunstdenkmäler.

Denkmaltopographie Bundesrepublik Deutschland. Unter diesem Reihentitel Veröffentlichungen für die jeweiligen Bundesländer mit differierenden Eigentiteln und in verschiedenen Verlagen. – Beispiel für eine Länderreihe im Rahmen der Denkmaltopographie: Denkmale in Brandenburg / hrsg. im Auftr. des Ministeriums für Wissenschaft, Forschung und Kultur des Landes Brandenburg vom Brandenburgischen Landesamt für Denkmalpflege und Archäologischen Landesmuseum, Worms 1994 – Stand 2009, Band 14,1 Landkreis Potsdam-Mittelmark, T. 1 Nördliche Zauche (Denkmaltopographie Bundesrepublik Deutschland). (> Kap. 9.1)

Dictionary of art / ed. by Jane Turner, 37 Bde, New York, N.Y. 1996. (> Kap. 5.2.1)

Dictionnaire critique et documentaire des peintres, sculpteurs, dessinateurs et graveurs de tous les temps et de tous les pays / Emmanuel Bénézit, nouv. éd., entièrement refondue, rev. et corr. sous la direction des héritiers de E. Bénézit, 10 Bde, Paris 1976. (> Kap. 5.2.5)

Dilly, Heinrich: Deutsche Kunsthistoriker. 1933–1945, München; Berlin 1988. (> Kap. 5.2.6)

Glossarium artis. Deutsch-französisches Wörterbuch zur Kunst / Red.: Rudolf Huber ... , Bde 1ff, Tübingen 1971 – Stand 2004, Band 11. (> Kap. 9.4)

Große Künstlerlexika vom 16. bis zum frühen 19. Jahrhundert / hrsg. von Ulrich Schütte, Mikrofiche-Sammlung, München (Nachschlagewerke und Quellen zur Kunst) (> Kap. 5.2.4, 10.2)

Handbuch der bibliographischen Nachschlagewerke / Totok-Weitzel [Wilhelm Totok; Rolf Weitzel], 6., erw., völlig neu bearb. Aufl., hrsg. von Hans-Jürgen Kernchen, 2 Bde, Frankfurt a. M. 1984–1985 (> Kap. 3.3)

Handbuch der deutschen Kunstdenkmäler / Georg Dehio. Begr. vom Tag für Denkmalpflege 1900, fortgeführt von Ernst Gall. Neubearb. Hrsg.: Wissenschaftliche Vereinigung zur Fortführung des kunsttopographischen Werkes von Georg Dehio e.V. (Dehio-Vereinigung), Berlin; München 1967 – Stand 2011, Band Westfalen [Neuausg]. Auch parallele Ausgaben bei Wissenschaftliche Buchgesellschaft Darmstadt. (> Kap. 9.1)

Hollstein, Friedrich W. H.: Dutch and Flemish etchings, engravings and woodcuts : ca. 1450–1700. Hollstein's Dutch and Flemish etchings, engravings and woodcuts 1450–1700, Bde 1 ff, Amsterdam 1949 – Stand 2010, Band 72. (> Kap. 9.3)

Hollstein, Friedrich W. H.: German engravings, etchings and woodcuts 1400–1700. Hollstein's German engravings, etchings and woodcuts 1400–1700, Bde 1 ff, Ouderkerk aan den Ijssel 1954 – Stand 2010, Band 78. (> Kap. 9.3)

IBB *siehe* Internationale Bibliographie der Bibliographien 1959–1988.

Iconclass. An iconographic classification system / H. van de Waal. Completed and ed. by L. D. Couprie ..., Amsterdam. – System 1–9, 1974–1981; Bibliography 1–9, 1973–1983; Index A–Z, 1985. (> Kap. 4.1.1)

Illustrated Bartsch / Founding ed.: Walter L. Strauss, New York, NY 1978 –, 90 Bde und Supplemente. (> Kap. 5.2.6)

INSA *siehe* Inventar der neueren Schweizer Architektur

Internationale Bibliographie der Bibliographien 1959–1988 (IBB) = International bibliography of bibliographies 1959–1988 / Staatsbibliothek zu Berlin – Preussischer Kulturbesitz, hrsg. von Hartmut Walravens, bearb. von Ursula Olejniczak u. Käthe Schmiedecke, 11 Bde, München 1998–2007. (> Kap. 3.3)

Inventar der neueren Schweizer Architektur 1850–1920. = Inventaire Suisse d'architecture / hrsg. von der Ges. für Schweizerische Kunstgeschichte. [Red.: Hanspeter Rebsamen ...], Bde 1–11, Zürich 1982–2004. (> Kap. 9.1)

Jakobi-Mirwald, Christine: Buchmalerei. Terminologie in der Kunstgeschichte, 3. Aufl., Berlin 2008. (> Kap. 9.4)

Jost, Werner: Dictionnaire des termes de l'art. Français – allemand, allemand – français, Paris 2002. (> Kap. 9.4)

Kindlers Malerei-Lexikon / hrsg. v. Germain Bazin, 6 Bde, Zürich 1964–1971 (> Kap. 5.2.7)

Künstlerlexikon der Antike. Über 3800 Künstler aus drei Jahrtausenden / hrsg. von Rainer Vollkommer, Hamburg 2007 [Lizenzausgabe]. (> Kap. 5.2.4)

Kunstdenkmäler der Schweiz / hrsg. von der Gesellschaft für Schweizerische Kunstgeschichte GSK, Bde 1 ff, Bern [u.a.] 1927 – Stand 2012, Band 120. (> Kap. 9.1)

LCI *siehe* Lexikon der christlichen Ikonographie

Leonardo <da Vinci>: Trattato della pittura di Lionardo da Vinci, nuovamente dato in luce, colla vita dell'istesso autore, scritta da Rafaelle du Fresne. Si sono giunti i tre libri della Pittura, ed il trattato della Statua di Leon Battista Alberti / Leonardo <da Vinci>; Raphael Trichet du Fresne; Leon Battista Alberti, di nuovo ristampato, corretto, ed a maggior perfezione condotto, Napoli 1733 [erste in Italien gedruckte ital.-spr. Ausgabe].

Lexikon der christlichen Ikonographie / hrsg. von Engelbert Kirschbaum in Zusammenarbeit mit Günter Bandmann ..., 8 Bde, Rom; Freiburg; Basel; Wien 1968–1976. Sonderausgabe Freiburg [u.a.] 2004. (> Kap. 5.2.2)

Lexikon der Kunst : Architektur, bildende Kunst, angewandte Kunst, Industrieformgestaltung, Kunsttheorie / [hrsg. von Harald Olbrich], Neuausgabe, 7 Bde, Leipzig 1987–1994. (> Kap. 5.2.7)

Lugt, Frits: Répertoire des catalogues de ventes publiques intéressant l'art ou la curiosité : tableaux, dessins, estampes, miniatures, sculptures, bronzes, émaux ..., 3 Bde, La Haye 1938–1964. (> Kap. 10.2)

Marburger Index. Inventar der Kunst in Deutschland / hrsg. vom Bildarchiv Foto Marburg im Forschungsinst. für Kunstgeschichte d. Philipps-Univ., Mikrofiche-Lieferungswerk, Lfg. 1 ff, Marburg 1977– ff, [Grundwerk, Supplementreihen]. (> Kap. 4.1.1)

Nachschlagewerke und Quellen zur Kunst / hrsg. von Ulrich Schütte, Mikrofiche-Sammlung, München. (> Kap. 10.2)

New Hollstein Dutch & Flemish etchings, engravings and woodcuts 1450–1700 / Friedrich W. H. Hollstein [Begr.], Neue Ausg., Bde 1ff, Ouderkerk aan den Ijssel 1993 – Stand 2012, Bde Hendrick Goltzius. (> Kap. 9.3)

New Hollstein German engravings, etchings and woodcuts 1400–1700 / Friedrich W. H. Hollstein [Begr.], Neue Ausg., Bde 1ff, Ouderkerk aan den Ijssel 1996 – Stand 2012, Band Wenceslaus Hollar : Pt. 9. (> Kap. 9.3)

The illustrated Bartsch *siehe* Illustrated Bartsch

The New Hollstein *siehe* New Hollstein

Offner, Richard: A critical and historical corpus of Florentine painting / by Richard Offner with Klara Steinweg, Bd 1 ff, Berlin, Florence 1930 – Stand 2011 (29 Bde). (> Kap. 9.3)

Österreichische Kunsttopographie (ÖKT) / hrsg. vom Bundesdenkmalamt, Abteilung für Inventarisation und Denkmalforschung, Bd 1 ff, Wien, Horn 1889 – Stand 2012, Band 59. (> Kap. 9.1)

Papenbrock, Martin: „Entartete Kunst". Exilkunst – Widerstandskunst in westdeutschen Ausstellungen nach 1945, eine kommentierte Bibliographie, Weimar 1996 (Schriften der Guernica-Gesellschaft). (> Kap. 3)

Pevsner, Nikolaus: The buildings of England, 52 Bde, Harmondsworth [u.a.] 1951–1975. (> Kap. 9.1)

Pevsner Architectural Guides / Nikolaus Pevsner u. a., New Haven, Conn. [u.a.], ungezählte Reihe. (> Kap. 9.1)

Reallexikon zur deutschen Kunstgeschichte (RDK) / hrsg. vom Zentralinst. für Kunstgeschichte München, begonnen von Otto Schmitt, Red. Karl-August Wirth, Lieferungswerk 1 ff, Stuttgart, München 1937 – Stand 2012 Band 10 [noch nicht abgeschlossen: Flussgott-]. (> Kap. 5.2.3)

Reclams Kunstführer Italien, 6 Bde, verschiedene Auflagen, Stuttgart 1965 –.(> Kap. 9.1)

Schlosser, Julius von: Die Kunstliteratur. Ein Handbuch zur Quellenkunde der neueren Kunstgeschichte, Wien 1924. (> Kap. 10.2)

Schlosser, Julius von: La letteratura artistica. Manuale delle fonti della storica dell'arte moderna / Julius von Schlosser, [Uebers.] Filippo Rossi, 2. ed. italiana aggiornata da Otto Kurz, Firenze 1956. (> Kap. 10.2)

Schlosser, Julius von: Materialien zur Quellenkunde der Kunstgeschichte, Wien 1914–1920. (> Kap. 10.2)

Schmidt-Liebich, Jochen: Lexikon der Künstlerinnen 1700–1900: Deutschland, Österreich, Schweiz, München 2005. (> Kap. 5.2.4)

Schweers, Hans F.: Gemälde in Museen – Deutschland, Österreich, Schweiz. Katalog der ausgestellten und depotgelagerten Werke, 5., aktualisierte und erw. Ausg., 9 Bde, München 2008. (> Kap. 9.2)

Thieme – Becker *siehe* Allgemeines Lexikon der bildenden Künstler

Totok-Weitzel *siehe* Handbuch der bibliographischen Nachschlagewerke

Vollmer *siehe* Allgemeines Lexikon der bildenden Künstler des XX. Jahrhunderts

Waetzoldt, Wilhelm: Deutsche Kunsthistoriker, 2 Bde, Leipzig 1921–1924. (> Kap. 5.2.6)

Wendland, Ulrike: Biographisches Handbuch deutschsprachiger Kunsthistoriker im Exil, 2 Bde, München 1999. (> Kap. 5.2.6)

Wilk, Barbara: Wie finde ich kunstwissenschaftliche Literatur / Barbara Wilk-Mincu; unter Mitarb. von Frank Heidtmann, 3. , auf den neuesten Stand gebrachte Aufl., Berlin 1992. (> Kap. 3.3)

Was suche ich wo?

In der folgenden Übersicht finden Sie die vorgestellten Ressourcen nochmals nach (größeren) fachlich-inhaltlichen Gesichtspunkten geordnet. Vor allem gattungsspezifische, zeitliche und topographische Aspekte bestimmen diese Gliederung. Zugleich orientiert sich das Gliederungsschema – wie schon die Ressourcenauswahl selbst – an den klassischen Schwerpunkten des Fachs und damit an einem Fachprofil, wie es auch die Sondersammelgebiete SSG 9.10 und 9.11 vorgeben (vgl. 6.2). Daraus ergibt sich eine Konzentration auf die Kunst der Länder Europas und Nordamerikas und auf ein zeitliches Spektrum vom Frühmittelalter bis zur Gegenwart. Bei der an dieser Stelle gebotenen Auflistung der Ressourcen wird innerhalb der Rubriken nochmals differenziert nach folgenden formalen Gesichtspunkten:

1. Fachkataloge; * Kataloge; * Suchmaschinen.
2. Fachbibliographien; * Bibliographien; * Zeitschrifteninhaltsverzeichnisse; * Volltextdatenbanken; * Zeitschriftenverzeichnisse; * Quellenverzeichnisse.
3. Nachschlagewerke; * Thesauri; * Wörterbücher; * Verzeichnungsliteratur.
4. Abbildungssammlungen.
5. Retrodigitale Bibliotheken, Themenportale und Quellensammlungen.
6. Fachinstitutionen als Ressourcenanbieter.

Die Abfolge der Ressourcen innerhalb dieser Rubriken und ihrer jeweiligen durch * markierten Untergruppen orientiert sich an einem fach- und themenspezifischen Ranking. Dieses kommt dennoch nicht automatisch einer Vorgabe für die Reihenfolge der einzelnen Suchinstrumente im Rechercheablauf gleich. In vielen Fällen ist es durchaus sinnvoll, zuerst die Literatursuche im „heimischen“, meist fächerübergreifend ausgelegten Bibliotheks-OPAC zu starten und nicht sofort mit einem Fachkatalog oder einer Fachbibliographie. Das Ranking an dieser Stelle soll vielmehr nur signalisieren, welche der im Text vorgestellten fachspezifischen Ressourcen sich auf bestimmte Themenbereiche besonders spezialisiert haben bzw. in welchem Umfang die einzelnen Ressourcen Daten zu einem Teilgebiet der Kunstgeschichte enthalten. Darüber hinaus bleibt die grundlegende Konzeption dieses Buchs zu berücksichtigen: Ziel war es, eine Auswahl grundlegender und daher vor allem vielseitig nutzbarer Suchinstrumente vorzustellen, nicht aber, eine umfassende Auflistung von bibliographischen Ressourcen zu allen Teilbereichen des Fachs. Ein wiederkehrender pauschaler Hinweis soll Sie daher immer wieder erinnern, wo und wie Sie selbst weitere spezielle Nachschlagewerke und bibliographische Verzeichnisse finden können. Für ältere spezialisierte Verzeichnisse kann weitgehend auch die Zusammenstellung bei Wilk, Barbara: Wie finde ich kunstwissenschaftliche Literatur nützlich sein.
In der nachstehenden fachsystematischen Ressourcenübersicht werden die einzelnen Suchinstrumente mit Kurztiteln aufgeführt. Die umfassenden bibliographischen Angaben finden Sie in den alphabetischen Ressourcenübersichten; von dort führen Sie auch Kapitelverweise zu den entsprechenden Ausführungen im Textteil.

Kunstwissenschaft – Kunsttheorie – Allgemeine Kunstgeschichte – gattungs-, epochen- und länderübergreifende Ressourcen zur Kunstgeschichte

1. arthistoricum.net / SUCHEN (> enthält u. a. die Fachkataloge der SSG-Bibliotheken für Kunst); kubikat (> enthält die Bestände des ZI München mit Schwerpunkt Kunsttheorie und Wissenschaftsgeschichte der Kunstgeschichte); artlibrairies.net (> *siehe auch* einzelne Fachkataloge, z.B.: > Stiftung Bibliothek Werner Oechslin Einsiedeln); AGORHA (> französische Fachkataloge und Bestände); The Getty Research Institute / Search Tools and Databases: (> Kataloge); BibScout: Allgemeine Kunstgeschichte; BibScout: Theorie der Kunstgeschichte; * KVK (> Bibliothekskataloge und Verbünde nach Wahl; bei deutschen Verbünden empfehlenswert für Kunstliteratur: SWB, BVB); OPACs; WorldCat; * Google Scholar; Google Bücher; BASE.
2. BHA and RILA; RAA; IBA; ARTbibliographies Modern; ARTbibliographies Modern / Archiv; ARTtheses; * FRANCIS; AHCI; * OLC-SSG Kunst / Kunstwissenschaft; IBZ online; PIO; * PAO; JSTOR; DigiZeitschriften * ZDB-Kunstgeschichte; EZB-Kunstgeschichte; * Schlosser. – Weitere Bibliographien, bibliographische Datenbanken und Quellenverzeichnisse lassen sich systematisiert ermitteln über den BibScout und DBIS oder mit Schlagwortsuche in OPACs, in Bibliographien und in bibliographischen Datenbanken.
3. Oxford Art Online; Encyclopedia of Aethetics; Grove Art Online; Dictionary of Art; Lexikon der Kunst; The Oxford Companion of Western Art; AKL Online; AKL; Thieme-Becker; Vollmer; Bénézit; Benezit online; Biographie-Portal; Kindlers Malerei-Lexikon; Nachschlagewerke und Quellen zur Kunst; Sulzer, Johann Georg: Allgemeine Theorie der schönen Künste; * The Getty Research Institute / Search Tools and Databases; * Concise Oxford Dictionary of Art Terms; Getty Vocabularies; Jost, Werner: Dictionnaire des termes de l'art.
4. Bildindex mit Marburger Index; prometheus; Digitaler Porträtindex; Deutsche Fotothek Dresden. – Weitere Bilddatenbanken lassen sich systematisiert ermitteln über DBIS und arthistoricum.net; für ältere Bildinventare *siehe* Karasch, Angela: Bildrecherche.
5. arthistoricum.net / FONTES; arthistoricum.net / THEMEN; Getty Research Portal; AGORHA (> ouvrages numérisés / bibliothèque numérique.– Weitere retrodigitale Kunstbibliotheken und Sammlungen lassen sich ermitteln über europeana; Michael.
6. Universitätsbibliothek Heidelberg / SSG Kunst und Kunstwissenschaft; Zentralinstitut für Kunstgeschichte München (ZI); Kunsthistorisches Institut Florenz (MPI); Bibliotheca Hertziana Rom (MPI); Deutsches Forum für Kunstgeschichte Paris (DGIA); The Getty Research Institute; Institut national d'histoire de l'art (INHA). – Für Informationen zu den einzelnen Institutionen und Zugang zu den Katalogen *siehe* artlibraries.net.

Geschichte der Kunstwissenschaft – Geschichte der Kunstgeschichte

1. arthistoricum.net / SUCHEN (> enthält u. a. die Fachkataloge der SSG-Bibliotheken für Kunst); kubikat (> enthält die Bestände des ZI München mit Schwerpunkt Wissenschaftsgeschichte der Kunstgeschichte, Kunst- und Kulturgeschichte); The Getty Research Institute / Search Tools and Databases: (> Kataloge); Getty Research Portal; artlibrairies.net (> *siehe auch* einzelne Fachkataloge, z.B.: > Stiftung Bibliothek Werner Oechslin Einsiedeln); BibScout: Geschichte der Kunstwissenschaft; BibScout: Allgemeine Kunstgeschichte / Quellen; KVK (> Bibliothekskataloge und Verbünde nach Wahl; bei deutschen Verbünden empfehlenswert für Kunstliteratur: SWB, BVB); OPACs; WorldCat; * Google Scholar; Google Bücher.
2. BHA and RILA; RAA; IBA; ARTtheses (Forschungsdatenbank für Hochschulnachrichten Kunstgeschichte); * FRANCIS; AHCI; * OLC-SSG Kunst / Kunstwissenschaft; IBZ online; PIO; * PAO; JSTOR; * ZDB-Kunstgeschichte; EZB-Kunstgeschichte; * Schlosser. – Weitere Bibliographien, bibliographische Datenbanken und Quellenverzeichnisse lassen sich systematisiert ermitteln über den BibScout und DBIS oder mit Schlagwortsuche in OPACs, in Bibliographien und in bibliographischen Datenbanken.

3. Dictionary of Art Historians; Dilly, Heinrich: Deutsche Kunsthistoriker; Waetzold, Wilhelm: Deutsche Kunsthistoriker; Wendland, Ulrike: Biographisches Handbuch deutschsprachiger Kunsthistoriker im Exil; Oxford Art Online; AKL online; AKL; Biographie-Portal; * Nachschlagewerke und Quellen zur Kunst.
5. arthistoricum.net / FONTES; arthistoricum.net / THEMEN; Getty Research Portal; AGORHA (>ouvrages numérisés / bibliothèque numérique). – Weitere retrodigitale Kunstbibliotheken und Sammlungen lassen sich ermitteln über europeana; Michael.
6. Universitätsbibliothek Heidelberg / SSG Kunst und Kunstwissenschaft; Zentralinstitut für Kunstgeschichte München (ZI); The Getty Research Institute. – Für Informationen zu den einzelnen Institutionen und Zugang zu den Katalogen *siehe* artlibraries.net.

Kunsthandel – Auktionen – Provenienzen

1. The Getty Research Institute (> Collecting and Provenance Research, > Sales Catalogs Files, > Collectors Files); arthistoricum.net / SUCHEN (> enthält u. a. die Fachkataloge der SSG-Bibliotheken für Kunst); kubikat (> eigene Suchmaske Ausstellungen / Auktionen); artlibrairies.net (> *siehe auch* einzelne Fachkataloge, z.B.: > IRIS-Konsortium Florenz / Auktionskataloge, > Getty Research Institute Research Library, > ARCADE Art Resources Consortium, > Belvedere Wien, > MAK-Bibliothek Wien); BibScout: Kunstgeschichte / Bildende Kunst unter wirtschaftlichem Aspekt; KVK (> Bibliothekskataloge und Verbünde nach Wahl; bei deutschen Verbünden empfehlenswert für Kunstliteratur: SWB, BVB); OPACs; WorldCat; * Google Bücher; Google Scholar.
2. The Getty Research Institute / Search Tools and Databases: (> Art Sales and Collecting, > The Getty Provenance Index Databases); BHA and RILA; RAA; IBA; ARTbibliographies Modern; ARTbibliographies Modern / Archiv; * FRANCIS; AHCI; * PAO; JSTOR; * OLC-SSG Kunst / Kunstwissenschaft; PIO; IBZ online; * ZDB-Fächerübersicht; EZB-Fächerübersicht. – Weitere Bibliographien, bibliographische Datenbanken und Quellenverzeichnisse lassen sich systematisiert ermitteln über den BibScout und über DBIS oder mit Schlagwortsuche in OPACs, in Bibliographien und in bibliographischen Datenbanken.
3. Lugt, Frits: Repertoire des catalogues de ventes publiques; Lugt's Repertoire online; The Getty Research Institute / Search Tools and Databases (> Art Sales and Collecting, > The Getty Provenance Index Databases); Oxford Art Online; Lexikon der Kunst; AKL Online; AKL; Biographie-Portal.
4. Bildindex; prometheus; Digitaler Porträtindex; Deutsche Fotothek Dresden. – Weitere Bilddatenbanken lassen sich systematisiert ermitteln über DBIS und arthistoricum.net; für ältere Bildinventare *siehe* Karasch, Angela: Bildrecherche.
5. The Getty Research Portal: (> Digital Collections / Collecting and Provenance Research); Art Sales Catalogues Online; German Sales 1930-1945 / Digitalisierte Auktionskataloge; Lugt's Repertoire online; arthistoricum.net / FONTES; arthistoricum.net / THEMEN. – Weitere retrodigitale Kunstbibliotheken und Sammlungen lassen sich ermitteln über europeana; Michael.
6. Universitätsbibliothek Heidelberg / SSG Kunst und Kunstwissenschaft; The Getty Research Institute. – Für Informationen zu den einzelnen Institutionen und Zugang zu den Katalogen *siehe* artlibraries.net.

Ausstellungen

1. arthistoricum.net / SUCHEN (> enthält u. a. die Fachkataloge der SSG-Bibliotheken für Kunst); kubikat (> eigene Suchmaske Ausstellungen / Auktionen); artlibrairies.net (> *siehe auch* einzelne Fachkataloge, z. B.: > Kunst- und Ausstellungshalle Bonn, > Belvedere Wien); BibScout: Kunstgeschichte / Allgemeine Kunstgeschichte / Ausstellungswesen, Ausstellungskataloge; KVK (> Bibliothekskataloge und Verbünde nach Wahl; bei deutschen Verbünden empfehlenswert für Kunstliteratur: SWB, BVB, Suche mit ergänzendem Schlagwort Ausstellung); OPACs (Suche mit ergänzendem Schlagwort Ausstellung); WorldCat; * Google Scholar; Google Bücher.

2. IBA; ARTbibliographies Modern; ARTbibliographies Modern / Archiv; BHA and RILA; RAA.
3. Oxford Art Online; * The Getty Research Institute / Search Tools and Databases; * Papenbrock, Martin: „Entartete Kunst".
4. Ausstellungen der Deutschen Fotothek Dresden.
6. Universitätsbibliothek Heidelberg / SSG Kunst und Kunstwissenschaft; SLUB Dresden / SSG Zeitgenössische Kunst ab 1945; Bayerische Staatsbibliothek München / SSG Ausstellungs- und Museumswesen. – Für Informationen zu den einzelnen Institutionen und Zugang zu den Katalogen *siehe* artlibraries.net. Ausstellungskataloge zu Künstlern und Themen siehe dort.

Kunstgeschichte einzelner Gattungen und Teildisziplinen – epochen- und länderübergreifende Ressourcen

Architektur

1. arthistoricum.net / SUCHEN (> enthält u. a. die Fachkataloge der SSG-Bibliotheken für Kunst); artlibrairies.net: (*siehe auch* einzelne Fachkataloge, z.B.: > RIBA British Architectural Library London, > Stiftung Bibliothek Werner Oechslin Einsiedeln, > Bibliothek der Accademia di architettura Mendrisio, > Centre Canadien d'Architecture / Canadian Centre for Architecture (CCA) Montréal, > Universitätsbibliothek der Bauhaus-Universität Weimar); kubikat; BibScout: Kunstgeschichte einzelner Gattungen / Architektur; KVK (> Bibliothekskataloge und Verbünde nach Wahl; bei deutschen Verbünden empfehlenswert für Kunstliteratur: SWB, BVB, für Architektur / Bautechnik: TIB Hannover); OPACs; WorldCat; * Google Scholar; Google Bücher.
2. BHA and RILA; RAA; IBA; * FRANCIS; AHCI; * OLC-SSG Kunst / Kunstwissenschaft(enthält Architekturgeschichte, für technische Aspekte *siehe auch* OLC-SSG Architektur); Avery Index to Architectural Periodicals; IBZ online; PIO; * PAO; JSTOR; * ZDB-Fächerübersicht; EZB-Fächerübersicht; * Schlosser. – Weitere Bibliographien, bibliographische Datenbanken und Quellenverzeichnisse lassen sich systematisiert ermitteln über den BibScout und DBIS oder mit Schlagwortsuche in OPACs, in Bibliographien und in bibliographischen Datenbanken.
3. Oxford Art Online; Grove Art Online; Dictionary of Art; Lexikon der Kunst; AKL online; AKL; Thieme-Becker; Vollmer; * Getty Vocabularies (> Art and Architecture Thesaurus online); Glossarium artis, deutsch-französisches Wörterbuch zur Kunst (Schwerpunkt architekturhistorische Terminologie).
4. Bildindex mit Marburger Index; prometheus; Deutsche Fotothek Dresden; RIBA British Architectural Library London / Collections (> Online exhibitions). – Weitere Bilddatenbanken lassen sich systematisiert ermitteln über DBIS und arthistoricum.net; für ältere Bildinventare *siehe* Karasch, Angela: Bildrecherche.
5. arthistoricum.net / FONTES; arthistoricum.net / THEMEN; Getty Research Portal; AGORHA (> ouvrages numérisés / bibliothèque numérique); RIBA British Architectural Library London (> Collections); Universitätsbibliothek Heidelberg (> Kunstwissenschaftliche Literatur digital > Architektur und Gartenkunst); Wikisource / Kunstdenkmäler. – Weitere retrodigitale Kunstbibliotheken und Sammlungen lassen sich ermitteln über europeana; Michael.
6. Universitätsbibliothek Heidelberg / SSG Kunst und Kunstwissenschaft; Zentralinstitut für Kunstgeschichte München (ZI); Kunsthistorisches Institut Florenz (MPI); Bibliotheca Hertziana Rom (MPI); Deutsches Forum für Kunstgeschichte Paris (DGIA); The Getty Research Institute; Institut national d'histoire de l'art (INHA); Technische Informationsbibliothek / Universitätsbibliotek (TIB) Hannover / SSG Architektur unter bautechnischen Aspekten, Städtebau, Landesplanung, Raumordnung; Royal Institute of British Architects (RIBA) London; Schweizerisches Institut für Kunstwissenschaft SIK-ISEA. – Für Informationen zu den einzelnen Institutionen und Zugang zu den Katalogen *siehe* artlibraries.net.

Skulptur

1. arthistoricum.net / SUCHEN (> enthält u. a. die Fachkataloge der SSG-Bibliotheken für Kunst); kubikat; artlibrairies.net (> *siehe auch* einzelne Fachkataloge); The Getty Research Institute / Search Tools and Databases: (> Kataloge); BibScout: Kunstgeschichte einzelner Gattungen / Skulptur (Plastik); KVK (> Bibliothekskataloge und Verbünde nach Wahl; bei deutschen Verbünden empfehlenswert für Kunstliteratur: SWB, BVB); OPACs; WorldCat; * Google Scholar; Google Bücher.
2. BHA and RILA; RAA; IBA; ARTbibliographies Modern; ARTbibliographies Modern / Archiv; * FRANCIS; AHCI; * OLC-SSG Kunst / Kunstwissenschaft; IBZ online; PIO; * PAO; JSTOR; * ZDB-Fächerübersicht; EZB-Fächerübersicht; * Schlosser. – Weitere Bibliographien, bibliographische Datenbanken und Quellenverzeichnisse lassen sich systematisiert ermitteln über den BibScout und DBIS oder mit Schlagwortsuche in OPACs, in Bibliographien und in bibliographischen Datenbanken.
3. Oxford Art Online; Grove Art Online; Dictionary of Art; Lexikon der Kunst; AKL Online; AKL; Thieme-Becker; Vollmer; Bénézit; Benezit Online; Biographie-Portal; Nachschlagewerke und Quellen zur Kunst; * Concise Oxford Dictionary of Art Terms; Jost, Werner: Dictionnaire des termes de l'art.
4. Bildindex mit Marburger Index; prometheus; Deutsche Fotothek Dresden. – Weitere Bilddatenbanken lassen sich systematisiert ermitteln über DBIS und arthistoricum.net; für ältere Bildinventare *siehe* Karasch, Angela: Bildrecherche.
5. arthistoricum.net / FONTES; arthistoricum.net / THEMEN; Getty Research Portal; AGORHA (> ouvrages numérisés / bibliothèque numérique).– Weitere retrodigitale Kunstbibliotheken und Sammlungen lassen sich ermitteln über europeana; Michael.
6. Universitätsbibliothek Heidelberg / SSG Kunst und Kunstwissenschaft; SLUB Dresden / SSG Zeitgenössische Kunst ab 1945; Zentralinstitut für Kunstgeschichte München (ZI); Kunsthistorisches Institut Florenz (MPI); Bibliotheca Hertziana Rom (MPI); Deutsches Forum für Kunstgeschichte Paris (DGIA); The Getty Research Institute; Institut national d'histoire de l'art (INHA). – Für Informationen zu den einzelnen Institutionen und Zugang zu den Katalogen *siehe* artlibraries.net.

Malerei

1. arthistoricum.net / SUCHEN (> enthält u. a. die Fachkataloge der SSG-Bibliotheken für Kunst); kubikat; artlibrairies.net (> *siehe auch* einzelne Fachkataloge, z. B.: > Kunstbibliothek Berlin, > Kunst- und Museumsbibliothek Köln, > Kunstmuseum Basel, > Kunsthaus Zürich; > Belvedere Bibliothek Wien); The Getty Research Institute / Search Tools and Databases: (> Kataloge); BibScout: Kunstgeschichte einzelner Gattungen /Malerei; KVK (> Bibliothekskataloge und Verbünde nach Wahl; bei deutschen Verbünden empfehlenswert für Kunstliteratur: SWB, BVB); OPACs; WorldCat; * Google Scholar; Google Bücher.
2. BHA and RILA; RAA; IBA; ARTbibliographies Modern; ARTbibliographies Modern / Archiv; * FRANCIS; AHCI; * OLC-SSG Kunst / Kunstwissenschaft; IBZ online; PIO; * PAO; JSTOR; * ZDB-Kunstgeschichte; EZB-Kunstgeschichte * Schlosser. – Weitere Bibliographien, bibliographische Datenbanken und Quellenverzeichnisse lassen sich systematisiert ermitteln über den BibScout und DBIS oder mit Schlagwortsuche in OPACs, in Bibliographien und in bibliographischen Datenbanken.
3. Oxford Art Online; Grove Art Online; Dictionary of Art; Lexikon der Kunst; AKL Online; AKL; Thieme-Becker; Vollmer; Bénézit; Benezit online; Kindlers Malereilexikon; Biographie-Portal; Nachschlagewerke und Quellen zur Kunst; * Bergeon, Ségolène: Peinture et dessin (Schwerpunkt Gemäldetechnologie); Jost, Werner: Dictionnaire des termes de l'art;.Concise Oxford Dictionary of Art Terms; The Getty Research Institute / Search Tools and Databases; * Schweers; GIM; Joconde.
4. prometheus; Bildindex mit Marburger Index; Deutsche Fotothek Dresden; Joconde; Agence photographique des musées nationaux RMN; Bildportal der Kunstmuseen. – Weitere Bilddatenbanken lassen sich systematisiert ermitteln über DBIS und arthistoricum.net; für ältere Bildinventare *siehe* Karasch, Angela: Bildrecherche.

5. arthistoricum.net / FONTES; arthistoricum.net / THEMEN; Getty Research Portal; AGORHA (> ouvrages numérisés / bibliothèque numérique). – Weitere retrodigitale Kunstbibliotheken und Sammlungen lassen sich ermitteln über europeana; Michael.
6. Universitätsbibliothek Heidelberg / SSG Kunst und Kunstwissenschaft; SLUB Dresden / SSG Zeitgenössische Kunst ab 1945; Zentralinstitut für Kunstgeschichte München (ZI); Kunsthistorisches Institut Florenz (MPI); Bibliotheca Hertziana Rom (MPI); Deutsches Forum für Kunstgeschichte Paris (DGIA); The Getty Research Institute; Institut national d'histoire de l'art (INHA). – Für Informationen zu den einzelnen Institutionen und Zugang zu den Katalogen *siehe* artlibraries.net.

Buchmalerei

1. arthistoricum.net / SUCHEN (> enthält u. a. die Fachkataloge der SSG-Bibliotheken für Kunst); artlibrairies.net; kubikat; BibScout: Kunstgeschichte einzelner Gattungen / Malerei / Buchmalerei); KVK (> Bibliothekskataloge und Verbünde nach Wahl; bei deutschen Verbünden empfehlenswert für Kunstliteratur: SWB, BVB); OPACs; WorldCat; * Google Scholar; Google Bücher.
2. BHA and RILA; RAA; IBA; * FRANCIS; AHCI; * OLC-SSG Kunst / Kunstwissenschaft; IBZ online; PIO; * PAO; JSTOR; * ZDB-Fächerübersicht; EZB-Fächerübersicht; * manuscripta mediaevalia. – Weitere Bibliographien, bibliographische Datenbanken und Quellenverzeichnisse lassen sich systematisiert ermitteln über den BibScout und DBIS oder mit Schlagwortsuche in OPACs, in Bibliographien und in bibliographischen Datenbanken.
3. Jacobi-Mirwald, Christine: Buchmalerei; CodIcon Online; ArchIcon Online; Oxford Art Online; Grove Art Online; Dictionary of Art; Lexikon der Kunst; AKL Online; AKL.
4. Bildindex mit Marburger Index; prometheus. – Weitere Bilddatenbanken lassen sich systematisiert ermitteln über DBIS und arthistoricum.net; für ältere Bildinventare *siehe* Karasch, Angela: Bildrecherche.
5. Bayerische Staatsbibliothek München: (> Codices iconographici: Bilderhandschriften des 15. bis 20. Jahrhunderts; > Architekturhandschriften und –pläne); arthistoricum.net / FONTES; arthistoricum.net / THEMEN; Universitätsbibliothek Heidelberg (> Heidelberger historische Bestände digital > Handschriften); Getty Research Portal; e-codices.ch. – Weitere retrodigitale Kunstbibliotheken und Sammlungen lassen sich ermitteln über europeana; Michael.
6. Universitätsbibliothek Heidelberg / SSG Kunst und Kunstwissenschaft; The Getty Research Institute; Institut national d'histoire de l'art (INHA). – Für Informationen zu den einzelnen Institutionen und Zugang zu den Katalogen *siehe* artlibraries.net.

Glasmalerei

1. arthistoricum.net / SUCHEN (> enthält u. a. die Fachkataloge der SSG-Bibliotheken für Kunst); artlibrairies.net; kubikat; BibScout: Kunstgeschichte einzelner Gattungen / Glasfenstermalerei); KVK (> Bibliothekskataloge und Verbünde nach Wahl; bei deutschen Verbünden empfehlenswert für Kunstliteratur: SWB, BVB); OPACs; WorldCat; * Google Scholar; Google Bücher.
2. BHA and RILA; RAA; IBA; * FRANCIS; AHCI; * OLC-SSG Kunst / Kunstwissenschaft; IBZ online; PIO; * PAO; JSTOR; * ZDB-Fächerübersicht; EZB-Fächerübersicht. – Weitere Bibliographien, bibliographische Datenbanken und Quellenverzeichnisse lassen sich systematisiert ermitteln über den BibScout und DBIS oder mit Schlagwortsuche in OPACs, in Bibliographien und in bibliographischen Datenbanken.
3. Oxford Art Online; Grove Art Online; Dictionary of Art; Lexikon der Kunst; Nachschlagewerke und Quellen zur Kunst; * Concise Oxford Dictionary of Art Terms; Jost, Werner: Dictionnaire des termes de l'art; * Corpus Vitrearum.
4. prometheus; Bildindex mit Marburger Index. – Weitere Bilddatenbanken lassen sich systematisiert ermitteln über DBIS und arthistoricum.net; für ältere Bildinventare *siehe* Karasch, Angela: Bildrecherche.

5. arthistoricum.net / FONTES; arthistoricum.net / THEMEN; Getty Research Portal.
6. Corpus Vitrearum; Universitätsbibliothek Heidelberg / SSG Kunst und Kunstwissenschaft; Institut national d'histoire de l'art (INHA). – Für Informationen zu den einzelnen Institutionen und Zugang zu den Katalogen *siehe* artlibraries.net.

Zeichnung – Graphik – Druckgraphik

1. arthistoricum.net; kubikat; artlibrairies.net (> *siehe auch* einzelne Fachkataloge, z. B.: > Kunstbibliothek Berlin, > Kunst- und Museumsbibliothek Köln, > Germanisches Nationalmuseum Nürnberg, > Kunstmuseum Basel, > Kunsthaus Zürich, > Albertina Bibliothek Wien, > MAK-Bibliothek und Kunstblättersammlung Wien); The Getty Research Institute / Search Tools and Databases (> Kataloge); BibScout: Kunstgeschichte einzelner Gattungen / Zeichnung und Graphik); KVK (> Bibliothekskataloge und Verbünde nach Wahl; bei deutschen Verbünden empfehlenswert für Kunstliteratur: SWB, BVB); OPACs; WorldCat; * Google Scholar; Google Bücher.
2. BHA and RILA; RAA; IBA; ARTbibliographies Modern; ARTbibliographies Modern / Archiv; * FRANCIS; AHCI; * OLC-SSG Kunst / Kunstwissenschaft; IBZ online; PIO; * PAO; JSTOR; * ZDB-Fächerübersicht; EZB-Fächerübersicht; * Schlosser; manuscripta mediaevalia; INKA; Kalliope. – Weitere Bibliographien, bibliographische Datenbanken und Quellenverzeichnisse lassen sich systematisiert ermitteln über den BibScout und DBIS oder mit Schlagwortsuche in OPACs, in Bibliographien und in bibliographischen Datenbanken.
3. Oxford Art Online; Grove Art Online; Dictionary of Art; Bergeon, Ségolène: Peinture et dessin; Lexikon der Kunst; AKL Online; AKL; Thieme-Becker; Vollmer; Bartsch; Illustrated Bartsch; Hollstein; New Hollstein; Bénézit; Benezit online; * Concise Oxford Dictionary of Art Terms; Jost, Werner: Dictionnaire des termes de l'art; * Hollstein; New Hollstein.
4. prometheus; Bildindex mit Marburger Index; Deutsche Fotothek Dresden; Digitaler Porträtindex. – Weitere Bilddatenbanken lassen sich systematisiert ermitteln über DBIS und arthistoricum.net; für ältere Bildinventare *siehe* Karasch, Angela: Bildrecherche.
5. arthistoricum.net / FONTES; arthistoricum.net / THEMEN; Getty Research Portal; AGORHA (> ouvrages numérisés / bibliothèque numérique); Albertina Wien. – Weitere retrodigitale Kunstbibliotheken und Sammlungen lassen sich ermitteln über europeana; Michael.
6. Universitätsbibliothek Heidelberg / SSG Kunst und Kunstwissenschaft; SLUB Dresden / SSG Zeitgenössische Kunst ab 1945; Zentralinstitut für Kunstgeschichte München (ZI); Kunsthistorisches Institut Florenz (MPI); Bibliotheca Hertziana Rom (MPI); Deutsches Forum für Kunstgeschichte Paris (DGIA); The Getty Research Institute; Institut national d'histoire de l'art (INHA); Albertina Wien. – Für Informationen zu den einzelnen Institutionen und Zugang zu den Katalogen *siehe* artlibraries.net.

Architekturzeichnung

1. arthistoricum.net / SUCHEN (> enthält u. a. die Fachkataloge der SSG-Bibliotheken für Kunst); artlibrairies.net (> *siehe auch* einzelne Fachkataloge, z. B.: > Getty Research Institute Research Library, > RIBA British Architectural Library London u. a.); kubikat; BibScout: Kunstgeschichte einzelner Gattungen / Architektur / Architekturzeichnung); KVK (> Bibliothekskataloge und Verbünde nach Wahl; bei deutschen Verbünden empfehlenswert für Kunstliteratur: SWB, BVB); OPACs; WorldCat; * Google Scholar; Google Bücher.
2. BHA and RILA; RAA; IBA; * FRANCIS; AHCI; * OLC-SSG Kunst / Kunstwissenschaft; IBZ online; PIO; * PAO; JSTOR; * ZDB-Fächerübersicht; EZB-Fächerübersicht; * Schlosser. – Weitere Bibliographien, bibliographische Datenbanken und Quellenverzeichnisse lassen sich systematisiert ermitteln über den BibScout und DBIS oder mit Schlagwortsuche in OPACs, in Bibliographien und in bibliographischen Datenbanken.

3. Oxford Art Online; Grove Art Online; Dictionary of Art; Lexikon der Kunst; ArchIcon Online; AKL Online; AKL; Thieme-Becker; Vollmer; * Concise Oxford Dictionary of Art Terms; Jost, Werner: Dictionnaire des termes de l'art.
4. Bildindex mit Marburger Index; prometheus; Deutsche Fotothek Dresden; RIBA British Architectural Library London / Collections. – Weitere Bilddatenbanken lassen sich systematisiert ermitteln über DBIS und arthistoricum.net; für ältere Bildinventare *siehe* Karasch, Angela: Bildrecherche.
5. Deutsche Fotothek Dresden (> Kollektionen > Architektur- und Ingenieurzeichnungen); RIBA British Architectural Library London (> Drawings Collection; Archives Collection); Bayerische Staatsbibliothek München (> Architekturhandschriften und –pläne); arthistoricum.net / FONTES; arthistoricum.net / THEMEN; Getty Research Portal.
6. Universitätsbibliothek Heidelberg / SSG Kunst und Kunstwissenschaft; SLUB Dresden / SSG Zeitgenössische Kunst ab 1945; Zentralinstitut für Kunstgeschichte München (ZI); Kunsthistorisches Institut Florenz (MPI); Bibliotheca Hertziana Rom (MPI); Deutsches Forum für Kunstgeschichte Paris (DGIA); The Getty Research Institute; Institut national d'histoire de l'art (INHA). The Royal Institute of British Architects (RIBA) London. – Für Informationen zu den einzelnen Institutionen und Zugang zu den Katalogen *siehe* artlibraries.net.

Buchillustration

1. arthistoricum.net / SUCHEN (> enthält u. a. die Fachkataloge der SSG-Bibliotheken für Kunst); artlibrairies.net (> *siehe auch* einzelne Fachkataloge z.B.: > Albertina Bibliothek Wien, > National Art Library Victoria and Albert Museum London); BibScout: Kunstgeschichte einzelner Gattungen /Zeichnung und Graphik / Buchillustration; KVK (> VD16, VD17, Bibliothekskataloge und Verbünde nach Wahl; bei deutschen Verbünden empfehlenswert für Kunstliteratur: SWB, BVB); OPACs; WorldCat; * Google Scholar; Google Bücher.
2. BHA and RILA; RAA; IBA; * FRANCIS; AHCI; * OLC-SSG Kunst / Kunstwissenschaft; IBZ online; PIO; * PAO; JSTOR; DigiZeitschriften * ZDB-Fächerübersicht; EZB-Fächerübersicht. * INKA; VD16; VD17. – Weitere Bibliographien, bibliographische Datenbanken und Quellenverzeichnisse lassen sich systematisiert ermitteln über den BibScout und DBIS oder mit Schlagwortsuche in OPACs, in Bibliographien und in bibliographischen Datenbanken.
3. Oxford Art Online; Grove Art Online; Dictionary of Art; Lexikon der Kunst; AKL Online; AKL; Thieme-Becker; Vollmer; Bartsch; Illustrated Bartsch; Bénézit; Benezit online; * Concise Oxford Dictionary of Art Terms; Jost, Werner: Dictionnaire des termes de l'art; * Hollstein; New Hollstein.
4. prometheus; Deutsche Fotothek Dresden. – Weitere Bilddatenbanken lassen sich systematisiert ermitteln über DBIS und arthistoricum.net; für ältere Bildinventare *siehe* Karasch, Angela: Bildrecherche.
5. arthistoricum.net / FONTES; arthistoricum.net / THEMEN; Getty Research Portal; Universitätsbibliothek Heidelberg (> Kunstwissenschaftliche Literatur digital / Illustrierte Kunst- und Satirezeitschriften, > Heidelberger historische Bestände digital); Deutsche Fotothek Dresden (> Kollektionen / Künstlerzeitschriften der DDR).
6. Universitätsbibliothek Heidelberg / SSG Kunst und Kunstwissenschaft; The Getty Research Institute; Institut national d'histoire de l'art (INHA). – Für Informationen zu den einzelnen Institutionen und Zugang zu den Katalogen *siehe* artlibraries.net.

Photographie

1. arthistoricum.net / SUCHEN (> enthält u. a. die Fachkataloge der SSG-Bibliotheken für Kunst); artlibrairies.net (> *siehe auch* einzelne Fachkataloge, z.B.: > ARCADE New York Art Resources Consortium, > Getty Research Institute Research Library, > Sächsische Landesbibliothek, Staats- und Universitätsbib-

liothek Dresden, > RIBA British Architectural Library London / Photographs Collection, The Getty Research Institute / Collection Inventories & Finding Aides (> Photo Archive); BibScout: Kommunikation und Medienwesen / Photographie (einschließlich künstlerischer Photographie); KVK (> Bibliothekskataloge und Verbünde nach Wahl; bei deutschen Verbünden empfehlenswert für Kunstliteratur: SWB, BVB); OPACs; WorldCat; * Google Scholar; Google Bücher.

2. ARTbibliographies Modern; ARTbibliographies Modern / Archiv; BHA and RILA; RAA; IBA; * FRANCIS; AHCI; * OLC-SSG Kunst / Kunstwissenschaft; IBZ online; PIO; * PAO; JSTOR; * ZDB-Fächerübersicht; EZB-Fächerübersicht. – Weitere Bibliographien, bibliographische Datenbanken und Quellenverzeichnisse lassen sich systematisiert ermitteln über den BibScout und DBIS oder mit Schlagwortsuche in OPACs, in Bibliographien und in bibliographischen Datenbanken.
3. Oxford Art Online; Grove Art Online; Dictionary of Art; Lexikon der Kunst; AKL Online; * Concise Oxford Dictionary of Art Terms.
4. prometheus; Deutsche Fotothek Dresden. – Weitere Bilddatenbanken lassen sich systematisiert ermitteln über DBIS und arthistoricum.net; für ältere Bildinventare *siehe* Karasch, Angela: Bildrecherche.
5. arthistoricum.net / FONTES; arthistoricum.net / THEMEN; Getty Research Portal; AGORHA (> ouvrages numérisés / bibliothèque numérique); Deutsche Fotothek Dresden (>Archiv der Fotografen); RIBA British Architectural Library London (> Photographs Collection); Getty Research Portal.– Weitere retrodigitale Kunstbibliotheken und Sammlungen lassen sich ermitteln über europeana; Michael.
6. Universitätsbibliothek Heidelberg / SSG Kunst und Kunstwissenschaft; SLUB Dresden / SSG Zeitgenössische Kunst ab 1945; Deutsche Fotothek Dresden; Zentralinstitut für Kunstgeschichte München (ZI; The Getty Research Institute; Institut national d'histoire de l'art (INHA). – Für Informationen zu den einzelnen Institutionen und Zugang zu den Katalogen *siehe* artlibraries.net.

Kunsthandwerk – Kunstgewerbe – Einrichtung und Ausstattung – Mode – Design

1. arthistoricum.net / SUCHEN (> enthält u. a. die Fachkataloge der SSG-Bibliotheken für Kunst); artlibrairies.net (> *siehe auch* einzelne Fachkataloge, z. B.: > National Art Library Victoria and Albert Museum London, > Sächsische Landesbibliothek – Staats- und Universitätsbibliothek Dresden, > Bibliothèque des arts décoratifs Paris, > Verbundkatalog des Institut National de l'Histoire de l'Art (INHA) Paris, > Universitätsbibliothek der Universität für angewandte Kunst Wien, > MAK-Bibliothek und Kunstblättersammlung Wien); kubikat; The Getty Research Institute / Search Tools and Databases: (> Kataloge); BibScout: Kunstgeschichte einzelner Gattungen / Kunstgewerbe; BibScout: Kunstgeschichte einzelner Gattungen / Einrichtung und Ausstattung; BibScout: Kunstgeschichte einzelner Gattungen / Industriedesign; KVK (> Bibliothekskataloge und Verbünde nach Wahl; bei deutschen Verbünden empfehlenswert für Kunstliteratur: SWB, BVB); OPACs; WorldCat; * Google Scholar; Google Bücher.
2. BHA and RILA; RAA; IBA; ARTbibliographies Modern; ARTbibliographies Modern / Archiv; * FRANCIS; AHCI; * OLC-SSG Kunst / Kunstwissenschaft; IBZ online; PIO; * PAO; JSTOR; * ZDB-Fächerübersicht; EZB-Fächerübersicht. – Weitere Bibliographien, bibliographische Datenbanken und Quellenverzeichnisse lassen sich systematisiert ermitteln über den BibScout und DBIS oder mit Schlagwortsuche in OPACs, in Bibliographien und in bibliographischen Datenbanken.
3. Oxford Art Online; Grove Art Online; Dictionary of Art; Lexikon der Kunst; AKL Online; AKL; Thieme-Becker; Vollmer; Bénézit; Benezit online; Biographie-Portal; * Jost, Werner: Dictionnaire des termes de l'art; Concise Oxford Dictionary of Art Terms; The Getty Research Institute / Search Tools and Databases.
4. Bildindex mit Marburger Index; prometheus; Deutsche Fotothek Dresden. – Weitere Bilddatenbanken lassen sich systematisiert ermitteln über DBIS und arthistoricum.net; für ältere Bildinventare *siehe* Karasch, Angela: Bildrecherche.
5. arthistoricum.net / FONTES; arthistoricum.net / THEMEN; Getty Research Portal; AGORHA (> ouvrages numérisés / bibliothèque numérique).– Weitere retrodigitale Kunstbibliotheken und Sammlungen lassen sich ermitteln über europeana; Michael.

6. Universitätsbibliothek Heidelberg / SSG Kunst und Kunstwissenschaft; Zentralinstitut für Kunstgeschichte München (ZI); Kunsthistorisches Institut Florenz (MPI); Bibliotheca Hertziana Rom (MPI); Deutsches Forum für Kunstgeschichte Paris (DGIA); Institut national d'histoire de l'art Paris (INHA); National Art Library Victoria and Albert Museum London; The Getty Research Institute. – Für Informationen zu den einzelnen Institutionen und Zugang zu den Katalogen *siehe* artlibraries.net.

Ikonographie – Ikonologie – Emblemata

1. arthistoricum.net / SUCHEN (> enthält u. a. die Fachkataloge der SSG-Bibliotheken für Kunst); kubikat (> enthält die Bestände des ZI München mit Schwerpunkt Ikonographie); artlibrairies.net; BibScout: Kunstgeschichte einzelner Gattungen / Ikonographie, Ikonologie; * KVK (> Bibliothekskataloge und Verbünde nach Wahl; bei deutschen Verbünden empfehlenswert für Kunstliteratur: SWB, BVB); OPACs; WorldCat; * Google Scholar; Google Bücher.
2. BHA and RILA; RAA; IBA; * FRANCIS; AHCI; * OLC-SSG Kunst / Kunstwissenschaft; IBZ online; PIO; * PAO; JSTOR; * ZDB-Fächerübersicht; EZB-Fächerübersicht; * emblematica online. – Weitere Bibliographien, bibliographische Datenbanken und Quellenverzeichnisse lassen sich systematisiert ermitteln über den BibScout und DBIS oder mit Schlagwortsuche in OPACs, in Bibliographien und in bibliographischen Datenbanken.
3. Lexikon der christlichen Ikonographie; CodIcon Online; ArchIcon Online; Reallexikon zur Deutschen Kunstgeschichte; Oxford Art Online; Grove Art Online; Dictionary of Art; Lexikon der Kunst; * ICONCLASS.
4. Bildindex / Themenkatalog (Suche mit Schlagwort oder ICONCLASS-Systematik); Deutsche Fotothek Dresden (Grobordnung: Thema, Dargestellte, Ort usw.); prometheus (Themen- und Motivsuche mit Einschränkungen möglich über Erweiterte Suche / Schlagwort und / oder Titel). – Weitere Bilddatenbanken lassen sich systematisiert ermitteln über DBIS und arthistoricum.net; für ältere Bildinventare *siehe* Karasch, Angela: Bildrecherche.
5. Herzog August Bibliothek Wolfenbüttel (> emblematica Online; mit Hinweisen zu weiteren retrodigitalen Emblem-Bibliotheken und zu angegliederten Erschließungsdatenbanken); Bayerische Staatsbibliothek München: (> Codices iconographici: Bilderhandschriften des 15.bis 20. Jahrhunderts); arthistoricum.net / FONTES; arthistoricum.net / THEMEN; Getty Research Portal.
6. ICONCLASS; Universitätsbibliothek Heidelberg / SSG Kunst und Kunstwissenschaft; The Getty Research Institute; Institut national d'histoire de l'art (INHA). Herzog-August-Bibliothek Wolfenbüttel; University of Illinois at Urbana Champaign. – Für Informationen zu den einzelnen Institutionen und Zugang zu den Katalogen *siehe* artlibraries.net und die Internetseiten der Herzog-August-Bibliothek Wolfenbüttel.

Porträtkunst

1. arthistoricum.net / SUCHEN (> enthält u. a. die Fachkataloge der SSG-Bibliotheken für Kunst); artlibrairies.net (> *siehe auch* einzelne Fachkataloge, z. B.: > Kunstbibliothek Berlin, > Germanisches Nationalmuseum Nürnberg); kubikat; BibScout: Kunstgeschichte einzelner Gattungen / Porträt, Karikatur; * KVK (> Bibliothekskataloge und Verbünde nach Wahl; bei deutschen Verbünden empfehlenswert für Kunstliteratur: SWB, BVB); OPACs; WorldCat; * Google Scholar; Google Bücher.
2. BHA and RILA; RAA; IBA; ARTbibliographies Modern; ARTbibliographies Modern / Archiv; * FRANCIS; AHCI; * OLC-SSG Kunst / Kunstwissenschaft; IBZ online; PIO; * PAO; JSTOR; * ZDB-Fächerübersicht; EZB-Fächerübersicht. – Weitere Bibliographien, bibliographische Datenbanken und Quellenverzeichnisse lassen sich systematisiert ermitteln über den BibScout und DBIS oder mit Schlagwortsuche in OPACs, in Bibliographien und in bibliographischen Datenbanken.

3. Oxford Art Online; Grove Art Online; Dictionary of Art; Lexikon der Kunst; AKL Online; AKL; Thieme-Becker; Vollmer; Bénézit; Benezit online; * Concise Oxford Dictionary of Art Terms; Jost, Werner: Dictionnaire des termes de l'art.
4. Bildindex / Porträtkatalog; Digitaler Porträtindex; Deutsche Fotothek Dresden (> „Dargestellte"); prometheus (mit Einschränkungen möglich über Erweiterte Suche / Schlagwort und / oder Titel) . – Weitere Bilddatenbanken lassen sich systematisiert ermitteln über DBIS und arthistoricum.net; für ältere Bildinventare *siehe* Karasch, Angela: Bildrecherche.
5. arthistoricum.net / FONTES; arthistoricum.net / THEMEN; Getty Research Portal; AGORHA (> ouvrages numérisés / bibliothèque numérique).– Weitere retrodigitale Kunstbibliotheken und Sammlungen lassen sich ermitteln über europeana; Michael.
6. Universitätsbibliothek Heidelberg / SSG Kunst und Kunstwissenschaft; Deutsche Fotothek Dresden; Foto Marburg; Herzog August Bibliothek Wolfenbüttel; The Getty Research Institute; Institut national d'histoire de l'art (INHA). – Für Informationen zu den einzelnen Institutionen und Zugang zu den Katalogen *siehe* artlibraries.net.

Kunstgeschichte einzelner Epochen – gattungs- und länderübergreifende Ressourcen

Spätantike – Frühchristliche Kunst

1. arthistoricum.net / SUCHEN (> enthält u. a. die Fachkataloge der SSG-Bibliotheken für Kunst); kubikat: (> enthält die Bestände der Bibliotheca Hertziana Rom mit Schwerpunkt Italienische Kunst und Kulturgeschichte von der Spätantike bis zum 18. Jh.); artlibrairies.net (> *siehe auch* einzelne Fachkataloge, z. B.: Verbundkatalog der Bibliotheken der Musées nationaux de France); BibScout: Allgemeine Kunstgeschichte / Darstellung einzelner Epochen; KVK (> Bibliothekskataloge und Verbünde nach Wahl; bei deutschen Verbünden empfehlenswert für Kunstliteratur: SWB, BVB); OPACs; WorldCat; * Google Scholar; Google Bücher.
2. BHA and RILA; RAA; IBA; * Brepolis Medieval Bibliographies; FRANCIS; AHCI; * OLC-SSG Kunst / Kunstwissenschaft; IBZ online; PIO; * PAO; JSTOR; * ZDB-Fächerübersicht; EZB-Fächerübersicht; * Manuscripta mediaevalia. – Weitere Bibliographien, bibliographische Datenbanken und Quellenverzeichnisse lassen sich systematisiert ermitteln über den BibScout und DBIS oder mit Schlagwortsuche in OPACs, in Bibliographien und in bibliographischen Datenbanken.
3. Oxford Art Online; Grove Art Online; Dictionary of Art; Lexikon der Kunst; AKL Online; AKL; Vollkommer, Rainer: Künstlerlexikon der Antike; Thieme-Becker; * The Getty Research Institute: (> The Index of Christian Art).
4. Bildindex mit Marburger Index; prometheus. – Weitere Bilddatenbanken lassen sich systematisiert ermitteln über DBIS und arthistoricum.net; für ältere Bildinventare *siehe* Karasch, Angela: Bildrecherche.
5. arthistoricum.net / FONTES; arthistoricum.net / THEMEN; Getty Research Portal; AGORHA (> ouvrages numérisés / bibliothèque numérique).– Weitere retrodigitale Kunstbibliotheken und Sammlungen lassen sich ermitteln über europeana; Michael.
6. Universitätsbibliothek Heidelberg / SSG Kunst und Kunstwissenschaft und SSG Klassische Archäologie; Bibliotheca Hertziana Rom (MPI); The Getty Research Institute; Institut national d'histoire de l'art (INHA). – Für Informationen zu den einzelnen Institutionen und Zugang zu den Katalogen *siehe* artlibraries.net.

Mittelalter

1. arthistoricum.net / SUCHEN (> enthält u. a. die Fachkataloge der SSG-Bibliotheken für Kunst); kubikat; artlibrairies.net; BibScout: Allgemeine Kunstgeschichte / Darstellung einzelner Epochen; KVK (> Bibliothekskataloge und Verbünde nach Wahl; bei deutschen Verbünden empfehlenswert für Kunstliteratur: SWB, BVB); historicum.net; OPACs; WorldCat; * Google Scholar; Google Bücher.
2. BHA and RILA; RAA; IBA; * Brepolis Medieval Bibliographies; FRANCIS; AHCI; * OLC-SSG Kunst / Kunstwissenschaft; IBZ online; PIO; * PAO; JSTOR; * ZDB-Fächerübersicht; EZB-Fächerübersicht. * Manuscripta mediaevalia; Schlosser. – Weitere Bibliographien, bibliographische Datenbanken und Quellenverzeichnisse lassen sich systematisiert ermitteln über den BibScout und DBIS oder mit Schlagwortsuche in OPACs, in Bibliographien und in bibliographischen Datenbanken.
3. Oxford Art Online; Grove Art Online; Dictionary of Art; Lexikon der Kunst; AKL Online; AKL; Thieme-Becker; * The Getty Research Institute: (> The Index of Christian Art); Jacobi-Mirwald, Christine: Buchmalerei; * Corpus vitrearum.
4. Bildindex mit Marburger Index; prometheus. – Weitere Bilddatenbanken lassen sich systematisiert ermitteln über DBIS und arthistoricum.net; für ältere Bildinventare *siehe* Karasch, Angela: Bildrecherche.
5. arthistoricum.net / FONTES; arthistoricum.net / THEMEN; Getty Research Portal; AGORHA (> ouvrages numérisés / bibliothèque numérique); e-codices.ch.– Weitere retrodigitale Kunstbibliotheken und Sammlungen lassen sich ermitteln über europeana; Michael.
6. Universitätsbibliothek Heidelberg / SSG Kunst und Kunstwissenschaft; Zentralinstitut für Kunstgeschichte München (ZI); Kunsthistorisches Institut Florenz (MPI); Bibliotheca Hertziana Rom (MPI); Deutsches Forum für Kunstgeschichte Paris (DGIA); The Getty Research Institute; Institut national d'histoire de l'art (INHA). – Für Informationen zu den einzelnen Institutionen und Zugang zu den Katalogen *siehe* artlibraries.net.

Frühe Neuzeit – 16. bis 18. Jahrhundert

1. arthistoricum.net / SUCHEN (> enthält u. a. die Fachkataloge der SSG-Bibliotheken für Kunst); artlibrairies.net (> *siehe auch* einzelne Fachkataloge, z. B.: > Germanisches Nationalmuseum Nürnberg); kubikat; BibScout: Allgemeine Kunstgeschichte / Darstellung einzelner Epochen; KVK: (Bibliothekskataloge und Verbünde nach Wahl; bei deutschen Verbünden empfehlenswert für Kunstliteratur: SWB, BVB); historicum.net; OPACs; WorldCat; * Google Scholar; Google Bücher.
2. BHA and RILA; RAA; IBA; * FRANCIS; AHCI; * OLC-SSG Kunst / Kunstwissenschaft; IBZ online; PIO; * PAO; JSTOR; * ZDB-Fächerübersicht; EZB-Fächerübersicht; * INKA; VD16; VD17. – Weitere Bibliographien, bibliographische Datenbanken und Quellenverzeichnisse lassen sich systematisiert ermitteln über den BibScout und DBIS oder mit Schlagwortsuche in OPACs, in Bibliographien und in bibliographischen Datenbanken.
3. Oxford Art Online; Grove Art Online; Dictionary of Art; Lexikon der Kunst; AKL Online; AKL; Thieme-Becker; Bénézit; Benezit online; Kindlers Malereilexikon; Schmidt-Liebich, Jochen: Lexikon der Künstlerinnen 1700 – 1900; Bartsch; Illustrated Bartsch; Hollstein; New Hollstein; Biographie-Portal; Nachschlagewerke und Quellen zur Kunst; * Jost, Werner: Dictionnaire des termes de l'art;.Concise Oxford Dictionary of Art Terms.
4. Digitaler Porträtindex; Bildindex mit Marburger Index; prometheus. – Weitere Bilddatenbanken lassen sich systematisiert ermitteln über DBIS und arthistoricum.net; für ältere Bildinventare *siehe* Karasch, Angela: Bildrecherche.
5. arthistoricum.net / FONTES; arthistoricum.net / THEMEN; Getty Research Portal; AGORHA (> ouvrages numérisés / bibliothèque numérique); e-rara.ch; zvdd.– Weitere retrodigitale Kunstbibliotheken und Sammlungen lassen sich ermitteln über europeana; Michael.

6. Universitätsbibliothek Heidelberg / SSG Kunst und Kunstwissenschaft; Zentralinstitut für Kunstgeschichte München (ZI); Kunsthistorisches Institut Florenz (MPI); Bibliotheca Hertziana Rom (MPI); Deutsches Forum für Kunstgeschichte Paris (DGIA); The Getty Research Institute; Institut national d'histoire de l'art (INHA). – Für Informationen zu den einzelnen Institutionen und Zugang zu den Katalogen *siehe* artlibraries.net.

19. Jahrhundert

1. arthistoricum.net / SUCHEN (> enthält u. a. die Fachkataloge der SSG-Bibliotheken für Kunst); artlibrairies.net(> *siehe auch* einzelne Fachkataloge, z. B.: > Getty Research Institute Research Library); kubikat; BibScout: Allgemeine Kunstgeschichte / Darstellung einzelner Epochen; KVK (> Bibliothekskataloge und Verbünde nach Wahl; bei deutschen Verbünden empfehlenswert für Kunstliteratur: SWB, BVB); historicum.net; OPACs; WorldCat; * Google Scholar; Google Bücher.
2. BHA and RILA; RAA; IBA; ARTbibliographies Modern; ARTbibliographies Modern / Archiv; * FRANCIS; AHCI; * OLC-SSG Kunst / Kunstwissenschaft; IBZ online; PIO; * PAO; JSTOR; DigiZeitschriften; * ZDB-Fächerübersicht; EZB-Fächerübersicht. – Weitere Bibliographien, bibliographische Datenbanken und Quellenverzeichnisse lassen sich systematisiert ermitteln über den BibScout und DBIS oder mit Schlagwortsuche in OPACs, in Bibliographien und in bibliographischen Datenbanken.
3. Oxford Art Online; Grove Art Online; Dictionary of Art; Lexikon der Kunst; AKL Online; AKL; Thieme-Becker; Bénézit; Benezit online; Kindlers Malereilexikon; Schmidt-Liebich, Jochen: Lexikon der Künstlerinnen 1700–1900; Biographie-Portal; * Jost, Werner: Dictionnaire des termes de l'art;.Concise Oxford Dictionary of Art Terms.
4. Bildindex mit Marburger Index; prometheus; Deutsche Fotothek Dresden. – Weitere Bilddatenbanken lassen sich systematisiert ermitteln über DBIS und arthistoricum.net; für ältere Bildinventare *siehe* Karasch, Angela: Bildrecherche.
5. arthistoricum.net / FONTES; arthistoricum.net / THEMEN; Getty Research Portal; AGORHA (> ouvrages numérisés / bibliothèque numérique); zvdd.– Weitere retrodigitale Kunstbibliotheken und Sammlungen lassen sich ermitteln über europeana; Michael.
6. Universitätsbibliothek Heidelberg / SSG Kunst und Kunstwissenschaft; Zentralinstitut für Kunstgeschichte München (ZI); Kunsthistorisches Institut Florenz (MPI); Bibliotheca Hertziana Rom (MPI); Deutsches Forum für Kunstgeschichte Paris (DGIA); The Getty Research Institute; Institut national d'histoire de l'art (INHA); Royal Institute of British Architects (RIBA) London. – Für Informationen zu den einzelnen Institutionen und Zugang zu den Katalogen *siehe* artlibraries.net.

20. und 21. Jahrhundert

1. arthistoricum.net / SUCHEN (> enthält u. a. die Fachkataloge der SSG-Bibliotheken für Kunst); artlibrairies.net (> *siehe auch* einzelne Fachkataloge, z. B.: > documenta Archiv Kassel, > Sächsische Landesbibliothek – Staats- und Universitätsbibliothek Dresden, > Kunsthochschule für Medien Köln, > Getty Research Institute Research Library); kubikat; BibScout: Allgemeine Kunstgeschichte / Darstellung einzelner Epochen; KVK (> Bibliothekskataloge und Verbünde nach Wahl; bei deutschen Verbünden empfehlenswert für Kunstliteratur: SWB, BVB); historicum.net; OPACs; WorldCat; * Google Scholar; Google Bücher.
2. ARTbibliographies Modern; ARTbibliographies Modern / Archiv; BHA and RILA; RAA; IBA; Bibliographie bildende Kunst; * FRANCIS; AHCI; * OLC-SSG Kunst / Kunstwissenschaft; IBZ online; PIO; Katalog Virtuelle Fachbibliothek medien – buehne – film; * PAO; JSTOR; DigiZeitschriften; * ZDB-Fächerübersicht; EZB-Fächerübersicht. – Weitere Bibliographien, bibliographische Datenbanken und Quellenverzeichnisse lassen sich systematisiert ermitteln über den BibScout und DBIS oder mit Schlagwortsuche in OPACs, in Bibliographien und in bibliographischen Datenbanken.

3. Oxford Art Online; Grove Art Online; Dictionary of Art; Lexikon der Kunst; AKL Online; AKL; Vollmer; Künstler des 20. Jahrhunderts; Ziese, Axel-Alexander: Lexikon der Kunstschaffenden; Prestel Künstlerlexikon; Kindlers Malereilexikon; Biographie-Portal; * Jost, Werner: Dictionnaire des termes de l'art;. Concise Oxford Dictionary of Art Terms.
4. Bildindex mit Marburger Index; prometheus; Deutsche Fotothek Dresden. – Weitere Bilddatenbanken lassen sich systematisiert ermitteln über DBIS und arthistoricum.net; für ältere Bildinventare *siehe* Karasch, Angela: Bildrecherche.
5. arthistoricum.net / THEMEN; Getty Research Portal; AGORHA (> ouvrages numérisés / bibliothèque numérique); zvdd.– Weitere retrodigitale Kunstbibliotheken und Sammlungen lassen sich ermitteln über europeana; Michael.
6. Universitätsbibliothek Heidelberg / SSG Kunst und Kunstwissenschaft; SLUB Dresden / SSG Zeitgenössische Kunst ab 1945; Zentralinstitut für Kunstgeschichte München (ZI); Kunsthistorisches Institut Florenz (MPI); Bibliotheca Hertziana Rom (MPI); Deutsches Forum für Kunstgeschichte Paris (DGIA); The Getty Research Institute; Institut national d'histoire de l'art (INHA); Royal Institute of British Architects (RIBA) London. – Für Informationen zu den einzelnen Institutionen und Zugang zu den Katalogen *siehe* artlibraries.net.

Kunsttopographie – Ressourcen zu Kunst und Künstlern einzelner Länder, Regionen und Orte

Deutschland – deutsche Bundesländer, Regionen und Orte

1. arthistoricum.net / SUCHEN (> enthält u. a. die Fachkataloge der SSG-Bibliotheken für Kunst); kubikat (> enthält die Bestände des ZI München zur deutschen Kunst-, Kultur- und Wissenschaftsgeschichte); artlibrairies.net (> *siehe auch* einzelne Fachkataloge, z. B.: > Kunstbibliothek Berlin, > Gesamtkatalog der Düsseldorfer Kulturinstitute, > Kunst- und Museumsbibliothek Köln, > documenta Archiv Kassel, > Germanisches Nationalmuseum Nürnberg, > Bauhaus Universität Weimar); BibScout: Kunstgeschichte / Kunst nach Ländern bzw. Kontinenten; KVK (> Bibliothekskataloge und Verbünde nach Wahl, vorzugsweise deutsche Verbünde entsprechend der Such-Region; bei deutschen Verbünden zudem empfehlenswert für Kunstliteratur: SWB, BVB); OPACs; WorldCat; * Google Scholar; Google Bücher.
2. BHA and RILA; RAA; IBA; ARTbibliographies Modern; ARTbibliographies Modern / Archiv; Bibliographie Bildende Kunst. Bildende Kunst in der DDR 1973-1990; Papenbrock: „Entartete Kunst"; ARTtheses; * *Virtuelle Deutsche Landesbibliographie*; FRANCIS; AHCI; Deutsche Nationalbibliographie; * OLC-SSG Kunst / Kunstwissenschaft; IBZ online; PIO; * PAO; JSTOR; DigiZeitschriften * ZDB-Fächerübersicht; EZB-Fächerübersicht; * Schlosser; manuscripta mediaevalia; INKA; VD16; Vd17; Deutsche Literatur des 18. Jahrhunderts. – Weitere Bibliographien, bibliographische Datenbanken und Quellenverzeichnisse lassen sich systematisiert ermitteln über den BibScout und DBIS oder mit Schlagwortsuche in OPACs, in Bibliographien und in bibliographischen Datenbanken.
3. Oxford Art Online; Grove Art Online; Dictionary of Art; Lexikon der Kunst; Reallexikon zur Deutschen Kunstgeschichte; AKL Online; AKL; Thieme-Becker; Schmidt-Liebich, Jochen: Lexikon der Künstlerinnen 1700 bis 1900; Vollmer; Deutsche Biographie; Sandrart, Joachim von: Teutsche Academie; Nachschlagewerke und Quellen zur Kunst; * Denkmaliste; Denkmalinventare; Denkmaltopographie der Bundesrepublik Deutschland; Dehio; Schweers; GIM; Hollstein; New Hollstein; Bartsch; Illustrated Bartsch. – Biographische Verzeichnisse deutscher Kunsthistoriker *siehe* in der Rubrik Geschichte der Kunstwissenschaft.
4. Bildindex mit Marburger Index; prometheus; Deutsche Fotothek Dresden; Digitaler Porträtindex; Bildportal der Kunstmuseen. – Weitere Bilddatenbanken lassen sich systematisiert ermitteln über DBIS und arthistoricum.net; für ältere Bildinventare *siehe* Karasch, Angela: Bildrecherche.

5. arthistoricum.net / FONTES; arthistoricum.net / THEMEN; Getty Research Portal.– Weitere retrodigitale Kunstbibliotheken und Sammlungen lassen sich ermitteln über europeana; Michael; Michael Deutschland; zvdd; Deutsche Digitale Bibliothek.
6. Universitätsbibliothek Heidelberg / SSG Kunst und Kunstwissenschaft; SLUB Dresden / SSG Zeitgenössische Kunst ab 1945; Deutsche Fotothek Dresden; Deutsches Dokumentationszentrum für Kunstgeschichte – Bildarchiv Foto Marburg; Zentralinstitut für Kunstgeschichte München (ZI); Kunsthistorisches Institut Florenz (MPI); Bibliotheca Hertziana Rom (MPI); Deutsches Forum für Kunstgeschichte Paris (DGIA). – Für Informationen zu den einzelnen Institutionen und Zugang zu den Katalogen *siehe* artlibraries.net.

Österreich

1. arthistoricum.net / SUCHEN (> enthält u. a. die Fachkataloge der SSG-Bibliotheken für Kunst); artlibrairies.net (> *siehe auch* einzelne Fachkataloge, z. B.: > Albertina Bibliothek Wien, > Belvedere Bibliothek Wien, > MAK Bibliothek und Kunstblättersammlung Wien, > Universitätsbibliothek Universität für angewandte Kunst Wien); kubikat; BibScout: Kunstgeschichte / Kunst nach Ländern bzw. Kontinenten; KVK (> Österr. Bibliothekenverbund, Landesbibliothekenverbund Österreich / Südtirol, Österr. Nationalbibliothek, weitere Bibliothekskataloge und Verbünde nach Wahl; bei deutschen Verbünden empfehlenswert für Kunstliteratur: SWB, BVB); OPACs; WorldCat; * Google Scholar; Google Bücher.
2. BHA and RILA; RAA; IBA; ARTbibliographies Modern; ARTbibliographies Modern / Archiv; ARTtheses; * FRANCIS; AHCI; Österreichische Bibliographie; * OLC-SSG Kunst / Kunstwissenschaft; IBZ online; PIO; * PAO; JSTOR; * ZDB-Fächerübersicht; EZB-Fächerübersicht. – Weitere Bibliographien, bibliographische Datenbanken und Quellenverzeichnisse lassen sich systematisiert ermitteln über den BibScout und DBIS oder mit Schlagwortsuche in OPACs, in Bibliographien und in bibliographischen Datenbanken.
3. Oxford Art Online; Grove Art Online; Dictionary of Art; Lexikon der Kunst; AKL Online; AKL; Thieme-Becker; Schmidt-Liebich, Jochen: Lexikon der Künstlerinnen 1700–1900; Vollmer; Österreichisches biographisches Lexikon; Biographie-Portal; *siehe auch*: Reallexikon zur Deutschen Kunstgeschichte; * Österreichische Kunsttopographie; Dehio-Handbuch; Schweers; GIM.
4. Bildindex mit Marburger Index; prometheus; ÖNB Wien / Bildarchiv und Grafiksammlung; ÖNB Wien / Porträtsammlung; Digitaler Porträtindex. – Weitere Bilddatenbanken lassen sich systematisiert ermitteln über DBIS und arthistoricum.net; für ältere Bildinventare *siehe* Karasch, Angela: Bildrecherche.
5. arthistoricum.net / FONTES; arthistoricum.net / THEMEN; Getty Research Portal.– Weitere retrodigitale Kunstbibliotheken und Sammlungen lassen sich ermitteln über europeana; Michael.
6. Universitätsbibliothek Heidelberg / SSG Kunst und Kunstwissenschaft; SLUB Dresden / SSG Zeitgenössische Kunst ab 1945; Albertina Bibliothek Wien; Belvedere Bibliothek Wien; MAK-Bibliothek und Kunstblättersammlung Wien; Universitätsbibliothek der Universität für angewandte Kunst Wien. – Für Informationen zu den einzelnen Institutionen und Zugang zu den Katalogen *siehe* artlibraries.net.

Schweiz

1. arthistoricum.net / SUCHEN (> enthält u.a. die Fachkataloge der SSG-Bibliotheken für Kunst); artlibrairies.net (> *siehe auch* einzelne Fachkataloge, z. B.: > Kunstmuseum Basel, > Stiftung Bibliothek Werner Oechslin Einsiedeln, > Bibliothèque d'art et d'archéologie Genf, > Bibliothek der Accademia di architettura Mendrisio, > Kunsthaus Zürch, > Schweizerisches Institut für Kunstwissenschaft Bibliothek); kubikat; BibScout: Kunstgeschichte / Kunst nach Ländern bzw. Kontinenten; KVK (> Swissbib, Helveticat NB Bern, IDS Basel / Bern, IDS Zürich Univ., NEBIS / ZB Zürich, Westschweizer BV réro, weitere Bibliothekskataloge und Verbünde nach Wahl; bei deutschen Verbünden empfehlenswert für Kunstliteratur: SWB, BVB); OPACs; WorldCat; * Google Scholar; Google Bücher.

2. Bibliographie zur Schweizer Kunst / Bibliographie zur Denkmalpflege; BHA and RILA; RAA; IBA; ARTbibliographies Modern; ARTbibliographies Modern / Archiv; Lizenziats- und Doktorarbeiten / Titelliste der Vereinigung der Kunsthistorikerinnen und Kunsthistoriker in der Schweiz; * FRANCIS; AHCI; Schweizer Buch; * OLC-SSG Kunst / Kunstwissenschaft; IBZ online; PIO; * PAO; JSTOR; * ZDB-Fächerübersicht; EZB-Fächerübersicht. – Weitere Bibliographien, bibliographische Datenbanken und Quellenverzeichnisse lassen sich systematisiert ermitteln über den BibScout und DBIS oder mit Schlagwortsuche in OPACs, in Bibliographien und in bibliographischen Datenbanken.
3. SIKART Lexikon und Datenbank zur Kunst in der Schweiz und im Fürstentum Liechtenstein; Oxford Art Online; Grove Art Online; Dictionary of Art; Lexikon der Kunst; AKL Online; AKL; Thieme-Becker; Schmidt-Liebich, Jochen: Lexikon der Künstlerinnen 1700–1900; Vollmer; Historisches Lexikon der Schweiz; Biographie-Portal;* Kunstdenkmäler der Schweiz; Inventar der neueren Schweizer Architektur; Schweers; GIM.
4. Bildindex mit Marburger Index; prometheus. – Weitere Bilddatenbanken lassen sich systematisiert ermitteln über DBIS und arthistoricum.net; für ältere Bildinventare *siehe* Karasch, Angela: Bildrecherche.
5. Elektronische Bibliothek der Schweiz e-lib.ch mit e-rara.ch und e-codices.ch; arthistoricum.net / FONTES; arthistoricum.net / THEMEN; Getty Research Portal. – Weitere retrodigitale Kunstbibliotheken und Sammlungen lassen sich ermitteln über europeana; Michael.
6. Schweizerisches Institut für Kunstwissenschaft SIK-ISEA; Kunstmuseum Basel / Bibliothek; Stiftung Bibliothek Werner Oechslin Einsiedeln; Accademia di architettura Mendrisio; Kunsthaus Zürich; Universitätsbibliothek Heidelberg / SSG Kunst und Kunstwissenschaft; SLUB Dresden / SSG Zeitgenössische Kunst ab 1945. – Für Informationen zu den einzelnen Institutionen und Zugang zu den Katalogen *siehe* artlibraries.net.

Italien – Östlicher Mittelmeerraum

1. arthistoricum.net / SUCHEN (> enthält u. a. die Fachkataloge der SSG-Bibliotheken für Kunst); kubikat (> enthält die Bestände des KHI Florenz mit den Schwerpunkten Kunstgeschichte des Mittelmeerraumes, Byzanz, Italienische Kunst ab dem 19. Jahrhundert und Kunst im nördlichen Italien, die Bestände der Bibliotheca Hertziana Rom mit den Schwerpunkten Italienische Kunst und Kultur von der Spätantike bis zum 18. Jahrhundert, Kunst Roms und Süditaliens); artlibrairies.net (> *siehe auch*: > IRIS Konsortium Florenz, > Art librairies in WorldCat); BibScout: Kunstgeschichte / Kunst nach Ländern bzw. Kontinenten; KVK (> Italienischer Verbundkatalog, weitere Bibliothekskataloge und Verbünde nach Wahl; bei deutschen Verbünden empfehlenswert für Kunstliteratur: SWB, BVB); OPACs; WorldCat; * Google Scholar; Google Bücher.
2. BHA and RILA; RAA; IBA; ARTbibliographies Modern; ARTbibliographies Modern / Archiv; ARTtheses * FRANCIS; AHCI; * OLC-SSG Kunst / Kunstwissenschaft; IBZ online; PIO; * PAO; JSTOR; * ZDB-Fächerübersicht; EZB-Fächerübersicht; * Schlosser. – Weitere Bibliographien, bibliographische Datenbanken und Quellenverzeichnisse lassen sich systematisiert ermitteln über den BibScout und DBIS oder mit Schlagwortsuche in OPACs, in Bibliographien und in bibliographischen Datenbanken.
3. Oxford Art Online; Grove Art Online; Dictionary of Art; Lexikon der Kunst; AKL Online; AKL; Thieme-Becker; Vollmer; Bénézit; Benezit Online; Corpus of Florentine paintings; Vollkommer, Rainer: Künstlerlexikon der Antike; * Reclams Kunstführer.
4. Bildindex mit Marburger Index (und Supplemente); prometheus. – Weitere Bilddatenbanken lassen sich systematisiert ermitteln über DBIS und arthistoricum.net; für ältere Bildinventare *siehe* Karasch, Angela: Bildrecherche.
5. Cultura Italia; Michael Italia; arthistoricum.net / FONTES; arthistoricum.net / THEMEN; Getty Research Portal. – Weitere retrodigitale Kunstbibliotheken und Sammlungen lassen sich ermitteln über Michael Italia; europeana; Michael.
6. Kunsthistorisches Institut Florenz (MPI); Bibliotheca Hertziana Rom (MPI); Universitätsbibliothek Heidelberg / SSG Kunst und Kunstwissenschaft; Sächsische Landesbibliothek – SLUB Dresden / SSG

Zeitgenössische Kunst ab 1945; The Getty Research Institute. – Für Informationen zu den einzelnen Institutionen und Zugang zu den Katalogen *siehe* artlibraries.net.

Spanien – Portugal – Westlicher Mittelmeerraum

1. arthistoricum.net / SUCHEN (> enthält u. a. die Fachkataloge der SSG-Bibliotheken für Kunst); artlibrairies.net (> *siehe auch*: > Biblioteca de Arte Fund. C. Gulbenkian Lissabon, > Art librairies in WorldCat); kubikat; BibScout: Kunstgeschichte / Kunst nach Ländern bzw. Kontinenten; KVK (> Spanische Nationalbibliothek, Spanischer Verbundkatalog, Portugiesischer Verbundkatalog, weitere Bibliothekskataloge und Verbünde nach Wahl; bei deutschen Verbünden empfehlenswert für Kunstliteratur: SWB, BVB); OPACs; WorldCat; * Google Scholar; Google Bücher.
2. BHA and RILA; RAA; IBA; ARTbibliographies Modern; ARTbibliographies Modern / Archiv; TESEO; * FRANCIS; AHCI; * OLC-SSG Kunst / Kunstwissenschaft; IBZ online; PIO; * PAO; JSTOR; * ZDB-Fächerübersicht; EZB-Fächerübersicht. – Weitere Bibliographien, bibliographische Datenbanken und Quellenverzeichnisse lassen sich systematisiert ermitteln über den BibScout und DBIS oder mit Schlagwortsuche in OPACs, in Bibliographien und in bibliographischen Datenbanken.
3. Oxford Art Online; Grove Art Online; Dictionary of Art; Lexikon der Kunst; AKL Online; AKL; Thieme-Becker; Vollmer; Bénézit; Benezit Online.
4. Bildindex mit Marburger Index (und Supplemente); prometheus. – Weitere Bilddatenbanken lassen sich systematisiert ermitteln über DBIS und arthistoricum.net; für ältere Bildinventare *siehe* Karasch, Angela: Bildrecherche.
5. arthistoricum.net / FONTES; arthistoricum.net / THEMEN; Getty Research Portal.– Weitere retrodigitale Kunstbibliotheken und Sammlungen lassen sich ermitteln über europeana; Michael.
6. Biblioteca de Arte Fund. C. Gulbenkian Lissabon; Universitätsbibliothek Heidelberg / SSG Kunst und Kunstwissenschaft; SLUB Dresden / SSG Zeitgenössische Kunst ab 1945; The Getty Research Institute. – Für Informationen zu den einzelnen Institutionen und Zugang zu den Katalogen *siehe* artlibraries.net.

Frankreich

1. arthistoricum.net / SUCHEN (> enthält u. a. die Fachkataloge der SSG-Bibliotheken für Kunst); AGORHA; kubikat (> enthält die Bestände des Deutschen Forums für Kunstgeschichte Paris u. a. mit dem Schwerpunkt deutschsprachige kunstwissenschaftliche Forschungsliteratur zu Frankreich und die Bestände des ZI München u. a. mit den Länderschwerpunkt Frankreich); artlibrairies.net (> *siehe auch* einzelne Fachkataloge, z. B.: > Verbundkatalog des Institut National de l'Histoire de l'Art (INHA) Paris, > Verbundkatalog der Bibliotheken der Musées nationaux de France, > Bibliothèque des arts décoratifs Paris) BibScout: Kunstgeschichte / Kunst nach Ländern bzw. Kontinenten; KVK (> Französische Nationalbibliothek, Französischer Verbundkatalog, weitere Bibliothekskataloge und Verbünde nach Wahl; bei deutschen Verbünden empfehlenswert für Kunstliteratur: SWB, BVB); OPACs; WorldCat; * Google Scholar; Google Bücher.
2. BHA and RILA; RAA; IBA; ARTbibliographies Modern; ARTbibliographies Modern / Archiv; Travaux de Recherche en Histoire de l'Art et Archéologie (INHA-Datenbank); * FRANCIS; AHCI; * OLC-SSG Kunst / Kunstwissenschaft; IBZ online; PIO; * PAO; JSTOR; * ZDB-Fächerübersicht; EZB-Fächerübersicht; * Schlosser. – Weitere Bibliographien, bibliographische Datenbanken und Quellenverzeichnisse lassen sich systematisiert ermitteln über den BibScout und DBIS oder mit Schlagwortsuche in OPACs, in Bibliographien und in bibliographischen Datenbanken.
3. Oxford Art Online; Grove Art Online; Dictionary of Art; Lexikon der Kunst; AKL Online; AKL; Thieme-Becker; Vollmer; Bénézit; Benezit Online; * INHA (> Ressources documentaires / Inventaires des fonds patrimoniaux); Architecture et Patrimoine; Inventaire Général des Monuments et des Richesses Artistiques de la France; Cahiers du patrimoine; Joconde.

4. Joconde; Agence photographique des musées nationaux RMN; Bildindex mit Marburger Index (und Supplemente); prometheus. – Weitere Bilddatenbanken lassen sich systematisiert ermitteln über DBIS und arthistoricum.net; für ältere Bildinventare *siehe* Karasch, Angela: Bildrecherche.
5. Gallica; Patrimoine numérique; AGORHA (> ouvrages numérisés / bibliothèque numérique); INHA (> bibliothèque numérique); arthistoricum.net / FONTES; arthistoricum.net / THEMEN; Getty Research Portal.– Weitere retrodigitale Kunstbibliotheken und Sammlungen lassen sich ermitteln über europeana; Michael.
6. Institut national d'histoire de l'art (INHA); Deutsches Forum für Kunstgeschichte Paris (DGIA); Universitätsbibliothek Heidelberg / SSG Kunst und Kunstwissenschaft; Zentralinstitut für Kunstgeschichte München (ZI); SLUB Dresden / SSG zeitgenössische Kunst nach 1945; The Getty Research Institute. – Für Informationen zu den einzelnen Institutionen und Zugang zu den Katalogen *siehe* artlibraries.net.

Belgien – Luxemburg – Niederlande

1. arthistoricum.net / SUCHEN (> enthält u. a. die Fachkataloge der SSG-Bibliotheken für Kunst); artlibrairies.net (> *siehe auch* einzelne Fachkataloge, z. B.: > Rijksmuseum Resaerch Library Amsterdam, > artlibrairies in WorldCat, > Kunst- und Museumsbibliothek der Stadt Köln mit Schwerpunkt Kunst der Benelux-Länder); BibScout: Kunstgeschichte / Kunst nach Ländern bzw. Kontinenten; KVK (> Verbundkatalog Luxemburg, Niederländische Nationalbibliothek, weitere Bibliothekskataloge und Verbünde nach Wahl; bei deutschen Verbünden empfehlenswert für Kunstliteratur: SWB, BVB); OPACs; WorldCat; * Google Scholar; Google Bücher.
2. BHA and RILA; RAA; IBA; ARTbibliographies Modern; ARTbibliographies Modern / Archiv; * FRANCIS; AHCI; * OLC-SSG Kunst / Kunstwissenschaft; IBZ online; PIO; * PAO; JSTOR; * ZDB-Fächerübersicht; EZB-Fächerübersicht. – Weitere Bibliographien, bibliographische Datenbanken und Quellenverzeichnisse lassen sich systematisiert ermitteln über den BibScout und DBIS oder mit Schlagwortsuche in OPACs, in Bibliographien und in bibliographischen Datenbanken.
3. Oxford Art Online; Grove Art Online; Dictionary of Art; Lexikon der Kunst; AKL Online; AKL; Thieme-Becker; Vollmer; * Hollstein; New Hollstein; Bartsch; Illustrated Bartsch.
4. Bildindex mit Marburger Index (und Supplemente); prometheus. – Weitere Bilddatenbanken lassen sich systematisiert ermitteln über DBIS und arthistoricum.net; für ältere Bildinventare *siehe* Karasch, Angela: Bildrecherche.
5. arthistoricum.net / FONTES; arthistoricum.net / THEMEN; Getty Research Portal.– Weitere retrodigitale Kunstbibliotheken und Sammlungen lassen sich ermitteln über europeana; Michael.
6. Rijksmuseum Research Library Amsterdam; Universitätsbibliothek Heidelberg / SSG Kunst und Kunstwissenschaft; SLUB Dresden / SSG Zeitgenössische Kunst ab 1945; The Getty Research Institute. – Für Informationen zu den einzelnen Institutionen und Zugang zu den Katalogen *siehe* artlibraries.net.

Großbritannien – Irland

1. arthistoricum.net / SUCHEN (> enthält u. a. die Fachkataloge der SSG-Bibliotheken für Kunst); artlibrairies.net (> *siehe auch* einzelne Fachkataloge, z. B.: > Victoria & Albert Museum / National Art Library London, > British Architectural Library (RIBA) London); BibScout: Kunstgeschichte / Kunst nach Ländern bzw. Kontinenten; KVK (> British Library, Britischer Verbundkatalog, weitere Bibliothekskataloge und Verbünde nach Wahl; bei deutschen Verbünden empfehlenswert für Kunstliteratur: SWB, BVB); OPACs; WorldCat; * Google Scholar; Google Bücher.
2. BHA and RILA; RAA; IBA; ARTbibliographies Modern; ARTbibliographies Modern / Archiv; * FRANCIS; AHCI; * OLC-SSG Kunst / Kunstwissenschaft; IBZ online; PIO; * PAO; JSTOR; * ZDB-Fächerübersicht; EZB-Fächerübersicht. – Weitere Bibliographien, bibliographische Datenbanken und Quellenverzeichnisse lassen

sich systematisiert ermitteln über den BibScout und DBIS oder mit Schlagwortsuche in OPACs, in Bibliographien und in bibliographischen Datenbanken.

3. Oxford Art Online; Grove Art Online; Dictionary of Art; Lexikon der Kunst; AKL Online; AKL; Thieme-Becker; Vollmer; Bénézit; Benezit Online; * Pevsner, Nikolaus: The Buildings of England; Pevsner Architectural Guides (England, Ireland, Scotland).
4. RIBApix and V & A Images (Bilddatenbanken des Royal Institute of British Architects (RIBA) und des Victoria & Albert Museum London); Bildindex / Marburger Index; prometheus; The Bridgeman Art Library; Bildportal der Kunstmuseen. – Weitere Bilddatenbanken lassen sich systematisiert ermitteln über DBIS und arthistoricum.net; für ältere Bildinventare *siehe* Karasch, Angela: Bildrecherche.
5. arthistoricum.net / FONTES; arthistoricum.net / THEMEN; Getty Research Portal.– Weitere retrodigitale Kunstbibliotheken und Sammlungen lassen sich ermitteln über europeana; Michael.
6. The Royal Institute of British Architects (RIBA) London; RIBA British Architectural Library London; Victoria and Albert Museum / National Art Library London; Universitätsbibliothek Heidelberg / SSG Kunst und Kunstwissenschaft; SLUB Dresden / SSG Zeitgenössische Kunst ab 1945; The Getty Research Institute. – Für Informationen zu den einzelnen Institutionen und Zugang zu den Katalogen *siehe* artlibraries.net.

Skandinavien – Nordeuropa

1. arthistoricum.net / SUCHEN (> enthält u. a. die Fachkataloge der SSG-Bibliotheken für Kunst); artlibrairies.net (> *siehe auch* einzelne Fachkataloge, z. B.: > Dankmarks Kunstbibliothek Kopenhagen, > Vitterhetsakademiens bibliotek Stockholm, > Bibliothek der Finnischen Nationalgalerie Helsinki); BibScout: Kunstgeschichte / Kunst nach Ländern bzw. Kontinenten; KVK (>Dänische Nationalbibliothek, Finnische Nationalbibliothek, Finnischer Verbundkatalog, Norwegischer Verbundkatalog, Schwedischer Verbundkatalog, weitere Bibliothekskataloge und Verbünde nach Wahl; bei deutschen Verbünden empfehlenswert für Kunstliteratur: SWB, BVB); OPACs; WorldCat; * Google Scholar; Google Bücher.
2. BHA and RILA; RAA; IBA; ARTbibliographies Modern; ARTbibliographies Modern / Archiv; * FRANCIS; AHCI; * OLC-SSG Kunst / Kunstwissenschaft; IBZ online; PIO; * PAO; JSTOR; * ZDB-Fächerübersicht; EZB-Fächerübersicht. – Weitere Bibliographien, bibliographische Datenbanken und Quellenverzeichnisse lassen sich systematisiert ermitteln über den BibScout und DBIS oder mit Schlagwortsuche in OPACs, in Bibliographien und in bibliographischen Datenbanken.
3. Oxford Art Online; Grove Art Online; Dictionary of Art; Lexikon der Kunst; AKL Online; AKL; Thieme-Becker; Vollmer; Bénézit; Benezit Online.
4. Bildindex mit Marburger Index (und Supplemente); prometheus. – Weitere Bilddatenbanken lassen sich systematisiert ermitteln über DBIS und arthistoricum.net; für ältere Bildinventare *siehe* Karasch, Angela: Bildrecherche.
5. arthistoricum.net / FONTES; arthistoricum.net / THEMEN; Getty Research Portal.– Weitere retrodigitale Kunstbibliotheken und Sammlungen lassen sich ermitteln über europeana; Michael.
6. Danmarks Kunstbibliotek Kopenhagen; Bibliothek der Finnischen Nationalgalerie Helsinki; Vitterhetsakademiens bibliotek Stockholm; Universitätsbibliothek Heidelberg / SSG Kunst und Kunstwissenschaft; SLUB Dresden / SSG Zeitgenössische Kunst ab 1945; The Getty Research Institute. – Für Informationen zu den einzelnen Institutionen und Zugang zu den Katalogen *siehe* artlibraries.net.

Mittel- und Osteuropa

1. arthistoricum.net / SUCHEN (> enthält u. a. die Fachkataloge der SSG-Bibliotheken für Kunst); kubikat: (> enthält die Bestände des ZI München u. a. mit dem Länderschwerpunkt Osteuropa); artlibrairies.net (> artlibrairies in WorldCat); BibScout: Kunstgeschichte / Kunst nach Ländern bzw. Kontinenten; KVK

(> Polnische Nationalbibliothek, Russische Staatsbibliothek, Tschechische Nationalbibliothek, Ungarische Nationalbibliothek, weitere Bibliothekskataloge und Verbünde nach Wahl; bei deutschen Verbünden empfehlenswert für Kunstliteratur: SWB, BVB); OPACs; WorldCat; * Google Scholar; Google Bücher.

2. BHA and RILA; RAA; IBA; ARTbibliographies Modern; ARTbibliographies Modern / Archiv; * FRANCIS; AHCI; * OLC-SSG Kunst / Kunstwissenschaft; IBZ online; PIO; * PAO; JSTOR; * ZDB-Fächerübersicht; EZB-Fächerübersicht. – Weitere Bibliographien, bibliographische Datenbanken und Quellenverzeichnisse lassen sich systematisiert ermitteln über den BibScout und DBIS oder mit Schlagwortsuche in OPACs, in Bibliographien und in bibliographischen Datenbanken.
3. Oxford Art Online; Grove Art Online; Dictionary of Art; Lexikon der Kunst; AKL Online; AKL; Thieme-Becker; Vollmer; Bénézit; Benezit Online.
4. Bildindex mit Marburger Index (und Supplemente); prometheus. – Weitere Bilddatenbanken lassen sich systematisiert ermitteln über DBIS und arthistoricum.net; für ältere Bildinventare *siehe* Karasch, Angela: Bildrecherche.
5. arthistoricum.net / FONTES; arthistoricum.net / THEMEN; Getty Research Portal.– Weitere retrodigitale Kunstbibliotheken und Sammlungen lassen sich ermitteln über europeana; Michael.
6. Zentralinstitut für Kunstgeschichte (ZI) München; Universitätsbibliothek Heidelberg / SSG Kunst und Kunstwissenschaft; SLUB Dresden / SSG Zeitgenössische Kunst ab 1945. – Für Informationen zu den einzelnen Institutionen und Zugang zu den Katalogen *siehe* artlibraries.net.

USA – Kanada – Nordamerika

1. arthistoricum.net / SUCHEN (> enthält u. a. die Fachkataloge der SSG-Bibliotheken für Kunst); artlibrairies.net (> *siehe auch* einzelne Fachkataloge, z. B.: > Getty Research Institute Research Library Los Angeles, > ARCADE New York Art Resources Consortium, > The Metropolitan Museum New York, > National Gallery of Canada Library and Archives, Centre Canadien d'Architecture / Canadien Centre for Architecture Montréal); BibScout: Kunstgeschichte / Kunst nach Ländern bzw. Kontinenten; WorldCat; KVK (> Kanada CISTI Kat., Kanadischer Verbundkatalog, Library of Congress, weitere Bibliothekskataloge und Verbünde nach Wahl; bei deutschen Verbünden empfehlenswert für Kunstliteratur: SWB, BVB); OPACs; * Google Scholar; Google Bücher.
2. BHA and RILA; RAA; IBA; ARTbibliographies Modern; ARTbibliographies Modern / Archiv; US and Canadian PhD Dissertations (Titellisten der College Art Association); * FRANCIS; AHCI; * OLC-SSG Kunst / Kunstwissenschaft; IBZ online; PIO; * PAO; JSTOR; * ZDB-Fächerübersicht; EZB-Fächerübersicht.
3. Oxford Art Online; Grove Art Online; Dictionary of Art; Lexikon der Kunst; AKL Online; AKL; Thieme-Becker; Vollmer; Bénézit; Benezit Online.
4. prometheus; ARTstor; The Bridgeman Art Library. – Weitere Bilddatenbanken lassen sich systematisiert ermitteln über DBIS und arthistoricum.net; für ältere Bildinventare *siehe* Karasch, Angela: Bildrecherche.
5. arthistoricum.net / FONTES; arthistoricum.net / THEMEN; Getty Research Portal.
6. The Getty Research Institute Los Angeles; The Metropolitan Museum New York; Frick Art Reference Library New York, Museum of Modern Art Library New York, Brooklin Museum Libraries and Archives New York; National Gallery of Canada Library and Archives Ottawa; Centre Canadien d'Architecture / Canadian Centre for Architecture Montréal; Universitätsbibliothek Heidelberg / SSG Kunst und Kunstwissenschaft; SLUB Dresden / SSG Zeitgenössische Kunst ab 1945. – Für Informationen zu den einzelnen Institutionen und Zugang zu den Katalogen *siehe* artlibraries.net.

Kunst weltweit

1. arthistoricum.net / SUCHEN (> enthält u. a. die Fachkataloge der SSG-Bibliotheken für Kunst); artlibrairies.net (> artlibrairies in WorldCat; *siehe auch* > National Art Library Victoria and Albert Museum

London, > ARCADE New York Art Resources Consortium, > National Gallery of Australia Research Library); The Getty Research Institute / Search Tools and Databases: (> Kataloge); BibScout: Kunstgeschichte / Kunst nach Ländern bzw. Kontinenten; BibScout: Kunstgeschichte / Kunstgeographie; WorldCat; KVK (>Bibliothekskataloge und Verbünde nach Wahl; bei deutschen Verbünden empfehlenswert für Kunstliteratur: SWB, BVB; Library of Congress); OPACs; * Google Scholar; Google Bücher; BASE.

2. BHA and RILA; RAA; IBA; ARTbibliographies Modern; ARTbibliographies Modern / Archiv; * FRANCIS; AHCI; * OLC-SSG Kunst / Kunstwissenschaft; IBZ online; PIO; * PAO; JSTOR; * ZDB-Fächerübersicht; EZB-Fächerübersicht. – Weitere Bibliographien, bibliographische Datenbanken und Quellenverzeichnisse lassen sich systematisiert ermitteln über den BibScout und DBIS oder mit Schlagwortsuche in OPACs, in Bibliographien und in bibliographischen Datenbanken.
3. Oxford Art Online; Grove Art Online; Dictionary of Art; Lexikon der Kunst; AKL Online; AKL; Thieme-Becker; Vollmer; Bénézit; Benezit Online.
4. ARTstor; The Bridgeman Art Library. – Weitere Bilddatenbanken lassen sich systematisiert ermitteln über DBIS und arthistoricum.net; für ältere Bildinventare *siehe* Karasch, Angela: Bildrecherche.
5. Getty Research Portal.
6. Universitätsbibliothek Heidelberg / SSG Kunst und Kunstwissenschaft; SLUB Dresden / SSG Zeitgenössische Kunst ab 1945; The Getty Research Institute. – *Siehe auch* die Regionen-SSG-Bibliotheken (Informationen und Zugang über webis). – Für Informationen zu den einzelnen Institutionen und Zugang zu den Katalogen *siehe* artlibraries.net.

Künstler

1. arthistoricum.net / SUCHEN (> enthält u. a. die Fachkataloge der SSG-Bibliotheken für Kunst); kubikat; artlibrairies.net; BibScout: Kunstgeschichte / Künstler-Monographien; KVK (> Bibliothekskataloge und Verbünde nach Wahl; bei deutschen Verbünden empfehlenswert für Kunstliteratur: SWB, BVB; Library of Congress); OPACs; WorldCat; * Google Scholar; Google Bücher; BASE.
2. BHA and RILA; RAA; IBA; ARTbibliographies Modern; ARTbibliographies Modern / Archiv; * FRANCIS; AHCI; * OLC-SSG Kunst / Kunstwissenschaft; IBZ online; PIO; * PAO; JSTOR; * ZDB-Fächerübersicht; EZB-Fächerübersicht; * Schlosser. – Weitere Bibliographien, bibliographische Datenbanken und Quellenverzeichnisse lassen sich systematisiert ermitteln über den BibScout und DBIS oder mit Schlagwortsuche in OPACs, in Bibliographien und in bibliographischen Datenbanken.
3. AKL Online; AKL; Thieme-Becker; Vollmer; Bénézit; Benezit Online; Bartsch; Illustrated Bartsch; Biographie-Portal; Oxford Art Online; Grove Art Online; Dictionary of Art; Lexikon der Kunst; Kindlers Malereilexikon; Prestel Künstlerlexikon; Ziese; Große Künstlerlexika; Nachschlagewerke und Quellen zur Kunst; * Getty Vocabularies (> The Union List of Artist Names); * Hollstein; New Hollstein; Bartsch; Illustrated Bartsch; Corpus Rubenianum Ludwig Burchard; Rubens online; A corpus of Rembrandt paintings; Corpus of Florentine paintings. – Am besten lassen sich Werkverzeichnisse zu einzelnen Künstlern in Katalogen und Datenbanken gezielt suchen unter dem Künstlernamen und mit dem ergänzenden Schlagwort ‚Werkverzeichnis' oder systematisiert mithilfe des BibScout.
4. Bildindex / Künstler; prometheus; Deutsche Fotothek Dresden (enthält zahlreiche Photographennachlässe); ARTstor; The Bridgeman Art Library. – Weitere Bilddatenbanken lassen sich systematisiert ermitteln über DBIS und arthistoricum.net; für ältere Bildinventare *siehe* Karasch, Angela: Bildrecherche.
5. arthistoricum.net / FONTES; arthistoricum.net / THEMEN; Getty Research Portal.
6. Universitätsbibliothek Heidelberg / SSG Kunst und Kunstwissenschaft; SLUB Dresden / SSG Zeitgenössische Kunst ab 1945; The Getty Research Institute. – Für Informationen zu den einzelnen Institutionen und Zugang zu den Katalogen *siehe* artlibraries.net. – *Siehe auch* die in den Rubriken zur Kunst einzelner Länder angegebenen Fachinstitutionen und ihre Nachweisinstrumente für Literatur und Bildmaterial zu den Künstlern des jeweiligen Landes.

Weiterführende Literatur

Ballstaedt, Steffen-Peter: Visualisieren. Über den richtigen Einsatz von Bildern, Stuttgart 2011.

Betthausen, Peter: Georg Dehio (1850–1932). 100 Jahre Handbuch der deutschen Kunstdenkmäler, München [u.a.] 2000.

Franke, Fabian: Schlüsselkompetenzen. Literatur recherchieren in Bibliotheken und Internet / Fabian Franke; Annette Klein; André Schüller-Zwierlein, Stuttgart 2010.

Gantert, Klaus: Elektronische Informationsressourcen für Historiker, Berlin [u.a.] 2011.

Gantert, Klaus: Bibliothekarisches Grundwissen / Klaus Gantert; Rupert Hacker, 8., vollst. neu bearb. und erw. Aufl., München 2008.

Jele, Harald: Wissenschaftliches Arbeiten. Zitieren, 3. Aufl., Stuttgart 2012.

Karasch, Angela: Denkmäler-Inventare. Eine Typologie anhand auserwählter Neuerscheinungen, in: Informationsmittel für Bibliotheken, 3, 1995, 594–610.

Karasch, Angela: Bildrecherche 1. Klassische Bildinventare zur Architektur- und Kunstgeschichte, Freiburg i. Br. 2009 (UB-Tutor 17), Online-Ressource: http://www.freidok.uni-freiburg.de/volltexte/6342/

Karmasin, Matthias: Die Gestaltung wissenschaftlicher Arbeiten. Ein Leitfaden für Seminararbeiten, Bachelor-, Master- und Magisterarbeiten sowie Dissertationen / Matthias Karmasin; Rainer Ribing, 6., aktualisierte Aufl., Wien 2011.

Kett, Jürgen: Die Nationalbibliografie im Zeitalter des Internets / Jürgen Kett; Mathias Manecke; Sarah Beyer, in: Zeitschrift für Bibliothekswesen und Bibliographie, 59, Heft 2, 2012, 67–79.

Lauber-Reymann, Margrit: Informationsressourcen. Ein Handbuch für Bibliothekare und Informationsspezialisten, München 2010.

Neue Entwicklungen in der Web-Suche / Dirk Lewandowski [Hrsg.], Heidelberg 2011, (Handbuch Internet-Suchmaschinen; 2).

Niedermair, Klaus: Recherchieren und Dokumentieren. Der richtige Umgang mit Literatur im Studium, Konstanz 2010.

Prochno, Renate: Das Studium der Kunstgeschichte. Eine praxisbetonte Einführung, 3., überarb. Aufl., Berlin 2008.

Die Technik wissenschaftlichen Arbeitens. Eine praktische Anleitung / Norbert Franck; Joachim Stary (Hg.), 16., überarb. Aufl., Paderborn [u.a.] 2011.

Vorschläge zur Sicherung guter wissenschaftlicher Praxis. Empfehlungen der Kommission „Selbstkontrolle in der Wissenschaft“; Denkschrift, Weinheim 1998.

Waiblinger, Julian: „Plagiat“ in der Wissenschaft. Zum Schutz wissenschaftlicher Schriftwerke im Urheber- und Wissenschaftsrecht, Baden-Baden 2012.

Weilenmann, Anne-Katharina: Fachspezifische Internetrecherche. Für Bibliothekare, Informationsspezialisten u. Wissenschaftler, Berlin [u.a.] 2012.

Wilk, Barbara: Wie finde ich kunstwissenschaftliche Literatur / Barbara Wilk-Mincu; unter Mitarb. von Frank Heidtmann, 3., auf den neuesten Stand gebrachte Aufl., Berlin 1992.

Sachregister

Weitere Sachbegriffe und ausführlichere Definitionen unter: http://www.informationskompetenz.de/glossar/

Abbildungsnachweise

Abb. 1 und Abb. 47: Universitätsbibliothek Freiburg i. Br.

Alle anderen Abbildungen sind Ausschnitte aus den besprochenen Informationsressourcen. Seitenbeschreibung und Zugriffsdatum sind jeweils in der Bildunterschrift genannt, die Web-Adresse der Startseiten wird im Ressourcenverzeichnis aufgeführt. Internetadressen deutscher Bibliotheken lassen sich über das Bibliotheksportal oder über Suchmaschinen ermitteln.

Über die Autorin

Dr. Angela Karasch studierte Kunstgeschichte, Geschichte, Romanistik und Linguistik an den Universitäten Würzburg, Besançon, Freiburg i. Br. und Düsseldorf. Nach Tätigkeiten als wissenschaftliche Mitarbeiterin in einem DFG-Projekt und an der Universität Düsseldorf und nach einem Bibliotheksreferendariat arbeitet sie heute an der Universitätsbibliothek Freiburg i. Br. Sie betreut dort die Fachreferate Kunstgeschichte und Buchgeschichte, verantwortete zudem ab 1995 den Ausstellungsbereich und leitet seit 2001 die Historischen Sammlungen der Bibliothek. In die Lehre an der Universität Freiburg ist sie eingebunden durch Lehraufträge am Kunstgeschichtlichen Institut und durch Veranstaltungen der Universitätsbibliothek im Bereich Fachinformation Kunstgeschichte. Ihre fachbezogenen Arbeits- und Publikationsschwerpunkte liegen in den Themenbereichen Sammlungskonzeption und Sammlungspräsentation, Bild- und Mediengeschichte, Geschichte der Kunstpublizistik und Informationsressourcen in den Geisteswissenschaften.

www.ingramcontent.com/pod-product-compliance
Lightning Source LLC
LaVergne TN
LVHW081527100826
845153LV00004B/223

9783110271201